人文武术精品书系

武品

勿使前辈之遗珍失于我手
勿使国术之精神止于我身

拳道
薪传

会练会养得真功

邵义会 著

北京科学技术出版社

图书在版编目（CIP）数据

会练会养得真功 / 邵义会著 . — 北京：北京科学技术出版社，2019.11
（拳道薪传丛书）
ISBN 978-7-5714-0413-0

Ⅰ . ①会… Ⅱ . ①邵… Ⅲ . ①拳术—中国 Ⅳ . ① G852.1

中国版本图书馆 CIP 数据核字（2019）第 142736 号

会练会养得真功

作　　者：邵义会
策划编辑：胡志华
责任编辑：胡志华
责任校对：贾　荣
责任印制：张　良
封面设计：志　远
版式设计：胡志华
出 版 人：曾庆宇
出版发行：北京科学技术出版社
社　　址：北京西直门南大街 16 号
邮政编码：100035
电话传真：0086-10-66135495（总编室）
　　　　　0086-10-66113227（发行部）　0086-10-66161952（发行部传真）
电子信箱：bjkj@bjkjpress.com
网　　址：www.bkydw.cn
经　　销：新华书店
印　　刷：保定市中画美凯印刷有限公司
开　　本：710mm×1000mm　1/16
字　　数：295 千字
印　　张：21.25
插　　页：4
版　　次：2019 年 11 月第 1 版
印　　次：2019 年 11 月第 1 次印刷
ISBN 978-7-5714-0413-0/G·2929

定　　价：99.00 元

自 序

参从梦觉痴心好　历尽艰难乐境多

　　我从 1998 年开始给杂志社写文章，至今已有二十年时间了。这么多年一直没断，每年都写几篇，先是写太极方面的，后来是形意拳方面的，也写了一些少林拳、八卦掌方面的。写的篇幅最多的还是形意拳方面的。

　　我最初是给《武林》写，《武林》停刊后，我又给《精武》写，可惜《精武》也停了。后来我主要给《武魂》《搏击》写，这样就结识了原《武魂》的副主编常学刚老师。以后十几年我们都是神交，没有见过面，一直到 2012 年春天我们在天津有关部门举办的"纪念中华武士会百年学术讨论会"上见了面。我之所以能坚持二十年不断给杂志社写关于武术方面的文章，跟常学刚老师的热情帮助和耐心指导是分不开的，在这里再次向常老师表示感谢。

　　我自幼喜欢武术，成年后更是痴迷此道，虽造诣不深，但我写的文章都是我多年学武、练武的真实感悟。有很多读者喜欢读我写的文章，这些年经常有读者来信、打电话，甚至还有人登门来访与我交流武术方面的问题。他们说我写的文章通俗易懂，写的东西实在，不故弄玄虚。这些都是激励我写下去的动力。

近几年也有不少读者向我求索我的文章集册，来信说他们多方收集我的武术文稿用于研究和收藏。最令我感动的是山东一位读者李某偕同原《精武》杂志社的一位主编不远千里驾车来我家走访。他对我说，十几年来他一直关注并收集保存我写的文章。

至此，我萌发了收集、整理自己多年来写过的文章的想法，为了满足热情关心我的读者的期望，我克服困难，把散乱的文稿尽快收集整理成册，以飨读者。

这次我收集整理了五十多篇文稿，并附一百多幅照片，有过去在杂志社发表过的，也有从没公开发表的，内容主要是形意拳和太极拳关于练功、心法、技法、养生健身等问题。其中关于形意拳方面的三十多篇文章，可以作为北京科学技术出版社 2017 年 7 月出版的拙作《张鸿庆传形意拳练用法释秘》一书的补充参考。由于年代较久，有些内容同一个问题可能有多次重述，但由于每篇文章阐述问题的侧重点不同，内容或有异同。因此，这些细节在这次整理中没有增删，利与弊还是让读者去品论吧。

这些文章虽然多是写武术方面的，但文中或多或少也穿插了些许我个人这些年学武练武的艰辛与快乐，是我从 1967 年到 2018 年半个世纪拜师学艺刻苦练功的真实写照。今天回眸这些文稿和新老照片，真是感慨万千。这让我想起恩师马虹先生当年写给我的一幅名联"参从梦觉痴心好，历尽艰难乐境多"。

还是那句话，这些文章和照片真实地记录了我半个多世纪来追梦、痴迷武术的所得。这次整理成集，奉献给读者，愿与大家共享。

邵义会

2018 年 4 月

武术是实在学问

对一般人来说，他们对武术及武术家的认识，主要来自武侠小说、报纸、杂志以及影视节目这些传播媒体。由于他们很少有机会接触到真正的中国武术，所以他们受这些媒体的影响极深。在相当多的现代人的想象中，武术是很神秘的东西，武术家应当是身怀绝技的英雄豪杰。这样一来，金庸小说中的令狐冲、乔峰、杨过与小龙女，郭靖与黄蓉以及洪七公等就成了他们心目中的武侠英雄。而演绎现代影视剧的武打明星，如李小龙、成龙、李连杰等自然也成了他们极其崇拜的功夫偶像。有人对飞檐走壁、点穴绝技、踏雪无痕、飞行术等传说中的神功绝技更是痴迷不已。一些年轻人不屑于脚踏实地的功夫，只想吃快餐，一心想学什么"一指神功""降龙十八掌""空劲气功"等虚无缥缈的功夫。

　　以上这些现象说明许多人对我们老祖先留下的民族瑰宝——武术文化还不是很了解。我们不否认金庸小说和李小龙等影视明星对中华武术在海内外的传播起到了非常重要的作用，但是我们也要说，他们所展示的那些"功夫"是艺术加工了的东西，代表不了真正的中华武术。

　　中华武术是古老华夏大地孕育的奇葩，具有广泛的群众性、实用技击性、健身性和艺术观赏性。早在公元前21世纪到公元前3世纪，也就是在中国的夏商周时期，就有关于武术的记载，并称之为拳勇、手搏、角力等。到了春秋战国时期，即公元前770年至公元前221年，技击、相搏、手战、武艺、角抵等名称出现。此后至今几千年，中华武术伴随着中华传统文化代代相传，经久不衰。它既不像金庸先生武侠小说描述的那样神奇，也不像影视明星演绎的那样精彩花哨，而是一门实实在在的学问，需要我们脚踏实地、持之以恒地认真学习和修炼。

百里难觅一人

　　说实话，喜欢武术的人不在少数，但是真正脚踏实地练武术的人并不多。我小时候家里穷，没有什么玩具可以玩儿，每天除了上学就是帮父母干活。由于大家庭里有长辈练武，很小的时候家长就让我和弟弟跟族里的叔叔、大爷们一起学。后来长辈们还请了宁河县的王庆福老师教我们。一开始师父教我们练少林拳，如燕青锤、三合炮、黑虎拳、掩手拳、十二趟弹腿、提拦枪、子龙群枪、夜行双刀、太极行剑等十几个拳械套路，王老师还教我和弟弟双刀进枪、双匕首进枪等对练套路。当时我们练得很起劲。有一天王老师对我们说："练武是一件很苦的事，别看你们现在跟着我练得起劲，以后能坚持下来的，一百个人中有一个就不错了。"那时我年龄小，听了师父的话，也没在意。几十年过去了，现在回想起他老人家当初说的话，还真让他老说中了。想一想，当初同门学艺的师兄弟坚持到现在的，还真是百里难觅一人呀！若说一生坚持习武，岂止百里挑一、千里挑一，说是万里挑一也不过分。

前几年我在区工人文化宫练拳，十年如一日，每天坚持练拳三四个小时。那时的文化宫主任岳某是我的一位同门师兄，他见我如此痴迷练功，曾感慨地对我说："现在像你这样练拳的人不多了，若论练武，不少人都能说得头头是道，可真要让他练练那就完了，说起来都有两下子，不过是曾经练过而已。"

历来武术前辈对习武人坚持每日练功都非常重视。我的两位恩师都是坚持终身练武的典范。张兰普老师八岁开始习武，直到去世前几天还在坚持练功。记得20世纪70年代，张兰普老师在井下做矿工，工作非常艰苦，可他老人家每天下班后简单吃点饭就开始上山练拳。马虹老师坚持练功四十余年如一日，就是大年三十，也要先打完几遍拳才回家吃年饭，他老人家八十岁高龄时，仍然坚持每天打两遍拳，仍然打低架子。可以说坚持终生是练武人的养生之道，长寿秘诀。这里奉劝那些喜欢技击的习武之人，要重视平日的武功练习。这里讲的武功，不仅指用于散打技击的专门之学，还要坚持操练适合自己的武术套路功夫。从健身养生角度来讲，科学的武术套路锻炼，是练武人最好的养生之道。练武人平日里不能光想着搏杀，不要一天到晚老是想着找人交手较技。要知道没有强健的体魄，再好的武技也是派不上用场的。所以历来真正的武术大家不但善技击，更懂得养生长寿之道。

说起来也简单，练武人的长寿之道就是两个字。一个"练"，一个"养"。练是坚持锻炼，是得到功夫；"养"是保养，是守住功夫，这两个字好说不好做。就说练吧，少小练功，能够坚持到白发者谈何容易！人的一生不知要遇到多少坎坷磨难。若没有嗜武如命的痴迷，没有对中华传统武术文化的执着，大多数是半途而废。有一些人虽然几十年坚持习武，可是人到中年，极易产生懒惰之感，平时所谓练拳，已是说得多做得少了，这是最要命的。我的恩师马虹先生曾多次告诫我们："你们要想健康长寿、善始善终，一定要每天坚持练好我们这两套拳（指陈式太极拳一路83式和陈式太极拳二路71式）。不要像有些人那样，一到五十岁就想当教师爷了。光教拳（自己）不练拳。这样下去，过不了几年，不出事（得病）那才怪呢！"

长期练武之人，呼吸、循环、消化系统及精神状态已经形成了一定的规律，一旦改变了这个规律，就会造成紊乱。这种紊乱会改变人的生活质量。一旦承受不了时，就会突发疾病。近现代历史上，武术界各门派都曾出现过武术家英年早逝的例子。他们的过早离去虽然原因很多，但有一点基本是共同的，那就是他们晚年的习武生活失去了平衡。功练得少了，应酬多了，生活没规律了，烟酒无度。常言道："清心寡欲益养生，功名利禄添烦恼。"练武之人要耐得住寂寞。说是人练拳，其实是拳练人。练武之人若利欲熏心，酒色财气放不下，过不了这一关，其武功必废。

练功须得法

另外，坚持练功不是瞎练，要科学地、规范地练。比如打陈式太极拳一路 83 式，不能不分老幼强弱，一味地强调要拳走低式。对于初习者，一定要强调基本功（桩功、腰腿功等）的训练，有了一定基础再循序渐进地练习。就是对有一定基础的人，也要强调注意身体、情绪状况，精神好时多打低架子，以增大运动量。反之就要适当放高架子。再如，患了感冒或得了其他疾病，就要少练或不练拳，好好休息，先治好病再练拳。不要得了病还是照样练拳，那样反而不好，会加重病情。总之，我们要明白一个道理：练拳肯定有益身心健康，但必须练之得法。练功不得法，有百害而无一益。切记！

再说说"养"，习武之人以练为养。"练"是练体、练心、练气，"养"是养精、养气、养神，以达到健康益寿之目的。过去老辈人常说的一句话是：会练也会养，功夫才能长。孟子讲：善养吾浩然之正气。孟子说的正气，就是我们练武人讲的内气，也是中医讲的中气、元气，道家的丹田气、先天气。拳论曰："精养灵根气养神，养功养道见天真，丹田练就长命宝，万两黄金不与人。"说明古代拳家对炼精、养气、养神是相当重视的。俗话说"百病由心生"，要保持一种平常心。特别是在当今市场经济的大环境下更要做到清心寡欲，不为各种名利所动。要耐得住寂寞，一心一意练功夫。古语说得好："少年戒色，中年戒斗，老年戒得。"老年人应当看破、放下、随缘，一切顺其自然，保持一种积极向上的平和心态。十年练功，十年养气。养真气、义气、骨气，养浩然之正气。修心炼性，达到心态平衡方为真功夫。中华武术博大精深，各门各派都有自己独特的练功养生经验、秘法，如形意拳、八卦掌等都是既养生又养老的优秀拳种，我们应该虚心地借鉴和吸收。

　　一个聪明的拳家，对一个同样的拳套，在不同的年龄段，一定要有不同的练法。不是改变这个拳套的结构和动作，而是在练习方法上根据个人年龄的变化而变化。比如说，同样是打陈式太极拳一路 83 式，青年人在练习时可以多增加发力点，多增加活步和跳跃动作练习，速度可以相对快一些，势子也要放低一些。而对于中老年练习者，架子可以相对高一些，动作轻柔缓慢一些，要少发力，以柔化为主（老年人打拳时可以记住一句话：悠着点）。总之练拳要因人、因时而定，不可一套拳一生都是一个打法，那是不科学的。

练养相济

　　最后，再强调一下会练会养的问题。打拳练功要懂得会练会养，不会练就不会养，不会练功难长，不会练就会伤，不会养也会伤。我的师爷褚广发先生生前说过："形意拳不能瞎练，要按规矩练。练好了会多活几年，练不好会早死几年。"这话听起来糙，可理不糙。这些年我见过好多习武人，年轻时赛场上摘金夺银，风光无限，可是一过中年，未老先衰，别说打拳，连走路都晃荡了。更有的英年早逝，很是可惜。究其原因，会不会练，会不会养或者说方法正确与否是关键。

　　为了说明这个会练会养的问题，我在这里谈几点个人认识，希望能对读者有所启示。

（1）练拳要找一个固定的清静地方，避开闲人干扰。环境静了，心情自然容易静下来，心无杂念，心平气和地打拳，效果自然要好很多。

（2）到了场地不要急于下场打拳，要先做好准备活动，压腿、活腰、遛腿、站桩都要做，准备工作要充足。每套拳打完不要马上就坐下来，一定要围着场地遛几圈，把精气化在身上。收式和起式同样重要，不要马虎。我们打的拳，起式和收式若单独拿出来，都是一个完整的练习内功的小功法。拳要练得舒服，不能搞疲劳战术，练拳要留有余地，量力而行。功是慢功，欲速则不达。

（3）要学会用脑子打拳，练拳要懂得因人因地因时之理。拳是死的，人是活的。常见有些人从小跟老师学了几套拳，从小打到老，都是一个练法，不懂得因时而变，这怎么能行！老祖宗讲究：天人合一，道法自然。同样一个拳路，青少年时是一个打法，人到中年是一个打法，到了老年又是另一个打法。拳路都是一样的，招式是不变的，变的是练法。拳要会练，不能傻练，要动脑子练拳，不能打一辈子糊涂拳。

（4）练拳要懂得四时变化，顺天时而行事。会练者要懂得春避邪风，夏避酷暑，秋避露雨，冬避风雪雾霾。功在拳外，会养者穿衣饮食、行走坐卧、待人接物皆为功。练拳是一种修行，活络筋骨，强其体魄，制于人而不被人所制，只是小道。明拳理、悟禅机、养正气，才是习武者之大道。

（5）练拳要练顺，不可悖逆。打拳要有好心情，心情好打拳自然顺遂，气血易于流通四肢百骸，涵养五脏六腑。心情不好，气血壅塞，练之则伤气、伤神，无益健康。所以说会练才会养，所谓养，即养气、养血、养性、养精、养神、养形，其中尤以养气、养精、养神为要。十年练功，十年养气，气以直养而无害，久久养之即为浩然正气也。

不会练即不会养，不养即伤，慢练为养，快练为伤，静练为养，急练为伤，所谓伤者即伤气、伤神、伤心、伤肾、伤形。会练者心要静，静养神，静养气，静养精。精足气则足，所以要静心安身，清心寡欲，炼精化气，还原于身。气足神不衰，若内气不足，练拳任意疾发速放，则元气受损；神气不足，过于纵跳震动，则元神散乱，习者必伤。

总之，习拳者要懂得阴阳、五行相生相克之理。要静心慢练，顺其自然，丝毫不可强为，会练会养见真功，延年益寿不老松。

最后，我劝热爱传统武术的中老年拳师，一定要根据个人的体质、爱好，选定一两个拳套，作为坚持长期锻炼的载体，终生与之为伴。只有这样，才能使我们保持旺盛的精气神和灵活健壮的体魄；只有这样，才能保持和延长我们运动生命的青春。

愿天下习武人都能"益寿延年不老春"。

目 录

太极篇

拳架

形意篇

　　我自幼受父辈的影响，九岁开始随叔叔习武。后来随着年龄逐渐增长，又经历了多位老师的传授。几十年过去了，我的生活、工作都发生过很大变化，但是我的习武之路没有中断过。经过几十年的磨炼、沉淀，我对传统武术有了较深的感悟。

　　我认为武术是一个系统工程，中国武术与中国文化同根同源，博大精深。其文其武，一个人穷毕生精力，也学之不尽。文武之道，我们虽然不能统学贯通，但我们完全可以就其一宗一派深入研究，只要有坚韧意志，锲而不舍，持之以恒，终能登堂入室，得其奥妙。

　　形意拳是中国传统内家拳的一个拳种，传承至今已有300多年历史。形意拳在传承中衍生了多个流派，各流派都有自己的练功方法。由于种种原因，这些方法有些只在少数人中传承，有些已经濒于失传，有些则在传承中出现了偏差。

　　我在年轻时曾遇到一位老师傅，他老人家传了我一套形意五行拳的跟步练法。后来我又遇到一位形意拳老师，他传我形意拳时，教我的是定步练法，他对我说，学形意拳要先学站桩，然后打定步拳。他说这是基础，从这入门基础扎实。可是这位老师不教我跟步练法。我问他，这个拳（指形意劈拳）为什么没有跟步练法呀？老师说，我的师父当年就是这样教的，没有跟步练法。而我也曾问过教我只练跟步五行拳的那位老师，人家打五行拳为什么先打定步拳呢？这位老师却对我说，五行拳就是跟步练法，哪有打五行拳不跟步的练法！多少年过后，我经历多了，明白了，以上两位老师所传五行拳的练法，严格说都对，又都不对。对的是，他们练的拳没有错；不对的是，他们各自练的拳都不全面。

自 300 多年前由山西人姬隆丰创心意拳始，后来传到河北深州人李洛能，洛能先生在原心意拳基础上，由简至繁再创形意拳，从外形到内涵都发生了很大变化。特别是到形意拳第三代传人李存义、张占奎等前辈时，形意拳兼容八卦、太极于一炉，其功、理、法、术更有空前发展，不拘一格。

说形意拳是一个系统工程，因为它绝不是伸伸胳膊、蹬蹬腿、打几套拳那么简单。形意拳是传统内家拳的一个拳种，形意拳的传承以易理为宗，融道、释、儒、医学为一体，既是防身御敌攻防格斗之术，又有强身健体、陶冶情操之功效。有人认为五行拳、十二形拳每套拳就那么三招五式，学这个拳有什么难的，再笨，一个月也能把这个拳学下来。其实不然，形意拳动作简单古朴，学其外形看似不会费多少时间，但就是这么看似简单的拳路，你若能在三至五年内打出形意拳特有的拳味来，可就没那么容易了。其实别说三年五年，有多少人穷其毕生精力终不得其中三昧，也是大有人在的。

我的太师爷张鸿庆先生传形意拳。张鸿庆师从李存义先生，张鸿庆传形意拳与别家所传在练法上有很多不同。先生在民国时期办过多年武馆，他老人家有一套系统的教拳方法，他教的五行、十二形拳从定步、跟步到丁步、行步，每套拳都有多种练法、多种用法。从桩功到操拳、推手、打手、实作，环环相扣，循序渐进，形成了一个系统工程。

基本功

理通拳法精

　　形意拳历史悠久，在历代的传承中前人留下了很多拳论、拳谚、歌诀，这些东西对我们后人学拳练拳有重要的指导作用。但是这些拳论很多是寓意含蓄，对于大多数初学者来说是很难理解的。

　　为了系统地向广大读者介绍张鸿庆先生所传形意拳原汁原味的东西，我在多篇文章中，结合张鸿庆先生所传形意拳的拳路，对其功法、理法、练法、用法、心法都有详细论述。其中有很多是我个人几十年随师父们学拳练拳的心得体会，还有很多是通过练拳实践对前人拳论的理解和认识。俗话讲，"是真传如拉家常（话）。"在我写的文章中，没有过多引用前辈们的经典拳论，我只是通过个人几十年来每一步练功的经历，向读者阐述了自己对形意拳的点滴感悟。希望能给喜爱形意拳的朋友们一点小小的帮助。

　　俗话讲：学拳先学理，理通拳法精。我们学拳一定要学明白拳，不能学糊涂拳。拳理不明，盲目瞎练，误己误人。

常有人问我，打形意拳是练刚好，还是练柔好。这个问题似乎不是什么有争议的问题，因为大多数练家都是主张形意拳就是要练快、练急；出拳要刚猛，每动要发力。一句话，打形意拳就是要快、猛、暴。特别是初级阶段必须要先打出一个刚猛的气势。

关于形意拳的练法，先人留下了"三步功夫"——易骨（明劲）、易筋（暗劲）、易髓（化劲）之说（此拳论各流派所出拳书多有传抄，读者可查阅）。

关于形意拳应该怎样练，张鸿庆先生的传法是，要想练出形意拳的刚劲功夫，初学者应当先从慢练入手，不要发力。桩功起步，五行拳打基础，一步一桩，每一步都要细心揣摩，按照拳经八字（顶、扣、圆、敏、抱、垂、曲、挺）二十四法反复调整拳式。动之要顺（气顺、劲顺），动之要合（内三合、外三合、内外相合），动之要整（六合一体，整体一劲）。这个阶段练拳重要的是：身体放松，不努气，不使拙力，呼吸自然，劲力顺达，气血畅通。正如古拳论所言："练习时，身体动转须顺遂而不可悖逆。手足起发必须整齐而不可散乱，为之筑基壮体，充足骨髓，坚如金石，而气质形容，如山岳之状，此谓之初步功夫。"其实拳谱上的明劲，"明"字除了明确，还有明白之意，是要人体会拳劲。只有不用力才能练出这个劲，形意拳的拳劲要练到身上，不是局部用力，它是整体劲。有了这步功夫，可进一步练习跟步、活步练法，以求易筋（暗劲功夫）、洗髓（化劲功夫），最后可练习形意拳盘身掌法，再求形意拳"刚柔明暗"之道。

以上张鸿庆传形意拳之独特练法，多年来一直秘传于本门之内，少有外传，今天我将此技公之于众，愿让更多的群众受益于此，不亦乐乎。

练用有别

古法练形意拳，练法与用法是有区别的。而形意拳发展到今天，很多形意拳家认为形意拳怎么练就怎么用，认为这样易出功夫。实践证明这样练是不可取的。为了能让广大喜爱形意拳的朋友领悟前辈古法练拳的真实概况，我写了一本关于形意拳的书《张鸿庆传形意拳练用法释秘》，此书已由北京科学技术出版社于 2017 年 7 月出版。书中所述形意拳沿用古法"练有练法，用有用法"之规，分章别类逐一讲述，让读者看得明白，学着容易。书中从形式、用劲、心法、养生等几个方面，分别详述了形意拳练法与用法之区别。形意拳的练法以拳路为载体，如五行拳、十二形拳以及多个综合拳械套路。通过这些拳路练习，可以使习练者手眼身法步、精神气力功综合素质得到全面提高，这样也为自身的健康和增强防身格斗能力打下坚实基础。

我们这门形意拳的练法是"以身推肩、以肩推肘、以肘推手"，直到将内气慢慢贯到手指，而打法则先要将手像鞭子一样地甩出去，再"以肘追手、以肩追肘、以身追肩"。形意拳古谱上有"打法定要先上身"的话，说比武之前，要先将浑身的劲改了，要练稍节领、根节随的功夫，否则比武时光有功夫，没有速度，必败。但身上没有功夫，就妄自练打法，会震伤关节、内脏和后脑。所以习拳之初是要先练内功，俗话讲"打铁首先自身硬"，就是这个道理。

以劈拳为例，劈拳的练法是"劈拳如推山"，腰身内劲催动手臂由后向前慢慢地推，有一种感觉，视空气为助力，如此能长功夫。而劈拳的打法是"劈拳如抡斧"，抡斧子劈柴，要甩开膀子抡圆了劲，不如此斧子砍进木头里，无法一下劈成两半。形意拳是内家拳，练的是精气神，练功的时候应当把精气神含住，打拳时你若老想着打人，老想着发力，长久下去，身体怎么会不出毛病呢？前辈有言"打太极要带点形意的充沛，打形意要带点太极的含蓄"。这才是正确的练功之道。

练法有套路，用法亦有其练功方法。书中每个章节后针对具体拳式都有详细的拆解，并辅以相应的操手功法。当然这些固定招式不能说就可以直接应用于实战，但这些基础功夫都是一个拳家，特别是研究技击术的拳家必备之要素。至于临场交手格斗，除了功夫和技术，更需要有

"心法"。拳谚曰："拳无拳，意无意，无意之意是真意。"交手没有固定招式，一切都靠临场发挥，招从心出，对方要啥给他啥，"拳打两不知"，临场变化见神奇。

拳功一体

形意拳与八卦掌、太极拳同属内家拳。内家拳的修炼是既重外形亦重内功（内气）。外形是载体，内功是根本。练内功首先是练内气，气为劲之体，劲为气之用。内气足则力实劲猛，内气不足则外力疲软。拳家练内气的功法有很多，本门练法讲究拳功一体，练拳就是练功，练功必须练好拳。张鸿庆先生传形意拳就是本着这一宗旨"抓住丹田练内功"。具体操作方法就是以五行拳为载体，按照八字二十四法，慢打慢练，一步一桩，调息、摸劲，练丹功。

现在有很多人练拳不讲究练内气，不懂得内外相合的道理。去年有三位唐山拳友来访我，说他们练了二三十年形意拳了，曾经向授业老师请教练气之法，他们的老师却说："练啥气呀？肚子里有了气，一放屁不就出去了！"我听了他们的话真是哭笑不得呀。我对他们说：内气不是呼吸的气，它是维持人体生命的一种有机物质。如道家讲的真气，佛家讲的先天气，医家讲的正气，拳家讲的混元气，儒家讲的浩然之气，都是这个气。这些统为"阳气"。古往今来，释、道、儒、医、武各家各派，从不同的角度，用不同的方法，探微索隐、潜心修炼的目的，就为的是得此一"阳气"。阳气就是真气，真气是生命活动的动力，五脏六腑、四肢百骸之涵养，全赖此真气赋予能量。这个气的主要成分：一是父母给我们的先天之气（肾气，即元气）；二是日常我们所吸食的水谷精微之气，简称谷气，随血液流布全身，谓之后天之气。先天之气是基础是源泉，而后天之气是人体生命活动的物质来源，二者关系密切，互相作用，互相依存。中医讲"气血足，百病无"，要保持身体强健，不得病或少得病，就必须在"气"字上下功夫。人体中"有形之血生于无形之气，有形之血不能速生，无形之气则当早固"。

练习形意拳的过程也就是调动人体内各种气机的过程，运用可以随时得到调节、补充的后天之气去滋养、扶植先天之气，使气血调和。阴阳既济，则人体脏腑器官自会健旺。形意内功是练习形意拳的基础，要想练出形意拳的真功夫，必须先进行形意内功的修炼，练好形意内功便可为形意拳的体用提供浩然之正气。

丹功秘要

　　古来拳家都非常重视"丹田"功的修炼，练拳首要"培根"。拳经讲"稳固根基，充实内气"，这里所指"根"具有根基之意，也就是下盘。另一种说法是"根本"指元气，元气藏于肾，肾气足则精力充沛，即为"根本固"。所谓"润其源"，源指根源，即本源，元气为诸气之本，根源于肾通于丹田。

　　丹田本是道家语，道家把安炉立鼎修炼金丹的方法移植于人体，即把人体小腹之处视为安炉立鼎之地，用离（心）火、坎（肾）水之功，在此处修炼后天之真气（即道家所谓炼丹）。

　　古往今来，释、道、儒、医各家各派从不同的角度，用不同的方法，探微索隐、潜心修炼的目的，就是为得此一"阳气"。阳气就是真气。元气、正气、混元气、浩然之气，其实皆指此一真气也。

　　常见有些练拳的人，痴迷修炼什么小周天、大周天功法，探秘练到什么程度可视为打通任督二脉、通周天，等等。其实所谓通周天，也是道家的语句，通大小周天是道家修炼其身心的一种方法。武术家的修炼与道家、佛家的修炼有不同之处，他们借鉴了道家的导引、吐纳之功法，吸收了佛家的虚空静心的禅思。但是练武毕竟与修禅悟道不一样，练武练的是内外兼修的功夫，即所谓"外练筋骨皮，内练一口气"。当然具体的练功方法，各门各派有不同传承。常言道：佛经千万卷，真经一句话。我个人认为练功首要的还是抓住其"根本"，即练好"丹田"之功。我这里讲的"丹田"非指道家所言脐下一寸三分之处的丹田，而是泛指脐下小腹、带脉一周、腰后两肾以及腹内诸多脏器等。简言之，我们修炼的就是这个腰腹整体部位达到充实丹田内气，涵养腹中脏器，疏通身体四肢百骸之气血，取得健身养生之目的。

关于如何修炼丹田功，各家有各家的练法，此处介绍的若干方法，乃一家之言，仅供参考。初习要先站好浑元桩、三体式桩。关于这些桩功练法，应注意以下几点。

（1）站桩时间不要过长，五分钟起步，最长半小时足矣。

（2）心静体松，神不外驰，不要妄加意念。

（3）初时呼吸自然，久之宜用腹式呼吸，意存丹田，若即若离。

（4）持之以恒，日久见功。

练此桩功，主要是培养周身一体的浑元内气。

五行培元

本门自李存义先生传张鸿庆先生始，即注意以形意拳五行功法调整呼吸修炼丹田内功。前辈传下的功法是首从劈拳起步。可以说一套劈拳从起式、行拳，到收式，每一步都深含着拳家内功修炼之法。其中奥秘说难则难，说易极易。难的是练习者需要耐得住寂寞、下得了苦功；说易是只要你明白了其中的核心要点，一头钻下去，功夫自然得。

这步功法的基本练法就是慢练劈拳。以拳为桩，以桩为拳，一步一桩，每打一式要停顿一会儿，细心体会自己的拳架是否到位，体会呼吸是否合乎要求。劈拳呼吸之法，初习是自然呼吸，待手脚内外相合后，可以改为逆腹式呼吸，即丹田呼吸，具体要求是：起钻时要吸气，落翻时要呼气。吸气时小腹内收，膈肌上升，丹田之气由小腹上升至中脘，胃部自然隆起，胸廓自然扩张，肺活量加大；呼气时小腹外凸，膈肌下降，内气下沉至丹田，胃部与胸廓自然平复。当后手向前劈出，随后脚向前上步下落之时，中脘之气降至丹田再沉到涌泉。要做到手到、脚到、气到、意念到（神气到）。

通过劈拳日复一日反复操练，找到纳气、行气、运气，内外相合的规律，有了此步功法，可再继续修炼钻、崩、炮、横诸拳，其中行拳之理念与劈拳一样，只是拳式动作不同而已。

叫丹田

叫丹田也称叫气，丹田要叫，不叫不活，不叫不灵泛。此功有三步练法。

1. 推丹田

甲乙二人相对而站，中间相距一手臂，甲上右步以右横掌推乙方丹田（脐下小腹），乙在甲方右掌推到己之小腹时，左脚向后撤一步成右弓步，呼气，气贯丹田，小腹凸起，内气鼓荡，以丹田之内气接纳甲推来之右掌。稍停，乙左脚向甲方裆内上步，左腿前弓撑住劲，右腿后蹬，呼气。随上步以左手横掌推甲之小腹；甲退右步以小腹接乙方推来之左掌，同时小腹凸起，气贯丹田。

如此一左一右，一进一退反复推接，操练时两人手脚可以轮换进行。

注意：（1）上步推掌，两脚踏实，气沉丹田，力从脚跟生，以腰为枢纽，力达手掌。用的是暗劲，切不可用刚猛之外劲硬性推打。

（2）接掌时两脚踏实，气贯丹田，全身内气鼓荡，以一身整体内劲接住对方之推掌。

2. 拍丹田

以拍、切、点三种手法击打丹田（小腹）、中脘（上腹）及两肋。初始用拍法，即以手掌拍打以上所说三处。进而再用切法，即以外掌缘（小指一侧）击打同样部位。最后用点法，以手指点击。

详细操练方法已在拙作《张鸿庆传形意拳练用法释秘》中介绍过，此处不再赘述。

注意：练此功应在站桩或行拳走架后再行练习。切记此功不可在饱食、空腹及身体疲劳时操练。

3. 砸丹田

这是在行拳走架中操练"叫丹田"之功，以达到丹田之气随叫而发，使内气既充实，又活泛。练习时可以形意五行拳的行步炮拳为载体。三体式起式，右脚直上一步；双拳下砸小腹，拳心向上；左脚向斜角上步打出右炮拳，然后向前上右步，同时双拳下砸小腹；再上左步，然后向右斜角上右步，同时打出左炮拳。如此左右行进操练。

注意：

（1）行步炮拳是三步一组，前两步走直线，第三步走斜角。当进第一步时，双拳从上向下砸击小腹，力达小指一侧，拳击小腹时要呼气，气贯丹田，小腹凸起，全身内气鼓荡。

（2）练此功法前，要先练劈拳功、钻拳功、崩拳功，然后练习炮拳的定步、活步功法，待感到自己内气充盈之时方可操练"吸手炮砸丹田功"。砸击丹田要由轻到重，切不可盲目用力。

拳经曰："精养灵根气养神，养功养道见天真，丹田练就长命宝，万两黄金不与人。"我们练习传统内家拳功法，就是通过肢体动作的抻筋拔骨，通过呼吸导引吐纳之功，充盈丹田内气运化气血，使四肢百骸周身一体，气血畅通无阻。坚持以上丹田内功的操练可以使我们强身健体、愉悦精神之目的得以实现。

呼吸之道

　　行拳走架时如何呼吸，有人认为这不是个问题。他们认为呼吸是人与生俱来的本事，如人生下来就会吃、会哭，本是天生自然之事。可是打拳不是人生自然本事，舞动手足，踢打摔拿，闪展腾挪，是人后天随着生命转化、环境变化，学习掌握的一种功夫。人们要学习这种能强身健体、搏斗防身的武技功夫，要掌握诸多与之相适应的辅助技能。呼吸之道就是其中一项重要技能。

　　我认为掌握拳术呼吸之道，是学好拳术功夫的大事。它关系到习拳者日后功夫成功与否，更关系到习拳者身体之健康，精神之充沛，生活之愉悦。若论此道，先贤早有明喻，《老子》谓"虚其心，实其腹"，《庄子》云"至人之息以踵"，《孟子》曰"善养吾浩然之气"——这些话都是习武的秘诀（薛颠说）。

　　善拳者，必善呼吸之道，练拳时要练呼吸，不练拳时也要练气（养气），善拳者应当是会练也会养。

行止坐卧，言谈举止，待人接物都要有这个。练武不是光练胳膊腿，更重要的是练心智，练情操，树正气，修养一种冲淡平和的人生境界。

我习武多年，对拳术呼吸之道饶有兴趣，备加重视，经多年拜师学艺，深入探讨和实践体会，积累了一点粗浅认识，书之于后，一家之谈，仅供同道朋友参考。

习拳三害

"肺呼吸"也称自然呼吸，一般常人都是属于这种呼吸。人一脱离母体，还没睁开眼睛，先接触空气，"哇"的一声哭叫，即产生了呼吸，此时就是用肺呼吸。其实人在母体中，并不是用肺呼吸的，而是母子联息，母体中婴儿的呼吸叫胎息。所以我们也称肺呼吸是后天呼吸。肺呼吸，吸收空气中的氧气和其他有机物质。空气通过口、鼻进入气管，到达肺部。肺呼吸气路短，空间狭窄，它主要作用于人体的上半部。肺呼吸直接影响胸腔内的两大器官——心、肺。所以运动中呼吸出现问题，会直接影响到心肺的健康。我们常见田径场、球场上一些运动员经过激烈的拼搏下场后，有人躺倒在地，大口喘粗气，显得极度疲惫，更有甚者还出现休克状态，这都是因为超强度的胸肺呼吸，造成极度缺氧、心肌缺血所致。

有人提出疑问，既然肺呼吸在激烈的运动中，有呼吸短促、供氧不足的弊病，为什么我们初习拳术时，老师还是让学生采用这种呼吸呢？原因有三：一是我们常人习惯了肺呼吸这种自然呼吸方法，习惯成自然，一时不易改变；二是初习打拳，我们要学习很多拳式动作，一般人都是顾了手，顾不了脚，更谈不上什么心意相合、气劲相合等深层次的东西了；三是由于动作不熟练，身体中的僵劲还没化掉，容易精神紧张，极易造成呼吸不畅。综上情况，如果此时老师让你忘掉原有已经习惯的呼吸方式，而去采用另一种新的呼吸方法，那样就会适得其反，极易使习拳者因呼吸不得法，同样会伤其心肺。

　　我的经验是，初习拳路应以慢练为佳，这个阶段主要是调息找劲，熟悉规范动作。以学习形意五行拳为例，初步学习不要急着一天就学会一个拳路，也不要光想着用力打拳，不要被拳经上写的"形意拳三种练法：明劲、暗劲、化劲"所迷惑。初习形意拳是要打好明劲。所谓明劲，并不是要一味刚猛，初习者练的是动转和顺，起落整齐，动作规范。这个阶段主要追求的是练拳的平衡感——肢体的平衡、心意的平衡、内外的平衡。

　　武术是我们先人的智慧，特别是内家拳（形意拳、太极拳、八卦掌），更是集中呈现了先人智慧之精华。凡有经验的内家拳师传授弟子，初习之时都要求弟子做到力避三害。经曰："练武术者，有当注意之三害，三害不明，练之足以伤身。""三害者为何？一曰拙力，二曰努气，三曰挺胸提腹。"可以说，这三害都与呼吸有关。先人告之，不要憋着劲打拳。打拳不要用力过猛，用拙力打拳的害处是破坏气血运行。人身百脉，每一根肌肉纤维都是一根脉，拙力形成死肌，脉络堵塞，肌肉僵死，此身体之大害。初习拳术宜心平气和，身体放松，不用执着呼吸，要把注意力集中到拳式动作上，动作熟练了，呼吸也自然顺畅了。第二害是打拳忌努气。人正常运动时，呼吸量越大，力量越大。肺呼吸是我们常人的正常呼吸，肺是个很娇嫩的脏器，它的承受度是有极限的。用肺呼吸时，一旦运动量过大，包括我们打拳，肺部负担过量，就会气管受损，伤及肺脏。

　　形意五行拳第一拳劈拳，就是锻炼呼吸，是强肺的。劈拳在五行中属金，在五脏之中属肺，在五官之中与鼻相通。劈拳在练习时主要运用的是肺气，从气息上讲，练习呼吸之吐纳，一出一入，一升一降，出为呼为阳，入为吸为阴。一呼一吸循环无端，连接不断，通过劈拳呼吸之法的运用，达到阴阳一气连环起落、通任畅督的锻炼效果。

　　肺弱而做强烈运动，身体必受损。先人的经验是：让呼吸平静和缓就是调息。息调则心定，心定则神宁，神宁则清静，清静则无物，无物则气行，气行则觉明，觉明则性灵，性灵则神充，神充则精凝，精凝而大道成，万象归根矣。

我们练拳首先要练气，最终也是练气。气足神旺，神气充足则会化精，精也会化气，我们想一下，小孩子刚生下来，那是多么健壮，手足乱蹬，两眼明亮。两三岁的小孩子一天到晚总是不停地唱呀，跳呀，从不知疲倦。这是父母生命元精在他们身上的延续。成人以后，人的欲望多了，生活、工作压力大了，随着年龄的增长，人的精力逐渐减弱，人的身体也会随之衰弱，直至生命结束。我们练拳就是通过拳术锻炼，培养后天之气，强健筋骨，愉悦身心。《孟子》曰："善养吾浩然之气。"薛颠说孟子的话就是习武的秘诀，薛颠还有"以术延命"之说，这些都值得后人深思。

挺胸提腹是练拳第三害。挺胸提腹地打拳，看着体型漂亮，却会造成气逆上行，练出高血压。挺胸提腹是练西方体育的代表姿势。举个简单的例子，军人的立正姿势就是挺胸提腹，这个姿势中看不中用。中国传统武术也属于体育，但他更高于体育，特别是同属内家拳的形意拳、太极拳、八卦掌，更有独到之处。练内家拳时绝不能出现挺胸提腹的姿势。练内家拳对身体的基本要求是：头顶项竖、松肩坠肘、含胸拔背、塌腰坐胯、气沉丹田。以上这些要领，可以说是先人为习内家拳者量身特定的规矩。只有按这些规矩去练，你才会走正道、长功夫，否则必"差之毫厘，谬之千里"。

我曾见一个年轻人（31岁）打形意拳，当时他打了两个来回（场地长度是23米）劈拳。他的打法就是挺胸提腹，他打拳，迈步咚咚响，挺着腰板，两肩绷着劲，胳膊直出直入，看着真是用了大气力。一趟拳打完没走几步就蹲了下来，呼哧呼哧喘大气，一副非常难受的样子，更可怕的是，他气还没喘匀，拿出一根烟就抽了起来。我当时就想，这哪是打拳呀！这不是受罪吗？过了一会儿，我问那个年轻人："小伙子，你这个拳练了多长时间了？"他回答说："练了一年多了。"我又问了问他，这拳是跟谁学的。他回答说，跟谁谁学的，并且说他的师父如何如何有功夫。我一听，心想别问了，人家有老师，又很崇拜。不过我还是给了他一点善告："小伙子，以后打拳，动作慢点，放松一些，不要使愣劲，悠着点慢慢找劲，把气沉下去。"我问他，打拳知道怎么呼吸吗？他直着眼看着我，十几秒钟没张嘴，我只好说："打拳要先调呼吸，一趟拳打下来，不能呼呼喘大气，也不能打完拳就蹲下来，要先慢慢遛几趟，让呼吸平静下来。更不要打完拳就吸烟，这样有百害而无一益呀。"对这个年轻人，我当时能做到的也只能是这些了。

丹田呼吸法

练内家拳要练气，这是大多数习拳者的共识。问题是有人认为打拳时呼吸没那么复杂，呼吸是人与生俱来的，如同走路、吃饭一样是人生自然之事，所以他们主张打拳时要采用自然呼吸（肺呼吸）。也有人主张内家拳是练内功（内气）的拳，内功拳要练丹田气。

丹田俗名小腹，即道家所谓安炉立鼎之处，道家以人体小腹作为炼丹之所，道家的练法是，每日选一个清新之处，或静立或静坐，配以适当姿势，用呼吸之法，以意念将气送到丹田，待腹中气满，然后呼出。练气百日，丹田气足，膨胀如鼓，再以意念注意尾椎，气自小腹过渡到尾椎，由前身转到了后身。气沿脊椎上行，经过夹脊，经过玉枕，到达玄关（两眼中间的鼻骨）。气入玄关，回到了前身，再下降于小腹，形成循环。此法叫"转河车"或"大周天"，可炼精化气。

前面讲的是道家的练法，练内家拳不必练"大周天"内气变化的经验，道经上记载多，拳谱上不讲这个，道家有道家练法，拳家有拳家练法，道家的功法可供参考，参考者不必执迷于此。前辈拳家不练大周天，只练拳，同样得到道家炼丹之功。

我们打拳在初级阶段采用肺呼吸法，当呼吸顺畅之后应当逐步转入丹田呼吸。这时打拳要将气沉到丹田，用腹式呼吸的方法，练丹田之内气。通过内家拳之特殊练法，气沉丹田，丹田内转使周身气血鼓荡。丹田乃气机发起之源，生命之根，只有充分启动丹田内气，才能实现身如气囊，力贯周身。行拳时，在意念引导下，使丹田呼吸带动拳式动作的开合、蓄发、升降，呼则合，吸则开。不论外形动作大小，拳式动作运行方向、速度快慢，都与丹田呼吸的节奏相呼应。

而善于呼吸，乃指后天练就丹田呼吸。孙禄堂《论拳术内家与外家之别》中语："予练拳术亦蒙世俗之见，每日积气于丹田，小腹坚硬如石，鼓动腹内之气，能仆人于寻丈外，行止坐卧，无时不然。自谓积气下沉，庶几得拳中之内劲矣。"文武之道一张一弛，一阴一阳谓之拳。打拳有开有合，有蓄有发，呼吸也必然随之，有入有出，有升有降。气沉丹田，其气不是总在丹田僵死不动。内气饱满，必然要气运全身，走奇经八脉，涵养五脏六腑。《神运经》有言："纵横者，胁中开合之势，飞腾者，丹田呼吸之间。"可见丹田也有呼吸。

我们说，为什么历代拳家对丹田呼吸（腹式呼吸）那么重视，并视为练拳者之根本呢？首先从养生角度看，中医认为人自初生而少壮至衰老的发展过程，也就是肾气的生长、发育、充实到衰退的过程，如果延缓肾气的衰退，也就能推迟人体的衰老到来。中医所说的肾，包括范围甚广，不仅是两个肾脏，还包括了生殖、泌尿和部分重要的内分泌系统。丹田是道家的用语，道家用人体代替炉鼎聚气炼丹，丹田即道家结气炼丹之所。丹田位于何处？历来说法不一，有人认为丹田不是一点，应当是脐下到耻骨这一范围，笼统称之为丹田。现代医学认为，此处正是产生性激素的位置，内有男性睾丸或女性卵巢等，肾脏亦在其附近。打拳时采用腹式呼吸，膈肌上下运动和提肛练习，可增强这部分脏器的功能，使其延迟衰退，因而可延缓衰老。气沉丹田时腹式呼吸，使膈肌与腹肌力量增强，加大腹压变化，改善腹腔血液循环，减少体内瘀血，也改善了心脏的功能，小肠、大肠都蠕动起来，气血的流通也连动锻炼了大脑。

从技击角度看，采用腹式呼吸，虚其胸而实其腹，气向下沉，膈肌大幅度向下运动，肺体向下膨胀，肠胃等脏器垂注于腹内，以及肩下沉，胸肌、背肌的放松等可使腹部充实而沉重，而使人体重心降低，在力学上体现了稳定的作用，在运动中可达到立身中正安舒，桩步稳健。而通过长期的走架打拳，习练者练得上体胸背虚空，两肩臂灵活有弹力，丹田内气充实，这样一旦与人交手，便可以腰为主宰，随时发出丹田命门之力。这便是前辈形意拳家常说的"活泼于腰，含蓄在胸，运丹田之力，发肾气以打人"之功夫。

在练拳时采用什么样的方法和步骤，才能做到气沉丹田呢？这个问题，其实并不是所有练拳者都清楚明白的。首先我们要搞清楚的是，在打拳时用腹式呼吸沉气至丹田，不是把气沉到丹田后坚守不动，而是要根据拳式的变化，使气在丹田（小腹）与中脘（胃部）之间有升有降，上下起伏鼓荡。练拳走架初始要慢练，做到拳式动转和顺，起落有致，呼吸自然，随着拳式动作的逐渐熟练，逐步有意识地采用腹式呼吸，将人身中散乱之气，收纳聚于丹田之内。

要练气先练形，形正气则顺，内家拳练习初起对规矩极为重视，以形意拳为例，"九要"之规就是习拳者自始至终的准则。经曰："练拳术者，应循规蹈矩，不可固执己见，致有偏枯之弊……总之气血并重，性命双修，循序渐进，自强不息，久之则神意归于丹田，灵气贯于脑海，其身体能轻、能重。"

对于初习者，下面的具体练功步骤，可供其参考。

初步功夫：先练站桩功，练习时可根据个人习惯选择，诸如形意拳的"三体式"、八卦掌的"青龙出水"式、太极拳的"手挥琵琶式"、大成拳的"浑元桩"等都可以。站桩时选择一个清静无干扰的地方，然后将姿势站好，平心静气，全身放松，要松而不懈，精神集中，神不外驰，气势腾挪。此时完全采用自然腹式呼吸（顺腹式呼吸），不要勉强，多着意于放松，每天早晚各站半小时即可。练上三个月左右，以能够做到身心较好放松为佳。

第二步，继续以前面选定的桩功姿势，松静站立。如站定形意拳的三体式桩，此时采用逆腹式呼吸，即吸气时小腹内收，提肛缩肾，两肋微向外开，膈肌上升，丹田内气上行聚于胃部（中脘），胃部自然隆起，胸廓自然扩张，加大肺活量，与吸气同时，两手向回收；呼气时，小腹外凸，两肋微微向内向下合，膈肌下降，聚于胃部之内气，下沉至丹田，胃部与胸廓自然平复，同时两手向外推。随着熟练程度增加，呼气时，两手向回收和向外推的幅度也越小，最后变为以意领气向回收和以意领气、以气催力向外放。此时从外形上基本看不出手的动作，此谓之"桩中有拳"是也。这个阶段可练半年左右。多练更好，练的时间越长，功夫越深。这是最简单有效锻炼丹田内气的方法。

第三步，待前两步功夫取得成效后，可选几个动作简单且开合、收放、蓄发，节奏较分明的拳式，将其拳式动作与呼吸配合做单操训练，如太极拳的起式、形意拳的起式动作都很好。此处以形意拳定步劈拳（亦称鹰捉）为例，简要做一介绍。如以三体式起式，两手回收至腹前变拳，然后左脚向前迈半步，随上步，左拳上提至额下，不停，再向前钻出，同时随两手回收变拳，左拳上钻，吸气（初习拳者，此过程中，可以加一次小呼吸）；上式略停，重心前移，提右脚向前迈一步成右三体式，随上步右拳上提至左肘前，两拳变掌内翻，右掌从左掌上向前推出，左掌收至左腹侧，同时随上右步推右掌，呼气；气入丹田，降至足底（涌泉穴）。稍停再上右步钻右拳，上左步劈左掌。如此左右循环。注意：以手领脚，以意领气，以气催劲，内外相合，五行合一，循序渐进，慢练求功。

上步功法可视为活步桩功练法，即俗谓"拳中有桩"。行拳时要慢，一步一拳，一拳一桩，动作清晰，呼吸有法。蓄吸、发呼，吸收、放呼，吸为提、呼为降。基本原则如此，但也不是死规矩。走架时，每个人的功夫深浅不同，或有出入变化，可灵活掌握，但基本原则不变。要注意的是练习时千万不要快，功夫不是一天练得的，要循序渐进，日久见真功，如真能按以上三步功夫认认真真地去练，少则一年，多则三年，行拳时呼吸自然而然地就可沉入丹田了。

练到能气沉丹田后，还要继续练习气沉丹田、降至涌泉。前面说到气入丹田不能存着不动，丹田是个枢纽，丹田内气充实后，要把这个气调动起来，把它用活了。"十三势歌"言："势势存心揆用意""气遍身躯不稍滞"。我们打拳通过腹式呼吸锻炼，使得丹田内气饱满，要把这宝贵的精气输送到全身各处，人体是血肉之躯，奇经八脉、五脏六腑、筋骨皮肉，都要靠气血涵养。气沉丹田，降至涌泉，使气血达于肢体末端，促进血液微循环，增强人体的免疫力。涌泉穴位于足底，是足少阴肾经的起点穴，中医认为，涌泉是人身第二长寿穴，人体出现高血压、心绞痛、过敏性鼻炎、糖尿病、口腔溃疡等病状，采用涌泉穴治疗法，有一定疗效。

我们行拳走架时，有意识地将气沉到丹田，再降至涌泉，此时会明显感觉到，两腿前节有力，小腿肚子发沉，双脚有入地之感。内气降到涌泉，足底之气会有反弹之感，其气会沿踝而上，腰胯与大腿松快自如，两膝有力，下盘稳固，而腰以上则轻松灵活，身手动转敏捷有力。这样我们不论练什么拳，不论行拳快慢，都可以保持气沉不浮，步法轻灵稳重，发劲有力、浑厚，整而不散。

气沉到丹田再降至涌泉，然后沿踝骨经腿上行至腰（命门），至脊背，敷于肩臂，发于拳手；然后收回至前心（膻中），经中脘降至小腹（丹田）。这一循环与道家大周天的练法有相似之处。其实拳家打拳时，根本不能像道家练导引术那样循经导气。拳家练拳采用丹田呼吸，是聚气于丹田练内劲，锻炼腰肾，强壮肾精肾气，提高身体素质。走架时不要想着内气沿着什么任督二脉前后循环，只想着丹田一处即可，这一意念也不要执着，意念重了也是僵，要保持有意无意、若有若无的状态。

《易经》曰："一阖一辟谓之变，往来不穷谓之通（即明心见性）。"呼息下贯丹田，吸息上至心脑（谓之水火既济），以心意而存于心肾，使气上下而往返，精气透泥丸。偈曰："三田（泥丸、黄庭、土釜）往返调生息，混元二气造化机。"

神不离气，气不离神，呼吸往返通乎二源，久行此功，则丹田气充而精凝，精凝则性灵，性灵则神气合一，呼吸之息如无呼吸状态。功夫至此，可以进一步论体呼吸法了。

体呼吸（全体呼吸）

体呼吸对于常人很陌生，对于一般的习武人也是知之甚微。其实体呼吸并不神秘，人体结构分多个系统，每个系统各司其职，又都互为关联。武术是个系统工程，体呼吸是习武人追求的最终目标。呼吸之法追求演化过程，起点也是终点，初步就是高处。

肺呼吸锻炼的是膈膜，胸腔和腹腔之间的膜便是膈膜。吸气时由于肺部扩张，胸腔膨胀膈膜受压而下降，然后借膈膜下降之势，以意念向小腹用力，将气压入丹田，然后停顿一下，再把气呼出去，随着这一呼胸腔收缩，膈膜自然上升，便完成了一次肺呼吸。膈膜得到锻炼以后，便不再着意肺呼吸而转入丹田呼吸。经曰："丹田呼吸，此法与前肺呼吸所异者，呼息气下入丹田，而谓之阖，吸息气辟，而上升，谓之开（又谓阴阳相交）。"严格地讲，丹田呼吸其实不是呼吸，人身五脏六腑各有功能，肠子不是呼吸器官，肺脏有呼吸功能。小肠和大肠是心肺化生到腹部的器官，其功能除消化、排泄外，还延续着肺的适应功能和心的判别功能。丹田呼吸，吸气时膈膜上升，以膈膜抵住下扩的胸腔。胸腔底部被抵住后，向上发展，肩、脖子的穴位被激活，等于从里面被点了穴。脖子、肩的穴道一通，脑部就受到了刺激，这就是丹田呼吸中"吸气上脑"的效果（不是真的有意识地吸气上脑）。呼气时，膈膜下降，以整个腹部拽住膈膜，整个腹部都随之蠕动，内气鼓荡，气血化开。

肺呼吸是锻炼膈膜；丹田呼吸是利用膈膜，锻炼腹部和脑部。呼吸之道为坐禅、炼丹、习武所共有。道家的功法讲心肾之气自然相融，前后身气息循环叫大周天，胸腹气息相融叫小周天。练内家拳者，不必练道家的大、小周天。我们按规矩练拳，同样可收到道家大、小周天之功效。行拳走架采用丹田呼吸，腰以上放松，有意识地将气沉入丹田（虚其心，实其腹），引发小腹鼓荡，锻炼了腹膜，蓄聚真气，腹膜强健，内气充盈，触之即膨胀鼓起，有坚实之效。不是挺着肚子，那是违反常理之态。常人的小腹是软塌塌的，有人击打即随击而凹陷；内气充实者，其腹如鼓，对方击打，会触之自动鼓起反弹之。

初习拳者，宜重形忘息。把功夫用在熟习拳式动作上，追求动转和顺，身心平衡，不要着意于呼吸。初时呼吸会粗重急促，不要管他，练拳久之，随着动作之熟练，身心之放松，呼吸会慢慢顺畅起来，其气也自然会下沉至小腹。丹田呼吸是有意识地呼吸，行拳时平心静气，神意内敛，以意识使气沉入丹田，锻炼腰肾，使肾精、肾气充盈，内气充实自然会气运全身。经曰："以拳之应用，内中之气独能伸缩往来，循环不已，充周其间，视之不见，听之不闻，洁内华外，洋洋流动，上下四方，无所不有，无所不生，至此拳内真意真劲，诚中形外，而不可掩矣。"

体呼吸是练武者追求的最上乘的呼吸法，前面两步呼吸都是为达到这步（体呼吸）呼吸的途径。体呼吸是在胸腹呼吸、心肺强健、肾气充足后的全体呼吸，这时练拳者之呼吸，不完全依赖于呼吸器官（口、鼻）呼吸，主要是利用全身八万四千毛孔云蒸雾起而呼吸。不依赖呼吸器官呼吸，并不是放弃呼吸器官呼吸，其实不管采用哪种呼吸方法，胸肺呼吸始终也是离不开的。丹田呼吸是深呼吸，主要使胸腹间膈膜上下运动、腹部之蠕动来完成。丹田呼吸与胸肺呼吸相呼应，不过其呼吸路径深了，空间大了，功效更强了。

体呼吸，简单理解是靠人体毛孔与自然空间流通而生息。皮毛通气是所有动物之特有功能。肺主皮毛，外部气候环境变化刺激皮肤，肺部即有感应。如天寒、暑热之时，人体适应度超过承受极限，必然会伤及肺脏。肺脏强人的皮肤就鲜亮，头发亦有光泽。所以人体有感应、呼吸之能，这也是人与生俱来之本能。可惜是我们常人忽略了这一自然功能，平常只着意于胸肺之呼吸，没有很好利用体呼吸之功能。

锻炼体呼吸，同样道家的练法太过繁复，拳家练体呼吸，同样不修道家的所谓大、小周天之术。体呼吸不执着于人体中一处，而是把前面经过两步（肺呼吸、丹田呼吸）呼吸之法所修得丹田充盈之精气，化生为一股神气，随身而动。打拳时，不着意用力，周身内外全用真意（气），手足动作所用之力若有若无，若实若虚，若刚若柔；腹内之气若着意若不着意；呼吸似有似无，练到好处，蓦然间感到一股真气自足底涌出，瞬间如云蒸雾起，全体通透，神行一气。行拳至此，可练气化神，功到化境。

忘掉呼吸

前面讲的肺呼吸、丹田呼吸、体呼吸，都是有形之呼吸，是为动。一阴一阳谓之拳，动为阳，静为阴。一开一合拳术尽矣。呼吸之法，以神意为先，所谓"以心行气，以气运身"。拳中无气，不为强也。呼吸之法是动，修心法是静。有了呼吸功夫后，才能静得下来，呼吸时把心静下来，心无杂念，把全部精神集中在小腹一处（若有若无，勿忘勿助，不可执着），便是修心了。

呼吸法追求演化，修心法求归宿，将自己集中在一个点上，就此入定。入定是"抱元守一"之象，行拳走架意注丹田，举手投足不可用力，纯以神气而行之。行气纯任自然，勿忘勿助，无可无不可。行拳止，其气复归丹田，降至涌泉，缓缓收式，然后慢慢行走数十步，让真气流注全身，使全身心都得真气之涵养。

有形有意都是假，无形无意才为真。经云：三回九转是一式。三回者，炼精化气，练气化神，炼神还虚。即明劲、暗劲、化劲是也。明暗化劲是一式。九转者，九转纯阳也，化至虚无，而还于纯阳。万法归一，一气归元，"抱元守一"而入定。拳术练到此步，虚其心，忘其身，寂然不动，感而遂通，天地人一体，拳可入道。

抛袋子

　　"抛袋子"是中国民间武术行中一种常练的散打基本功，操练者通过抛抓装有实物的特制布袋，提高自身的指力、腕力、臂力、腰胯力、腿力和内力（内气）。有了以上诸多方面的功力，一旦与人交手，会大大提高自己所用招式的威力。"抛袋子"的锻炼方法简单易学，一说就会，而且练习时不受场地限制（室内、室外都可练习）。可以一个人练习，也可以两人一起练习，既安全又方便，深受广大练武者特别是研究散打的朋友喜爱。下面将袋子的制作以及锻炼方法和注意事项向同道朋友们做一简要介绍。

　　1. 制作袋子

　　选一块细帆布（不要厚的）缝一个方形的布袋，布袋的大小以所装物之重量为准。

　　布袋做好后，向里面填装细沙子或豆子之类的东西。根据我的实践体会，最好是选装红果籽为佳。方法是先用温水把红果籽外皮那层黏物洗掉，然后将红果籽晒干，装袋。袋中装红果籽的好处是：抛袋子时袋子不起灰烟，在室内练习时干净卫生；此物不生虫子，不腐蚀、易长久。

把填装物装入袋子后，扎紧袋口即可。所装重量以个人能够承受为准，初时建议可以 15 斤起步，以后逐渐增加，但也不要过重，练习时以手抓袋子时重量适度为宜。

2. 练习方法

练习时先立正站好，身体放松，平心静气，去掉杂念，精神集中。气沉丹田，降至涌泉。然后左脚向左侧横跨一步成马步，用左手抓紧袋子，从下向身体右上方抛扔，随之以右手向上抓接布袋；不停，即随袋子向下沉降之势，再以右手向身体左侧上方抛扔，随之左手再向上抓接袋子；随袋子向下沉降之势，左手再向右上方抛扔。如此左右循环抛扔抓接，反复练习（图 1 ~ 图 4）。

练习时抛接次数由少到多，逐渐增加。可以每抛接 50~100 次为一组，连续练习几组。每天练习一到两组，每组练习时间不少于半小时。

练习时向上抛接袋子要用腰劲，抓接时先用手指抓紧袋子，然后顺

图 1　左手抛袋　　　　　　　　　　　图 2　右手接袋

图3　右手抛袋　　　　　　　　　　图4　左手接袋

袋子向下沉降之势，顺势发力向上抛扔。

两手左右抛扔时腰胯要松沉，两脚蹬地以腰裆丹田之力催动手臂向外发力。

练习时要配合腹式呼吸，抓袋子时吸气蓄劲，抛扔时呼气，呼吸要顺畅自然。

若两人练习，首先两人要相对站好，中间距离以操练者能将袋子抛到对方身前为度。然后一人抛扔一人抓接，抛接可单手也可用双手。

3. 注意事项

练习此项抛抓袋子法，要有一定的拳术基本功，并且具备一定的内功基础。

练习前要做好充分的热身准备，特别是要将手指、手腕、肩臂、腰胯、双膝、脚踝等关节活动开，千万不要上场立刻就练，那样极易受伤。

练完功后，不要马上坐下，要先在现场放松行走，调顺呼吸。

遛完步后，直立站好，从上到下做两遍全身循经拍打功（略），以收散瘀活血之功效。

定步与活步

在我学习形意拳的几十年中，曾经得到多位形意拳前辈老师的传授。经过他们的精心传授，我基本掌握了五行拳的多种练法。归纳起来，学习五行拳要练好两步功法，一是定步练法；二是活步练法（以劈拳为例，包括：跟步劈拳、丁步劈拳、行步劈拳、快步劈拳、盘步劈拳）。有些朋友练拳很下功夫，可是他练法单一，练劈拳多年就练一个定步劈拳，或只练一个跟步劈拳，虽然也取得了一些进步，但其劈拳功夫毕竟是不完整的。因为只练一个打法，出来的功夫是有局限性、不完善的。学习形意拳是一个系统工程，老辈人有"教人不教步，教步打师父"之说，可见学拳学好步法是非常重要的。

学习形意拳，传统的练法是先学习站桩，形意门桩法有很多，但我们常练的就两个桩，一是浑元桩，二是三体式桩。

定步是基础

劈拳在五行（金、木、水、火、土）中属金，在人体内脏中属肺，肺主呼吸。劈拳在五行拳中排序为首，故练习形意五行拳，一般老师先教劈拳。

形意拳传统理论是练明、暗、化三个劲，练易骨、易筋、易髓三步功夫。

明劲是明规矩、知拳理、调呼吸、懂劲道。其表现形式是练好形意拳定步功夫。以劈拳为例，即是练好劈拳的定步练法。如以左三体式起式，左脚垫步，同时向前钻出左拳；然后右脚向前上一步，同时右掌向前劈出，左脚不要跟步，重心偏于左腿，成右脚在前的右三体式。然后右脚垫步，同时向前钻出右拳；左脚向前上一步，同时左掌向前劈出，成左脚左手在前的左三体式。如此向前反复操练。

劈拳定步练法要求，精神内敛，身体以松为主（内中有紧）。这步功夫要逐步做到。

明规矩，是把通过练三体式得到的自身信息调入到行拳走架中，每走一步、打一拳，都要符合劈拳间架规则，用薛颠的话说就是"手脚要搁对地方"。此功练习时动作要慢，身体要放松，不要努气憋劲，不要使拙力。每走一个式子，都要内心揣摩拳理，按形意拳八字二十四法调整自己的拳架。

调呼吸，初习时注意力主要用在拳架结构上，自然呼吸，不努气。慢慢随着动作的逐渐熟练要加强意识锻炼，以意念带动手脚，并且要意注丹田（小腹），逐渐使手脚动作与呼吸内外配合一致，做到蓄劲时吸气，小腹内收；出劲时呼气，小腹外凸。这是内家拳的逆腹式呼吸法，练传统形意拳用的就是这种呼吸方法。

懂劲道，练习定步劈拳是练明劲，但不是练刚劲、猛劲。所谓明劲，是要明白拳理、懂劲道，要练到手脚动作一致，进而手脚身心神气、内外一致，即练到内三合外三合，六合一体的形意整体劲。这也是形意拳的易骨功夫。

活步知多少

劈拳的活步练法（活步劈拳），是劈拳的中、高级练法，练此功必须要有桩步、定步练法的扎实基础。

1. 跟步劈拳

跟步劈拳，是活步劈拳的第一步功法。练习时如以左三体式起式，左脚垫步，右脚向前上一大步，然后左脚跟进半步，重心偏于后脚（左脚），成右手右脚在前的右三体式。此式要求右脚上步要大，脚底稍离地面，要有向前平趟之劲（即所谓行犁步），后脚跟进要有蹬劲，右手向前推（劈）掌与身体向前行进，都要有向前冲撞之劲。上步劈拳、身体向前是一个整体移位之势，头肩肘胯手脚膝，身心神气内外动作一致，全身高度协调，神气不散。

2. 丁步劈拳

活步劈拳第二步功法是练丁步（鸡步）劈拳。这个练法与跟步劈拳略有不同。左三体起式，左脚向前垫步，同时左手收回变拳再向前钻出；然后右脚向前上一步同时劈右拳，随之左脚跟步落在前脚（右）脚弓内侧，以后脚（左）掌虚着地，重心完全落在右脚上（有一定功力后，左脚可稍离地面虚停于右脚踝内侧，即所谓鸡形步）。然后左脚（虚脚）落地落实；右脚向前上步钻右拳，然后左脚向前上一大步同时劈左拳，右脚跟进停于左脚弓内侧，前脚掌虚着地，成右丁步劈拳。

要求上步劈拳劲到前掌（力达手指肚），丁步时支撑腿要稳，气沉丹田，头顶项竖，肩松肘坠，虚胸实腹，松胯屈膝，塌腰拔背，心专神注。此式打的是劈拳的暗劲练法，也是易筋功夫。

3. 行步劈拳

接下来可以练劈拳的行步练法。这个练法与跟步练法相似，不同点是，以左三体式起式，左脚不垫步，右脚直接向前上一步，然后左脚上一步，右脚再上一步，然后左脚跟进半步，这是三步一劈的练法。初习先练手脚身法协调，劲力顺达，气劲和顺，不要发力，练习纯熟后，可试着练习发力。发力时，上第三步后，后脚可跟步，也可不跟步，重点练习行步时手脚、身法、气劲的内外协调配合。发劲要内气饱满，先松后紧，蓄而后发，丹田抖动，瞬间发出一个整体爆发劲（形意拳称此为抖绝）。练到此步功夫时，要加练单式发劲（单操功）。每一形选择一两个单式动作反复操练，这样可迅速增加发力的突发惊炸效果。

行步劈拳还有一种练法，是手打（劈）、步行，不停步。虽然也是三步一劈，但打起来是势势相连，如行云流水，一气呵成，很是潇洒。此种打法虽然看似轻灵飘逸，但不失沉稳厚重之感。练好这种打法必须有充实的内气和形意拳行犁步的基础功夫。

我的两位形意拳师父，张兰普（姚馥春的再传弟子）、吴桂忠（张鸿庆的再传弟子）都把形意行步劈拳看得很重，他们都是自修自练，一般不轻易传人。同样是练行步劈拳，两位师父所练也是各有自己的独特打法。我有幸得到上述两位名师的真传，使我一生受益匪浅。

4. 快步劈拳

练好行步劈拳后，接下来可以练习快步劈拳。所谓快步劈拳，是相对前面的所练而言。练习时要求节奏快，步不停、手不停。此式练法不同于前面练法，如以左三体式起式，后（右）脚向前趟出一步，同时双手向后捋至腹前变拳，拳心向下，然后左脚再向前趟出一步，同时双拳变掌向前劈出。上动不停，右脚继续向前上步，双手捋回，然后左脚上步，同时双掌劈出，这是以左脚、左手向前的双劈法。转身后可变右脚、右手向前的双劈法。如此反复循环练习。

这个练法虽然是步快、手快，但要求快中也要有节奏，分虚实，分刚柔。手脚上下协调一致，一吸一呼，两步一劈，内外整齐一致。练习时，可发劲，也可不发劲。发劲要用丹田内劲带动身手向前抖发。不发劲时，意识、神气不能丢。要做到步到、掌到、身到、意到、神气到。快步劈拳实际就是双劈，在实际应用上与虎扑很相似，但在掌形和用劲细节上有区别。

5. 盘步劈拳

活步劈拳最后一个练法是盘步劈拳（散练劈拳）。这是劈拳的高级练法，属于化劲练法，也是练易髓功夫。盘步劈拳实际是走转着打劈拳，但这个转不是像练八卦掌那样转圆圈。盘步劈拳在步法上没有一定程式，练习时是身随步转，掌随身发。盘步劈拳步法丰富，讲究意运形随，有感而发。行拳时可上步、可退步，可左转、可右转。直行可劈、斜行亦可劈。总之前后左右，四面八方都可行步，都可发掌。看似无招，处处是招，随心所欲，一片神行。

盘步劈拳是形意拳用于散打实战的一个重要过渡练法。有了这套掌法（实际是没有什么固定套路的，演练时所有招式完全是即时心出）的演练，再经师父说手、领手、喂手、陪练，就可初步掌握形意拳散打的基本技能了。

直行步

在张鸿庆的拳法体系中有一种非常简单，但又特别奇妙的功法，就是本文所要讲的"形意直行步"。说是功法，可能有点小题大做了。因为这个直行步并没有什么招式，一说就懂，一学就会。在平时打拳和与人交手之中，也许你不会感觉到它的直接存在，但是修炼日久，你却会感觉到这个功法使你的生理、心理及精神修养都得到了一种潜在的升华。

直行步、连环步
斜行步、蛇形步

据我所知，在张鸿庆所传承的这支形意拳流派中，师父要求入门弟子都要学练这个功法。师父要求弟子在练拳前、练拳间隙和练拳后都要遛（走）直行步，甚至有些本门弟子在无人时连走路都走这个直行步。可见这个直行步在他们心中的分量。

练习直行步不需要什么特殊的身体条件，也不讲究什么场地的好坏，不论男女老幼都可以练，你可以把它作为形意拳的基本功来练，也可以作为一种养生健身的功法来修炼。具体练法如下。

1. 预备式

身体直立，两脚并拢，两手自然垂于两大腿外侧，手心向内，手指向下，两眼平视前方。

要求：神意内敛，全身放松，虚领顶劲，气沉丹田，降至涌泉。

2. 趟步前行

两手不动，身体略下蹲，两膝微屈，左脚向前趟步直行，然后右脚再向前迈步，依次左右脚轮换向前趟步直行。

要求：

（1）两脚向前直行时，两手臂不要随之前后摆动，要自然下垂，有手指向下之意。

（2）两脚前行要磨膝磨胫，但也不要像走八卦步那样执着。总之要以放松、自然为原则。

（3）另外还要做到头顶项竖，沉肩坠肘，腰塌脊正，搭舌拉胯，屈膝趟步，气沉丹田。

（4）最主要的是要做到：在全身放松的前提下百会穴要领起来，气要沉下去，上身要虚空。一定要记住"搭舌拉胯"这句话，搭舌就是舌顶上腭，拉胯是关键。过去老师教这个步法，要求学生穿的布鞋不要提后跟，要趿拉着鞋向前走，并且腰胯一定要彻底松下来。但是走这个步子也不能脚掌底擦地，脚底要稍离地面为宜。

3. 回身

向左向右回身均可，以右回身为例，当要回身时可以上步扣脚，随之身向右转180°，然后前脚向前迈步，然后再向前上后步，继续前行。依次左右轮换反复操练，时间长短根据个人自身条件灵活掌握。

要求：上步扣脚，脚尖尽力回勾，转身时身体要保持平稳，不要上下起伏、左右摇摆。

4. 收式

当走到原起式处，右脚向前上步扣脚，左转身180°，左脚外摆向前移半步，脚尖直向前，右脚不动，然后左脚收回与右脚并拢，身体慢慢起立，两手不动，收式还原。

　　要求：身体向上起时，头要上顶，脚向下踩，气向下沉（气沉丹田，降至涌泉），全身放松。

　　2006年4月中旬，我应江苏盱眙县的朋友之邀到彼处交流拳艺。盱眙县城里宣化寺的昌相法师跟我学了这个直行步法后，说形意拳这个走法跟他们寺里走佛很相像。走佛就是佛门弟子在做晚课诵经后，众佛门弟子绕着佛祖金身边走边默诵经文。我想他所说的有点像，是指此时大家平心静气，万念归一，正气存身，一气周流，一派虔诚之态。然此走与彼走虽然神似，但形体上还是有一定差异的。

　　前面说了"形意直行步"走起来的确很简单，但它的功效又确实很奇妙。就是寒冬腊月，你若按前文所述方法走上几趟，一会儿就能感觉到手指肚发胀，手心、脚心、头顶心发热，周身有舒畅之感。而在酷暑炎夏，你走上几趟，却又有松快、清爽之意。另外在打完一趟拳后，前辈老师从来不让弟子坐下来抽烟闲聊，一定要让你先遛几趟直行步。说也奇怪，你遛完后反倒丝毫没有了疲惫之感，精神越发振作了。

　　过去前辈们常讲形意拳出自三体式，说万法不离三体式。"大道至简"——世界上的事就是这样，往往越是简单的东西越有内涵。就说这个直行步吧，简单得不能再简单了，但它却是形意拳诸步之源。可以说形意拳中的各种步法，都是由直行步演变而来的。因为直行步的要诀是"迈步如行犁"，直行步是走直线，就好像几何中的点、线，有了点、线就可以勾画出弧、圆、角。而形意拳有了直行步的基础，再进一步练习三角步、斜行步、弧形步、阴阳鱼步、走圈步等就容易多了。如此看来，这个直行步的潜在内涵也就明了了。

摆扣步与双换影

摆扣步、双换影

有人说在内家拳的三大拳中，形意拳、太极拳、八卦掌虽理相同，但练法、用法各异。比如说太极拳以柔克刚，专打阵地战，与人交手站稳阵地，迎对八方；八卦掌脚踏九宫，掌打连环，走旁门攻偏面；而形意拳是硬打硬进无遮拦，守中用中，攻坚战。

前面所论不无道理，但也不是绝对的。八卦掌与人交手是游走八方专攻对方偏门，这的确是八卦掌的特长。但我们也要知道，八卦掌的东西形意拳中也有。形意拳的打法绝不是简单地进中打中，形意拳打法也有攻侧面的要诀。

张鸿庆先生传的法子叫"逃身又逃步"，就是遇敌进攻走偏门的意思。形意拳自古相传的"转七星"就是练这个。唐维禄先生说："走大边，两打一。攻正面，一对一。"攻敌侧面，等于两个人打一个人，而正面迎敌就吃力多了。形意拳是阴阳五行变化多，应该说走七星转九宫，多少也是受到八卦掌的启发。所以走偏门，攻两侧的功夫，我们在平时练拳时就带上了。

转身要走"摆扣步"

我们平时练五行拳的行步拳，每一套拳的转身动作都练一种步法，叫"摆扣步"。张鸿庆传形意行步拳，练习时走"七星步"步法，就是练走偏门（逃身又逃步）。而在转身时，有一个过渡步法名曰"摆扣步"。

以五行拳的横拳为例，行拳时当走到左脚在前，右脚在后，同时右拳前出的右横拳时，身向右转，随之右脚外摆，右脚尖极力外撇；同时右拳臂向右后横摆，随之左脚向前上步，脚尖内扣；右脚向右前方斜角上步，脚尖向前；同时身向右转，面向右前方斜角，随之右拳臂内扣回收，左拳臂从右小臂下向前横钻出，拳心向上，高与口平，目视左拳，成左横拳。然后再身向左转，连续上左右步向前走七星步，继续接练横拳。

要点：

（1）转身时动作不可停顿，步不停，势不停，手足动作要连贯。

（2）转身要快，要稳，身体不可上下起伏。

门内才练"双换影"

五行拳在行拳走架转身时，行走摆扣步是顺势而行。讲究的是顺畅，不拖泥带水。在练习五行拳收式时，一般的练法是拳打到原起式处，转过身后接着就可以做收式动作了。但我们的练法与别门有区别。

我们的练法是，当拳打到原起式处转身后，不做收式，而是再接着做回身动作。还是以横拳为例，如前面走架中，我们打到（起式处）左脚前，右脚后，同时右拳前出的右横拳时，向右转身，随之右脚外摆，左脚前扣；再上右步打出左横拳；这时动作不停，身向左转，随之左脚外摆同时左拳横拨；然后右脚向左脚前上步扣脚，身再微向左转（起式处，身体向正前方），左脚顺直，同时右拳从左小臂下向前横钻出，成右横拳。目视右拳。然后收式还原。

这是连续向左右两侧转身的收式，我们门内称之"双换影"。操练时也可以身向右转出，接着再向右转回360°后，退右步前穿左手收式。这样收式要连续走出摆扣步，对操练者的身法步要求更高。这种收式动作也有人称其为"倒转葫芦头"。操练者平时练习要学会多种方向的转身动作，不管上面怎么转，下面的步法离不开摆扣步，一转就摆，再转就扣。步法活了，身子也就活了。

另外转身时，两手臂的动作不可千篇一律。也要有多种变化，如随转身前手可走掩肘式，后手可随身转走背插式，都是可以的。总之，转身时身、手、步都要活起来，形式多样，变化多多。练为用，这样练习，在交手实战时可见奇效。

败中取胜

形意拳在交手实战中"抽身换影"一式，是常用的败中取胜的招法，这一招式的步法应用的就是"摆扣步"。如：当我与对方交手时，对方以右拳击我胸，我以右拳臂从其来手里侧拦截。如对方突然上步以双手向前猛推我右臂，我可顺势左转身，同时后脚（左）外摆，然后右脚向前上步扣脚，同时继续左转身，并迅速出左拳击敌胸肋。这就是"抽身换影"在实战中的应用，也是退中有攻的打法。

又如：我与对方各自绕走弧形步，左右周旋时，当我绕走至右半环，对方行至左半环时，我左手突发促劲向前穿击对方头面。此时对方在我身左侧被动接手，甚至其身体还在向前趋进。我迅速右转身，同时右脚外摆，左脚向右脚前扣步，随转身右拳直击对方胸肋。若对方离我身近，亦可手脚上下并用，齐击对方，敌必受重创。

注意：用此招两脚的摆扣，步子不可距离远，所动基本就在原地打磨转，动作要快，身手连贯，一击必中。

　　"摆扣步"转身，在实战中的应用要视对方情况灵活运作，与敌周旋时有时可摆而不扣。如，右摆左转，左摆右转，有时转了再转。这都要视对方变化而变化，不拘形式，灵活运用，方可制胜于敌。

抽身换影

"换影"一术是河北派形意门的技法，此技又名"抽身换影"，据传是由河北派形意拳第三代传人李存义、申万林等大师吸收融汇了八卦掌的精华创编而成。传到形意门第四代，当年的形意拳高手已经把此技锤炼得炉火纯青。据传当年李存义弟子傅昌荣与师弟薛颠在东北沈阳切磋技艺，用的就是这手抽身换影打翻薛颠，这才引出后来薛颠远走山西五台山，出家十年修得象形术绝技，下山再找傅昌荣比武一决雌雄的故事。

据前辈老师讲，形意拳古来练法、打法都是直来直去。传到刘奇兰、郭云深这一代，形意门与八卦门交往甚密。到了李存义这一代，形意与八卦两门已是基本不分家了，可谓形意拳中有八卦拳的东西，八卦掌中亦有形意拳的精髓。如八卦门第三代高义盛所传的"后天八卦掌"（直趟八卦六十四掌），基本就是形意拳散手招式的组合套路。而李存义传其弟子张鸿庆的龙形八卦掌，更是形意、八卦组合的经典佳作。

"换影"一技是形意拳和八卦掌强强组合、精华提炼的结晶范例。换影式在八卦掌的原型是"背身掌"和"乌龙缠身"诸式（读者可参阅姜容樵著《八卦掌》一书，或有启发）。而在形意拳，我们可以在张鸿庆先生所传的熊形、横拳回身及十二横捶套路中见其全貌。

换影术多种练法

20 世纪 80 年代初，我跟唐山赵各庄矿张兰普老师学习形意拳，几年后师父在我练的五行拳每一行练完后，都加了一个回身再收式的动作。当时我很不解，后来师父对我说，李存义老先生当年就是这样，收式前加的这个回身动作叫"换影"，是练身法的。以劈拳为例：转身打出左劈拳，先不收式，而是继续往下走式，即两掌变拳（也可不变），左手臂内旋于胸前掩肘，随之身右转 180°，右脚外摆，同时右手臂略内旋顺右肋向后背插，右拳背和小臂外侧贴紧后腰。上动不停，身体继续向右转 180°，左脚向右脚前上步扣脚，然后右脚向前上半步，脚尖外撇 45°；随之右拳臂外拧从后向前钻出，拳心向上，高与鼻齐，左拳落至左腹前，拳心向下；然后左脚向前上一步，右脚不动，成三体式，同时左拳上提至右小臂内侧，拳心向上，沿右小臂上向前翻拳变掌向前推出，左掌指高与鼻齐，右掌收至右腹外侧，掌心向下；然后撤左脚收式还原。其他四行"换影"练法与劈拳回身练法大同小异，读者可参考此形练法悟之。

张鸿庆先生传熊形练法，非常生动清晰地展示了换影术的多种练法。读者若有兴趣可参阅拙作《张鸿庆传形意拳练用法释秘》中的"熊形拳"。20 世纪 80 年代末，我跟张鸿庆先生的传人吴桂忠老师学习形意拳，吴老师传了我行步拳后，我才知道换影术是有多种练法的。以行步横拳举例：如面向东起式，当横拳打回原地，打到左横拳时（右脚在前，左拳在前，面向西北），然后身向左转约 90°（面向南），随之左脚外摆，同时左拳内旋沿左肋向腰后插出，拳背紧贴后腰，右拳臂向胸前掩肘，拳心向内；眼向左看。上动不停，身体继续向左转45°，随之右脚向左脚右前方上步，脚尖内扣；同时左拳外旋从口前向前钻出，拳心向上，高与鼻齐，右拳摆至左小臂内侧，拳心向下（面向东南）；然后身体再向左转90°（面向东北），随之左脚向前上半步，脚尖向前，右脚不动，重心偏于右腿，成左三体式；同时右拳从左小臂下向前拧钻，拳心向上，高与鼻齐，左拳收至右小臂内侧，拳心向下；目视右拳。此为"左换影式"的练法。打到此处可以收右拳、出左拳，撤左步收式，这也是"单换影"的练法。

如果不收式可以再走一个右回身，即接上式右横拳，身向右转约90°（面向南）。随之右脚尖外撇45°；同时右拳内旋沿右肋向后腰插出，拳背紧贴后腰，左拳臂向胸前掩肘，拳心向内，眼向右看。上动不停，身体继续向右转90°；随之左脚向右脚前上步，脚尖内扣；同时右拳外旋从胸前向前钻出，拳心向上，高与鼻齐，左拳收至左腹侧，拳心向下（面向东北），上动不停，身再向右转90°（面向东南）；随之右脚向前上半步，脚尖向前，重心偏于左腿，左脚不动，成右三体式；同时左拳从右小臂下向前钻出，右拳收至右腹侧，目视左拳。此为"右换影"，此式与前"左换影"连续打出合称"双换影"。这也是形意拳"五行梅花步"的一种练法。

"换影术"单操与实战用法

以上介绍的是"换影"一技在形意拳套路中的几种练法。下面向读者简要介绍一下"换影术"在单操和交手实战中的几种练法。

1. 穿手换影法

穿手一法是形意、八卦门都很常用的一种技击操练法。八卦掌拳谱中有"天然精术怕三穿，不走外门是枉然""迎风穿袖用三穿，三穿步法是真传"的名言。练习者可取马步站式或行步式练习。练习时可双手于胸前交替向前穿击。向前穿出时要注意两手臂要拧着劲向前穿，出手为阳手（手心向上），回手为阴手（手心向下）。

行步穿手时，可顺步穿手，也可拗步穿手，行进时走直趟。如若回身，左右转身均可。以顺步穿手右转身为例：当左脚、左手同在前时，向右转身，在转身时，左脚尖回扣，身向右转180°，随之左手臂内旋掩肘，右手内旋贴右肋向后背插，然后随右脚上步，脚尖外摆，右手臂外旋从胸前向前穿出，手心向上，掌指向前，高与鼻齐，左手收至右小臂内侧，眼看右手。这是行步穿手换影回身法。然后左脚上步向前穿出左手，如此左右反复练习即可。

2. 走圈单操法

练习时，习者立正站在圆圈一侧，然后左脚向前上一步，右脚不动，成左虚步；同时两手略外旋从下向胸前托穿，手心向上，手指向前，高与鼻齐，左手略偏前，右手略偏后，眼看手前；然后身微左转，同时两手内旋使手心转向外，手指向上，左手心朝向圆圈中心，右手旋至左肘内侧，坐腕，右手心向左，手指斜向上，食指对着左肘尖。然后右脚向前上步，脚尖略向里扣，随之左脚再向前上步，脚尖直向前，两手不动，如此沿圆圈向前趟步前行，转身时（换影）可以在圆圈任意一点转换变式。当习者沿圆圈走至左脚左手在前时，身向右转180°，随之右脚外摆，左脚向右脚前上步，同时随转身左手臂内旋向胸前掩肘，右手沿右肋向身后背插，然后身再右转90°，随之右脚向前上步；同时右手外旋从胸前向前穿出，手心向上，手指向前，高与鼻齐，左手收至右肘内侧，手心向下；然后左脚向前上步沿圆圈走右式转圈。此是一种练法。

也可以在上式右脚上步，右手从右背后拧转向前穿出后，左脚向右脚前上步，脚尖内扣成八字步，身向右转，右脚外摆，重心偏于左腿；同时左手从右小臂下向前穿出，右手收至左小臂内侧；然后左脚向前上步，两脚沿圆圈向前行走左式转圈。

要点：

（1）沿圆圈行步时，前伸之手要始终对着圆点（假设之敌）。

（2）变式可以在圆圈上任何一点，可左可右，不拘一格。

3. 绕树单操法

单人练习换影，可以选一棵树作为中心点（假设敌）绕树进行操练，所行步法与转身变换手法可以参考"走圈单操法"。不同的是绕树练习时可以加练操树法，即转身后可以把所绕之树当作假设之敌，习者可用掌、臂、肩、背、胯等部位贴、靠、拍、撞、摔、打对面树干，随打随转，灵活变化。

注意：靠打时要由轻到重，注意以内气催动外形，不可硬撞。另外中老年人要慎重练习。

4．双人搭手操练法

练习时甲乙双方相对站立，然后双方同时上左步，向前伸出左手相搭腕（也可以不搭手），右手护于左小臂内侧；然后同时上右步，沿圆圈向左走转。走转时一方转身（换影）变式，另一方随之同样转身变式（走转方法可参考"走圈单操法"）。不同的是，双方转身时，后插手拧转后前伸仍要与对方前伸之手相搭，不管如何转向，转身后双方后背穿插之手都要相搭或对着对方。另外转身时可以用马步穿手向左右晃动迷惑对方以锻炼身形、手法变化，然后再向左（右）转身换影变式；然后再接手。形式可以多变，练习熟练后，可以灵活变化。

注意：转身时要注意搭左手向右转，搭右手向左转身，双方都要同时这样去做，才能做到回转身后自然搭上手。

5．实战应用法

"换影"一技，在单人、双人练习时一般都以规定程式练习，主要是通过反复操练达到纯熟之目的。而实战应用，且不可再按原有规定程序练了。平时练习是按套子整体练习，实用时则要根据临场情况随机变化，往往要整练零用。

如甲乙双方交手实作，二人面对面踢打摔拿，闪展腾挪是力量、速度和智慧的较量。此时"换影"一技之应用，往往不是使用者主动而为之。一般是在对方进攻时，我借彼力，顺势（劲）转换身形步法，寻得最佳方位、角度，然后出招给对方以有力还击。这时的换影，那就不是固定的要转圈270°了，也许是90°、180°、360°，转身后的招式同样也不是固定的穿手了，也许是崩拳、钻拳，也许是虎扑、马形或是蛇形手。

总之那时完全可视对方来手，见招变化（见子说话），五行、十二形之手法随意运用，使对方防不胜防。

换影术的运用，准确地说应当是一种败中取胜的战术技法。通过抽身换影、闪化巧打，我们对形意拳的深刻内涵有了进一步的认识。

6. 在形意盘身掌中的运用

平时练习能有对手实作交手切磋，固然对提高练习者身形步法及散打技术有特殊作用，但因为我们平时更多的时间还是个人单独练习，所以除了前面讲的几种个人操练方法外，还有一种更接近实用的个人操练方法值得学习掌握，那就是形意盘身掌法。

这套掌法没有固定套路，若有形意拳基础，我这里一说，读者完全可以自行掌握。操练时习者可以把前面讲的"行步穿手法""走圈单操法""双人操手法""实战应用法"等几种方法综合起来操练演习。操练时最好是走行步、打四面（或八面甚至随打随变，身形、步法、手法随意变化）。掌握的要点是，只要转身（90°、180°、270°）就变式，五行、十二形任意出手（招从心出，想都不想）。这种练法，可快可慢，时间可长可短。不拘场地，不讲服装，不拘时间，心念一起即可操练，非常方便。所以说换影术是练好形意盘身掌不可缺少的核心技法。

7. 练好换影术的要领

（1）摆扣步，是练好换影术的窍要。直线行步时走回身换影，前脚先原地扣脚（脚尖内扣），然后转身，后脚外摆上步。在走圆圈或各式弧形步法时，只要抽身换影就要随转身摆前脚，然后后脚上步扣脚成八字步，接着转身形再上步。

（2）穿手，练习时习者双手要不停地在胸前交替向前穿出。当然练习熟练时，还可有向左右横向穿手（如八卦掌的左右叶底藏花式），其他如左右化手、猫洗脸、猴洗脸、鼍形手等手法均可交替使用。

（3）行步，练习时两脚要不停地走转，或直行或斜行或弧行，或顺步或拗步都可行。要做到身随步转，手随身盘，如影随形，步不停，手

不停，手脚相合，全身一体，内外合一。

（4）摇肩转胯（包括腰）晃中盘。身形不能僵硬，肩、腰、胯三个关节要活，要随着步法、手臂的变化而灵活转动，让对方找不到你的重心和施力点。

七星步

七星步，走斜行

在张鸿庆传形意拳的体系中，以五行拳练气找劲、行步拳、盘身掌法为三步重要功夫。这三步功夫，每一步的成功，都会使练习者的武功有一次质的飞跃。本文仅谈形意行步拳的主要步法和形意七星步的具体练法。

学习形意拳的朋友都知道形意五行拳是形意拳的母拳。不管是初习者，还是练功有素的拳师，都把五行拳作为每日必修之课、终生常修之功。形意拳的理论吸收了《易经》的阴阳五行学说。五行为金木水火土，对应人体内脏为肺肝肾心脾，对应拳式为劈崩钻炮横。古人以阴阳五行生克之道，解析自然界万物之变化规律。以人论，五脏失衡，疾病必缠其身，五脏中和则百病不侵。以拳术论，五行生克变化无穷，万变不离阴阳之理。形意拳以三才式（三体式）为立足之本，古有"万法不离三才式"之说。三才者，天地

七星步、龙形步

人也。习武者以拳术为功，运周天之法，吸取天地万物之精华，滋补己身，涵养五脏六腑，充盈中气，疏通奇经八脉，贯通四肢百骸，以强壮体魄，提高心智，达到益寿延年之功效。

"七星步"不是"龙形步"

形意拳动作简单古朴，劲道清晰，步法轻捷灵便。先人有"形意拳功夫出在腿上"之说。灵活多变的步法，在一定程度上成就了形意拳的功夫。张鸿庆传形意拳的步法有直行步、连环步、三角步、弧形步、四正步、四隅步、阴阳鱼步、七星步、九宫步……其中最具特色的是"七星步"。"七星步"是张鸿庆传形意行步拳的主要步法。

形意七星步的具体练法是三步一组。如以左三体式起式，左脚向前先迈半步，右脚向左脚前直上一步，然后左脚再向左前方斜上一步，此为一组。然后右脚向前直上一步，左脚再向右脚前直上一步，然后右脚向右前方斜上一步，此为第二组。依此类推，左右轮换向前行步，所行线路好似天上北斗星之星位，故有"七星步"之称谓。

"七星步"与"龙形步"不同，偶见有人练行步拳所走步法与龙形步相似，这是他未得七星步真传之故。前面已描述清楚，七星步是三步一组，每一组的前两步都是直行步，第三步是斜向行步，而不是像龙形步那样完全走弧线形。这是两种截然不同的步法，其技击内涵也迥然不同。

"七星步"与"鸡形步"节奏不同

初习形意七星步，先要有一个走鸡形步的过程。记得我刚学七星步时，老是把握不好步子节奏，老是感觉步子发飘，没有沉稳的感觉。师父看我这个样子，就教我先练鸡形步，让我多观察一下大公鸡走步的样子。他说大公鸡走步是拿着脚（爪子）走步，一步一步向前走。重心老是在后脚，从不前扑，冠子顶着，脖颈竖着，身体挺拔，非常威武。有了这个感觉，我们行步时，就要有拿着脚向前趟的意思。

　　这个鸡形步与七星步不同点是在节奏上。鸡形步是三步一组（初习时也可以一步一步地体会），但是在走第三步时，要有一个略微的停顿。在出脚前，外形上，要有一个鸡形腿（独立步）蓄劲的感觉，式子要略微停顿一下，再向前出腿前行，我们门内的说法是练"拿放劲"。而七星步行步时是三步的节奏基本相同。虽然也要求拿着脚向前趟着走，但要求走起来是没有停顿的，给人的是有如行云流水，一气呵成的感觉，门内的说法是练"蹚趟劲"。

　　练习七星步要求上盘虚灵，下盘既沉实又轻捷。行步要沉稳，要坐住胯，不要忽高忽低、起伏不定。七星步是形意门的重要步法，有了七星步的基础，以后经明师再一点拨，即可任意变化出其他各种步法。如直行步、连环步、斜行步、弧形步、摆扣步、阴阳鱼、四正步、四隅步等。而这些步法的组合应用，也是学习散打技术的必要条件。没有上述各种步法的熟练应用，只有手法、招式的变化，用于散打实战是不完善的，也是难以与高水平对手相搏的。

七星步是高层次练法

　　形意拳是内家拳，老辈人说：练形意拳就是练气功。这话颇有道理。比如我们练七星步的基本要求是：提裆吊顶，舌顶上腭，松胯屈膝，塌腰正脊、气沉丹田……这本身就是一种气功态势，所以要想练出高水平的七星步，就要首先练出深层次的丹田内功。我们练的内功叫作丹田内气"提放术"。丹田内气充实了，身体才会有空灵之感，步子才会越走越轻灵。应当说，形意拳的普通练法（定步、跟步练法）与行步练法（主要指七星步法）是完全不同的两个层次功夫。如果说形意拳定步练法，可以把你身上的气（劲）叫出来，那么行步练法（七星步）就是把你叫出来的气（劲）活起来。让它像流水一样在你体内流淌，就像拳经所言："内中之气独能伸缩往来，循环不已，充周其间，视之不见，听之不闻，洁内华外，洋洋流动，上下四方，无所不有，无所不生。"功夫练到这一步，你的拳可以怎么打都有理，步子怎么走都顺遛，身形怎么变都流畅，可谓有形变无形，无形任意行，无形无象，一片神行。

褚广发是唐维禄晚年教出的一个徒弟，后经唐师介绍，褚广发又到天津跟张鸿庆学习形意拳的气法、胎息、暗劲打法，学习薛颠的五法，到北京学习尚云祥的赵子龙十三枪（形意大枪）、各种单操手等。褚广发拳学得好，教人也有一套。据褚广发的弟子吴桂忠老师讲："褚老师教拳特别认真，一开始教你五行拳，他不让你快练，嘱咐你一定要慢练，不怕慢。要一个动作一个动作地耗着，这个式子不到位，不让你走下一个式子。他看着你，耗得你两腿发热发胀，一个劲儿直突突。""他说练拳甭着急，形意就那几套拳，着啥急呀！气（劲）找准了，功夫扎实了，你想再慢练都不行，到那时气催着你，不快也得快。"

练习形意拳与练别家拳法一样，平时练功讲架式，但我们又不能执着于架式，如果太执着了，那么你就会从里到外都紧张僵硬。内家拳讲用意，但意念也不能太重了，要知道意念也是力。你意念太重，也会犯僵的。练拳的秘诀应当是自然通顺，但这个自然是属于坚持不懈的练功者的。俗话说得好：熟能生巧，巧能生绝。你初一练一下、十五练一下的功夫，身心永远也不会自然。

那些艺术大家，不论是攻书画的，还是搞声乐、体育的，他们的杰作，都有一股融于自然的神韵，他们的成功与平日功夫的积淀是分不开的。搞艺术的都讲悟性，习武也一样。老辈人常讲：练武要有悟性。这个悟性，不是让你成天坐在屋子里胡思乱想，而是要靠自己的身心去悟，练武是既讲心意，又讲形体的。你光说不练，悟从何来？只有经过逐日的千锤百炼，十年苦功，或许能有所顿悟。没有这个顿悟也就不会有层次，没有这个层次，就是有明人点拨你，恐怕也是圣手难雕朽木，你也不会成才。练武不能拔苗助长，更不能吃快餐，练武得是脚踏实地，一步一步练出精气神；一拳一拳修得金刚体。"七星步"是锻炼形意拳高层次功夫的一种步法。要练好、掌握好这层功夫，同样需要练好形意拳的各项基本功夫。基础打好了，要练出"看人如蒿草，打人如走路"的上乘形意拳功夫，自是水到渠成之事。

九宫步

据传当年形意拳前辈郭云深与八卦掌宗师董海川在京师相遇，苦战三日未分胜负，互相钦佩。之后二人相互研究数月，始知二人所练拳术名称虽异，理法则一，可互为借鉴，相辅相成。不管此说是否确有其事，后来的八卦拳、形意拳传人确实如同一门，在拳艺传承上大多是互相交流的。特别是到李存义、张占奎这一代形意传人，基本上都是兼练八卦掌。

郭云深的九宫步

"九宫步"这个练功方法，多年来主要在形意拳、八卦掌两门中传承。此法不知始传者为何人，今亦难考出处。一般认为是源于古代"九宫图"。九宫者，即二四为肩，六八为足，左三右七，戴九履一，五居中央。（图5）

八卦掌、形意拳在传承中基本上都循此

巽 四	离 九	坤 二
震 三	中 五	兑 七
艮 八	坎 一	乾 六

图5　九宫图

法。孙禄堂先生著《拳意述真》中郭云深先生言集的第十四则中说："余蒙老农先生所授之九宫图，其理亦出于此，运用之神妙，变化莫测……其图之形式是九宫之道，一至九，九还一之理。用竿九根，布之四正四根，四隅四根，当中一根，竿不及粗细，起初练之要宽大，竿相离要远，至两杆相离之远近仅能容身穿行，往来形如流水，旋转自如，而不碍所立之竿……不会练拳者，行走之时两手曲伸，可以随便，要会拳术者，按自己所会之法，运用可也……按一二三四五六七八九，返九八七六五四三二一……九竿如同九人，如一人敌九人，左右旋转，曲伸往来，飞跃变化，闪展腾挪……莫不有拳术奥妙之遐焉。"

　　这是我们今天所见较早介绍"九宫步"练法的文字资料。下面将本门有关"九宫步"的具体练法及个人感悟，向读者做一简要介绍，仅供参考。

顺逆转打

　　"九宫步"古称"飞九宫"，练习时先按四正四隅并当中一点共九个方位，用竹竿九根，插在这九个方位上，一般采用长于练习者身高的竹竿，竿下捆绑铁钎。练习时将竿分布九宫，不练时将其集拢收藏。九宫分布的株、行距，初时略宽，一般各为五尺，随练习熟练后，再逐渐变窄，直至仅容身体拧转穿绕其间而不碰竿为妙。九宫步的穿绕顺序，采用传说中的"太一行九宫之法"，即"二四为肩、六八为足、左三右七、戴九履一、五居中央"。按此顺序即可画出被后人称为"戴九履一图"，即"九宫图"的平面图（图6、图7）。

　　在练习九宫步时，习者先站于图6中"一宫"下面的"→"标号处，以身体左侧对着"一宫"，然后以"一宫"为圆心按照图6路线向左绕转（左旋），绕走至身体正对"二宫"时，即循图6路线向"二宫"穿走，当穿走在身体右侧对着"二宫"时，便以"二宫"为圆心按照图6路线向右绕转（右转），继而以穿走和"左旋""右转"交替，循图6路线穿

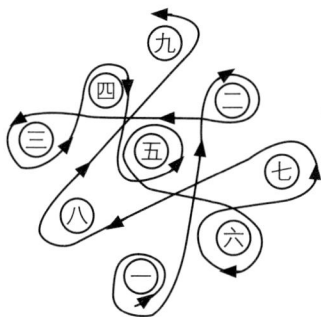

图6　顺穿路线图　　　　　　　图7　逆穿路线图

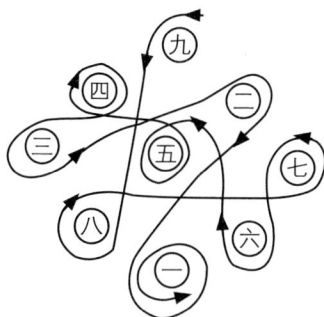

绕至"九宫"。然后，再循图7路线，从"九宫"返回"一宫"。如此周而复始地循环练习数遍，于"一宫"下面的"→"标号处收式。从"一宫"至"九宫"的穿绕称为顺穿，由"九宫"返回"一宫"的穿绕称为逆穿。

按照"九宫图"的方法练习"九宫步"是初习者的练习法，待练习熟练后，习者可以不按以上穿走九宫的方法练了。可以按一宫、二宫、三宫……任意组合练习。也可以按照自己所学之拳种的特点，随意走转尽情发挥。比如练八卦掌者可以用穿手、单换掌、双换掌诸法行走旋转；练形意拳者可以用行步拳练法，把形意拳各种步法、拳式运用其中，在穿走九宫图中打五行、十二形拳。

我曾经教过一个学生，他很聪明，跟我学过八卦掌、形意拳、太极拳，后来我又系统地教他各种内家拳常用步法。在教他九宫步法时，我特意找来九根一人多高的竹竿，每次练功时按照"九宫图"所示方位插在练功场地上，让他按九宫步法反复演习，练了一年后，他跟我说："老师，我能不能把这九根竹竿当成九个敌人来练呀？"我说："可以呀，你怎么练？"他说："我一个人跟他们（指竹竿）九个人打，随意转打，走哪打哪！"我说："你试试吧。"结果他就这样练了，效果非常好，练了一段时间，他再跟人交手过招，步子就不再乱了，眼也不花了，手脚也能上下配合了。我想这就是悟，平时练功结合实践练，那么功夫一定会有长足长进。

形意门中的飞九宫

2006 年春天，我在江苏盱眙县一位师弟家做客。一天中午，师弟夫妇带我到城内翠屏山上的一座寺庙拜佛，出得山门，我见山门外一片空地边上有几棵挺拔的松树，排列错综有序，心中一喜，即兴在小树之间走起了穿九宫。练毕，师弟夫妇问我练的是什么拳？我说："这是形意拳。"师弟又问："形意拳也能这样练呀？"我说："这是古传飞九宫的练法。飞九宫是八卦和形意门练功的一种特殊形式。初习有一定规矩，按九宫方位练习，熟练后即可不拘成法，以我们平时所学之拳技，随意演练。"师弟听后赞道："师兄这样练法，我们过去没有听过，也没有见过，这样练，才真正把拳练活了。"

由于条件所限，在我的家乡，练习形意拳、八卦掌的同门师友以"九宫图"这种方法练功的不是很多，但是经常能见到有人在树林中利用自然生长的树趟子，走转穿行演练飞九宫的拳技。当这种有形（有物标）的练法练熟了，就可以放弃物标，按照飞九宫的方法，随意盘旋走转练习。这时的练法是，表面无物，心中有物。步法还是那些步法，招式当然也还是自己所学过的那些招式，只是行走穿行更自然流畅，出招换式更随心所欲。这样练习一段时间，就可以忘掉你心中的物标，练习时完全是随招就式，纯任自然，没有丝毫牵扯背逆。脚踏九宫，手打八门，四面八方，上下左右，任意行走，任意盘打。若功夫练到这一层，已进入形意拳的高级层次，本门称之为形意"盘身掌法"。

我对此飞九宫练法甚为珍视，几十年来一直勤于修炼。我个人认为此法不论对懂拳者或不懂拳者，都是一件有益身心健康的体育活动。不懂拳者可以作为一种游戏健身娱乐，懂拳者可以当作提高身形、步法和应变能力的素质训练。此法之操练，对于研究散打的学者更为重要。俗话说："好把式出在腿上。"实践证明，一个习武者腿上的功夫有了，打拳、交手必胜人一筹。

阴阳鱼步

阴阳鱼步
弧形步

　　在蜿蜒曲折的渤海湾北岸，有一个美丽的小城，她就是今天闻名海内外的天津滨海新区的一部分——汉沽。汉沽的历史很悠久，据说三国时的魏武王曹操、唐朝的唐太宗李世民，都曾因北伐、东征驻足汉沽，并留下过美丽的传说。但岁月悠悠，汉沽留下的令人记忆深刻的东西实在不多，要说乡土文化在民间流传久远的，唯有传统武术还能使一些老汉沽人，在茶余饭后津津乐道。

　　汉沽的武术传承，据说始于清朝末年。据老人们讲，那个时代汉沽镇的很多街道和不远的乡村都有"把式场"（民间武师教拳场）。逢年过节各村镇都有"少林会"走村串街表演，很是热闹。而20世纪五六十年代，又是民间武术发展的一个高峰时期。记得我上中学时（1965—1968），我们班有四十多人，其中就有十几个同学会练武术。那时候这些同学经常利用课余时间在一起交流切磋拳技，很有意思。据我

所知，当时我读书的那所学校（原汉沽寨上中学）习拳练剑的学生不在少数。可惜那时学校没人组织，校园武术没有发展。记得当时社会上倒是经常组织武术表演比赛。区里工会组织有一个成人武术队。区内各大厂也都有自己的武术组织，他们经常组织活动。那时的武术表演是最受老百姓欢迎的体育娱乐活动之一。

汉沽的武术传承，历史上主要源于天津宁河县的武术拳师，宁河县的唐维禄、张鸿庆、褚广发等很多著名拳师都曾经亲自来过汉沽教徒授艺。多年来，汉沽的很多武术爱好者也都频繁去宁河学习求教。宁河芦台镇的傅昌荣、张景富、杨义清等两代著名拳师也都曾经为汉沽的武术事业发展付出了心血。值得一提的是，晚清时期曾任清廷御林军教头，人称"全拳王"的申万林老先生，在离开清廷后也曾来过汉沽传过艺，并留下了不少武林佳话。

实事求是地讲，改革开放前汉沽是一个非常闭塞的小城，与外界少有接触，自给自足的地域经济，使得本地人保守观念很重。事有利弊，相对的封闭，多年来使得此地的传统武术得以原汁原味地保存了下来。

几年前，《武魂》曾连载过已故形意老人李仲轩的武术系列文章，对武林震动很大。读了李老的文章，我也倍感亲切，因为李老与我是同乡（汉沽在民国时期属原河北省宁河县管辖），李老所学形意拳与我所学又同属一门，都是河北派形意拳李存义这一支系。李老的师父唐维禄、薛颠、尚云祥、张鸿庆，也都是我的师爷褚广发的师父。所以读李老的文章，我感到异常亲切，并常有所悟。通过李老的珍贵回忆，我们更加懂得了前辈们留下的这份武术文化遗产的弥足珍贵。

通过学习、比较李老的文章，我更觉得汉沽的形意拳确实很好地保留了形意拳古朴的练法，也基本保持传承了李存义、张鸿庆、唐维禄、褚广发等三代形意拳传人的拳艺风范。我们张鸿庆这一支形意拳以练气养生为本，以防身自卫为用。拳理清晰，练法规范，技法精湛。特别是在步法运用上，内涵相当丰富。前文介绍过本门形意拳直行步、七星步、九宫步的练法，今天再介绍一种本门常用的实用步法"阴阳鱼步"。

"阴阳鱼步"走转法

走转"阴阳鱼步"是形意和八卦门中秘传的一种步法，因为这种步法的演练一般不表现于拳套之中，所以一般习武之人很少有机会见到、学到这种步法。但是在形意和八卦门老师教弟子练习散打之时，"阴阳鱼步"作为其中一种基本步法，是不可不学的。初习"阴阳鱼步"是有一定规矩的，学者可按师父所传规矩，认真反复地练习。

1. 无极式

动作：

沿一圆圈外侧（北沿）并步站立（面向西），两手臂自然下垂，手心向内，手指轻贴两大腿外侧。目视前方。

要求：

平心静气，全身放松，头顶项竖，松肩坠肘，含胸拔背，气沉丹田，降至涌泉，心神专一。

2. 走转法

动作：

（1）左脚向前上一步，脚尖外摆，同时身体略向左转，随之两手臂外旋，使手心向上，向前托举，左手在前，高与鼻尖齐；右手在后，位至左小臂内侧。

上动不停，右脚沿圆圈向左脚前上步，脚尖略扣。同时，两手臂内旋，随身体向左走转翻拧成掌心对圆心；眼即随身转视左手食指前，然后左脚再向前上一步，右脚再向左脚前上步扣脚。（见图 8 第 1~4 步）

注：

以上四步都是沿着圆圈走左弧线，四步之脚迹正合一个半圆（前三步身体左侧对向圆心，上第四步时，扣脚，身体略左转成身体面对圆心，即面向北）。

（2）左脚向圆心趟出一步，右脚向前趟出一步，左脚再向前趟出一步成扣步落地。以上三步是从南向北穿越圆心，三步脚迹如穿走古"太极图"的阴阳鱼，故脚迹为 S 形。同时右掌贴于左臂下（手心向下），随走转向前拧转穿出，先向外拧转再向内拧翻使手心向外，眼随视右手食指前。以上动作为"左走转阴阳鱼步"。（见图 8 第 5~8 步）

（3）接上动，身体向右转沿圆圈走右弧线，做"右走转阴阳鱼步"。即右脚向前趟出，脚尖外摆；然后左脚向前上一步，脚尖内扣，然后右脚再向前上一步，脚尖外摆；接着左脚向右脚前上步扣脚，同时身体向右转面向圆心（即面向北）。（见图 8 第 9~11 步）

（4）上动不停，右脚向前（圆心）上步，同时，左手从右小臂下向前拧转穿出；左脚向右脚前上一步，脚尖略外摆，身体略向左转，然后右脚再向前上一步，脚尖略扣，此时正好走到初起式的位置，此为"右走转阴阳鱼步"。左右走转阴阳鱼步，手脚动作相同，唯左右方向相反。初习此法，一次可以左右交替走转共 8 次。（见图 8 第 12 步～无极式）

要求：

（1）走转动作要连贯圆活，手脚要协调，不要出现停滞。初习时，按上述介绍的步数练习，学会后，可以每走一圈或数圈，再穿中变向走

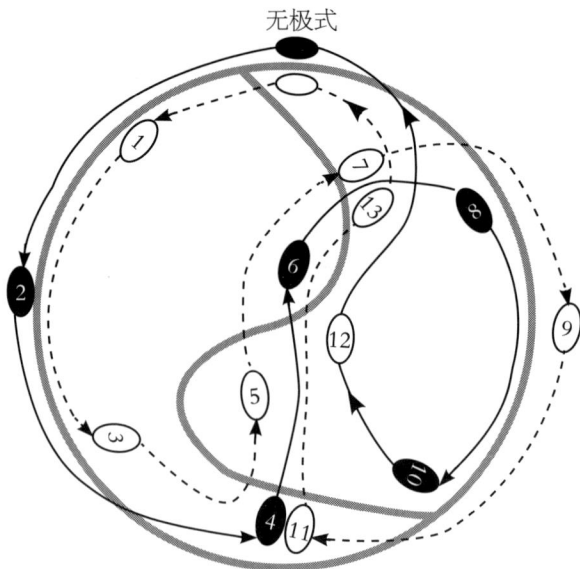

图 8　走转阴阳鱼步脚迹图，亦名阴阳鱼步法图

转。每圈的步数也不一定是 8 步，可多可少。如果圈走得大，靠圈内的脚（里脚）可直着向前迈步落地；靠圈外的脚（外脚），则需略微内扣落地。如果走圈较小，里脚要外摆落地，外脚要内扣落地，而且圈越小，里脚外摆和外脚内扣的幅度越大。脚步趟进时，要有人行在浅水中步若蹚泥之意，移动脚先蹬地提离地面（蹬劲），即以从踝部向前踢物之劲促足前移（踢劲）；靠近支撑脚内踝前迈（有磨劲）；至将落地时再向前探出寸许（探劲）；然后全脚掌平平踩踏于地，如踩毒蝎般（踩劲）。此即"一意五劲"之法也。

（2）练习熟练后，可转半圈变向，也可以走一圈变向，也可以在圆圈任何一点处随意变向换式。但走转时不管怎么变向换式，前手必须始终朝向圈内中心点。

（3）练习纯熟后，可以在走转变向时，随意变化出各种拳式动作，此时可以打破规矩，式从心出，任意而行。

3. 收式

动作：

走到起式位置，后脚上前一步与前脚并立，两手臂收于体侧还原。呼气，全身放松，身体直立，气沉丹田，降至涌泉。

走转"阴阳鱼步"是形意拳习练者用于交手实战时的常用步法。在练习这个步法之前，最好先掌握八卦掌弧形步和走圈步这两种步法，其行步要求可以参照八卦走圈步。在走好弧形步和走圈步的基础上，再练习走转"阴阳鱼步"效果会更好些。

弧形步走的是半圆形，走圈步是走的一个整圆形，而阴阳鱼步走的方位近似 S 形。左右走转如同太极阴阳图，故得名"阴阳鱼步"。

张鸿庆传的这支形意拳在技法运用上，一般以走转为主。与人交手不主张生打硬撞，强调走转闪化，借劲发力，用暗劲打人。基于这种战术思想，在步法运用上，它不同于一般形意拳派的直进直退，而是比较多地采用走弧形步、斜行步、阴阳鱼步、摆扣步等这些走转迂回的战术步法。如以阴阳鱼步与敌周旋时，首先是避开敌方的正面攻击，从来敌之一侧走转寻找机会。当我用弧形步与敌周旋时，只要我突然换式变方向，向敌身另一侧走转，马上我的方位就可以直接对着敌方又一侧面，这样我总是抢占有利方位（我顺人背），使对方总是感觉别扭，有劲使不上。在我与敌方周旋于一个圆圈之中时，我可以在任意一个点变换步法、手法、身法。任意按照我自己心中的方位，走出阴阳鱼图似的步法以迎敌，这在形意门中叫作"移形换势"。就是说与敌交手实战，你不要墨守成规，你要让自己心中的阴阳鱼图变活了，你的两条腿、两只手臂就是两条灵动的阴阳鱼，你可以根据临场情况，自由遨游。图是死的，人是活的，千变万化，总不离一阴一阳之理数。

走转"阴阳鱼步"是一种用于散打实战的步法，平时我们可以结合形意拳法来练习。比如，我们在练这个步法的同时，上边配合圈手、穿手、横拳等手法；也可以用八卦掌的单换掌、双换掌或象形术中的飞、云、旋法等拳式来练习。如果把这个步法应用到形意门中的器械演练之中，那么，我们的器械演练就会更加精彩纷呈，同时也提高了器械的实用性，当然演练器械时走转的阴阳鱼图相对会更大一些。如在本门绝技"形意盘身刀"和"形意双棒"的演练中都有"阴阳鱼步"的展现，其所展示的效果给人一种出神入化的感觉。

练习"阴阳鱼步"不受场地限制，随时可练，室内室外，只要有一卧牛之地就可以练习。由于演练这种步法要求练习者两脚要不停地走转、摆扣；腰胯要不断地扭动；两手臂也要不停地穿绕、拧转，这样长久地练习，对提高习练者心脑功能，腰肾功能，全身三盘九节之筋骨灵活，全身经络之通畅都非常有益，从而也达到了强身健体之目的。

基础拳法

拳自五行出

起式与收式

五行者，即金、木、水、火、土是也。古人以五行对应形意五行拳（即劈崩钻炮横），并内有五脏（心肝脾肺肾），外有五官（舌、目、鼻、耳、人中）皆与五行相配之论；亦有五行相生相克之理演练五行拳之法。

五行拳是形意拳的基础拳法，也是最重要的拳法。五行拳动作极其简单、古朴严谨。动作形式是左右反复练习，循环不已。形意拳其他拳法多由五行拳演变而成，故古人学形意拳多由五行拳开始，由此而打下形意拳的扎实基础。

五行拳虽然拳式动作简练，但其劲力及技击内涵相当丰富，形意拳的各种劲道和技击招式大都出自五行拳的基础，通过五行拳的锻炼，习者可以逐渐领悟形意拳技击养生之精奥内涵。

在健身养生方面，长期练习五行拳可以起到疏通经络、培补五脏元气，有针对性地治疗五脏疾患的作用。如练习劈拳，其拳性属金，气发于肺，其拳顺可以理肺；钻拳性属水，其气发于肾，故久练之，则可以强肾固精；崩拳势直而疾速，性属木，气发于肝，其拳顺则可以疏肝养目；炮拳势猛，性烈，性属火，其气发于心，用之得当，则可以养心血；横拳性属土，其气发于脾，故练之可以健脾。习形意拳者，其演武之动作，要以心为主，以气为用，以丹田为根本。练好丹田内气，则肾精充盈，精神旺盛，动作敏捷。心血足则神经敏锐，脑力充沛；肺气足则呼吸强健有序，吐故纳新，涵养内脏；肝气足则发力迅猛；脾脏健，则肌肉丰盈，毛发光鲜，内劲充沛。

拳术之道注重内养、聚气。然后以形行气，运气于全身四肢百骸。此与道家的导引吐纳有异曲同工之妙。故拳术修炼不在姿势多寡，在于体正气顺，在于内气运转，运转得法则得道，运转不顺则疾病生矣。

五行拳拳法自然，拳势古朴简练，内涵丰富。故自古形意拳家名此五行拳为"形意拳之母"，而形意门养生家则有"五行培元功""五行真气运行法"之称谓。

形意拳脱胎于心意六合拳而自成一系。1856年后，河北深县（现深州市）李飞羽，始以"形意拳"为名，在山西、河北等地传授该系拳技。后世支派繁多，名家辈出，传授各一，各有千秋。究其基本练法，拳势劲道、呼吸之法、技击功法及祛病养生之作用，则大体一致。习者若能细心精研体认，用功日久，必受大益矣。

起式的练法

万事开头难，练形意拳不懂得起式，就练不好拳。张鸿庆传形意拳起式的具体练法是：身体斜向前方，立正站好，两脚跟并拢，左脚尖直向前，右脚尖外撇45°；两手臂自然下垂，手心向里，指尖朝下；身体放松，神意内敛，气沉丹田，降至涌泉；两眼平视前方。

接上式稍停片刻，两手臂外旋，手心翻向上，从身体两侧经腹胸向上托起，两手像托着空气一样向两侧举过头顶；此时两脚跟离地，以前脚掌支撑全身重量，同时提气至中脘，百会穴虚虚领起（高血压患者气至中脘即可），然后两手略内旋合至面前，手心相对沿胸前向下捋至腹前，两手略外旋向腹前下按，虎口相对，手心斜向前下方，眼视手前。随之身体下坐，要屈膝坐胯，整个人蹲下来。同时要呼气，气沉丹田，降至涌泉。

我们看有些跳水运动员，在高台跳水一瞬间，也会做类似的动作。两手臂高高举起，后脚跟慢慢抬起，整个身体只以两前脚掌支撑着，站在十米高台边。这一瞬间同样要的是激发运动员的潜能，全神贯注，准备一跳。所以形意拳的举手抬脚跟的起式动作，不是为了表演，而是练一种敏感、一种练武人内在的感觉。

另外，练好起式的另一个好处是，起式的过程，其实就是一套完整的运气任督二脉，循环全身的周天行气之法。按法操练此式，会体会到气遍身躯之感。习者平时也可以单独操练此法，作为养生健身之用。

总之，起式要稳，一举手一投足要有敬畏之心。打拳是庄重之事，来不得半点儿戏。交手讲上场如战场，打拳亦如此，上场就要提起精神，去掉一切杂念，一切心思放在拳上。俗语讲：起式没练好，打拳没效果。要想打好拳，起式一定要谨慎、全身心投入地去练拳。

初习形意练规矩

张鸿庆传形意拳以五行拳练气、练劲、练步、练身法。具体分四个阶段来练习。

五行拳是形意拳的母拳，对于形意门来讲，五行拳是练气筑基的主要功法。而居五行拳之首的劈拳，在五行属金，在拳术中打的是阴阳连环成一气之起落。劈拳之劲有练法和用法之别。过去形意门老师常讲：练有练法，用有用法。练法是用法之基础，是练气、练劲、练步、练身法。这些功法不是打法，但它是打法的基本功法，必学之法。本门五行拳有三十六种练法，亦有三十六种打法。

五行拳主要练的是气和劲，初习五行拳要练明劲。这个"明劲"有两层道理，其一是练好拳架，规范拳式动作。要做到外三合（肩与胯合、肘与膝合、手与足合），这是从身外找。再往下练，要从身内找，要做到内三合（心与意合、意与气合、气与力合）。这个阶段要把没练拳时的散架子（身架）练成整架子。要逐步做到内外要与拳经八字二十四法对上号，按二十四法慢慢调理好自己的身架。

其二，是懂劲。练劈拳始从三体式开始，站三体式桩是让习者有一个初步知劲、懂劲的过程，通过站桩体会拳劲，逐步将身上的拙劲换成活劲。有了这个过程，下一步就是练定步劈拳。定步劈拳亦称"鹰捉"，是形意拳练气找劲最重要的练功方法，历来受到形意门前辈重视。劈拳看似简单，动作就是一钻一劈，可就这两下子，练了两个拳，练了劈拳还练了钻拳。

学五行拳不要急于学招学打人，要先把拳理学明白。招式好学，老话说："宁传一手，不传一口。"聪明的学子是要把老师的"话"（拳理）学来。不懂拳理练不好功夫，"方法对头，一生受益"。古人云："一时之强弱在力，千古之成败在理。"（明·冯梦龙）还是那句老话，初习五行拳就是练基本功，功夫是一步一步练得的，急不得。

初习五行拳要慢练、柔练、不发劲。就劈拳而论，其拳基本有两个拳式，上一步钻一拳，再上一步劈一掌，式子虽然很简单，但它涵盖了形意拳劲道的主要精义。拳经云："起为钻，落为翻，起亦打，落亦打；起落如水之翻浪，方是真起落。"起为钻，内含拧、钻、横、沉、顶诸劲；落为翻，内含翻、劈、扑、推、搓诸劲。劈拳的劲道虽然很多，但初习还是越简单越好。形意拳有明劲、暗劲、化劲之分，初习者在此阶段，主要弄懂、练好"明劲"就行了。

初习形意拳主要是练规矩，每打一个式子，老师要求你要停顿几秒钟，从中体会其中之劲道。不要急于跑趟子，这个阶段练拳要求动作舒展，呼吸顺畅，不可憋气努力，求松不求紧。说是练拳又似练活桩。通过此段练习，达到拳架规范、抻筋拔骨、通经活络之目的。

以上所述非常重要，拳架规范是最重要的基础，练好了一生受用。抻筋拔骨是换劲的手段，是练功的方法。形意拳不练举重，不练打袋子，练抻筋拔骨，通过手足的一伸一缩，气劲的一吞一吐，舒展筋骨，活络经脉。俗话说："筋长力大。"中医讲："筋长一寸，寿延十年。"五行拳的基础锻炼有这个内涵。形正气顺，气顺劲实。有了形体的规范，下一步就是"摸劲"（找劲）。形意拳的发劲特点是"整劲"。要想发出这个整劲，就要先练出充盈的丹田内气。但是这个内气（内劲）不是一蹴而就的，是要经过一定时日的系统地训练。五行拳以极其简单的招式，千万次地操练，其目的就是要摸（找）准这个劲。"拳法之妙在于运劲"，其实运劲就是运气。

所谓拳劲，绝不是常人认为的，那一出一猛的所谓刚猛之劲。而是经过特殊方式训练，人体五脏六腑生化出的一种内劲（内气），所谓百炼成钢，惊炸爆发劲。

十个关键

五行拳是形意拳的精华浓缩，十二形是五行拳的发挥，五行拳暗含生克变化之理术，形意拳招式简单，小动作多，学形意拳要一点一滴都学到。

1. 猴蹲身

猴蹲身是形意拳老派的叫法，在山西心意拳的一支中仍作为重要拳式反复出现；而在后来的形意拳派系中，此式重点出现在起式与三体式的过渡动作中。当我们打形意拳时，完成起式动作后，稍停，两手略外旋收至腹脐两侧，手心向上，然后身略左转，重心移至左腿，右脚虚着地，随之右拳略外旋上提沿胸向上钻至颏下再向前钻出，小指一侧斜向上，高与口平。不停，身微右转，重心移至右腿，左脚虚着地，随之左拳上提至右小臂里侧（肘前腕后处），右拳不动。眼视右拳。这个拳式就是形意拳所谓的"猴蹲身"式子。此式老谱讲究鸡腿、龙身、熊膀、虎抱、雷音诸技在身。

鸡腿：此式是独立步，看似两脚都着地，其实一脚是实，一脚为虚，站定时身体重心完全在一只腿上。如果说前面所练的起式动作，跟技击没直接关系，完全是练气之法，那么这鸡腿一式就内含技击之术了。在拳术演练中，传统武术凡虚腿都内含踢、蹬、弹、踹之技。

龙身：这一式讲龙身，或许有人不太理解。人家要说你两脚未动，不就是身体略往左右转动了一下吗，跟龙身有什么关系呀？就是这么左右微微一转动，内功也就在于此。

形意拳一点一滴都有用，练拳时一点一滴都不要忽略掉。前面讲了这个式子是起式与三体式中间的过渡动作，接着演练三体式、五行拳各式，其身形都要相应地左右转动，动势各形大小不同。这一左一右的转动就是所谓练"龙身"。中国人自古认为自己是龙的传人，人体的后身有脊柱，古人称为"龙骨"。练形意五行拳就是左右晃动着练这根"龙骨"，脊柱是人身之督脉循行处，总领一身之阳气。这根脉通了，气血通体畅通无阻。

五行拳的练法与别门拳种不同，没有大开大合、大起大落之势，只是小小的身形转动就练了功夫，既节省了体力，又得到了东西。

熊膀：形意拳是象形取义，"物之意以人意悟之"。熊兽看似憨笨，可此物以两膀的浑力无穷称雄山野。五行拳的拳式有练臂膀之功，熊形有取物、踏水、抖毛之功，就是为了锻炼人体的身、腰、臂膀功力，增强与敌技击相搏之技能。

虎抱：形意八字二十四法中有"三抱"说，即丹田要抱，气不外散，击敌必准；心气要抱，遇敌有主，临变不变；两肱要抱，出入不乱，遇敌无险。山中老虎在追扑猎物之时，都是竖起颈项、顶起虎头、脊骨隆起、全神贯注，特别在扑向猎物之瞬间，它抱拢两前足凶猛一扑，势在必得。我们练拳也要有这个虎威气势。形意拳的基本要领讲：头顶项竖、松肩坠肘、含胸拔背、塌腰坐胯、心无杂念、精神专注……只有这样拳才能练得好。

雷音：是内功气法。不要把打拳时的震脚发声误认为是雷音，雷音没有音。如果说有音，那也是功夫练到一定程度时，体内产生的一阵阵气感颤动，跟发声无关。练拳时不要做作，功到自有。

2. 翻浪劲

翻浪劲，从外形上解释很好理解，以劈拳为例，站好三体式，前手收回来再钻出去，然后两手内翻变掌，后手向前推出，前手收回。这就是劈拳的翻浪劲。当然细论，随着两手的一收一伸，其身腰、胯膝、踝足都相应有动式变化。

这是有形的身手的翻浪，还有无形的翻浪，无形的翻浪要从有形里练出来（以外带内）。关于无形的翻浪，历来拳家都不愿多讲。今斗胆向读者披露一二，其实无形的翻浪是讲身内的东西，所谓内练一口气，就是讲内气的运化状态。关于形意拳的翻浪劲古拳谱有曰："内有海水波浪翻，外有珍珠倒卷帘。"这就是练形意拳翻浪劲的隐秘口诀。具体操作方法，内气的运化，其实就是逆腹式呼吸法（丹田呼吸）的小周天法（具体操作方法请参阅《拳术的呼吸之道》一文）。而"外有珍珠倒卷帘"是指练定步劈拳时外形的身、胯、手、足一伸一收，一起一落的形体变化。

3. 拳从口出

练劈拳有严格规定，练习时要求"拳从口出"，上步劈拳要求"三尖相对""六合一体"。形意拳主要是攻中路的拳，拳从口出，一是要求出拳要有准头，二是一出手就要占取先机。与敌交手你首先正面出手，对方就被动，就会感觉别扭（这就像下象棋，你一出手就给对方来一个当头炮），这样就造成了我顺敌背之势，守中用中来得快。所以在五行拳中劈拳和崩拳是形意拳的重点，这两个拳讲究练中用中。

4. 半步为先

在五行拳练法上，上步时，有一个前脚外撇的动作，不要忽视这个动作。这一动作的好处，一是，步子一撇，身子就活了；二是，这一撇暗含脚法，可蹬、可绊。五行拳练习时，小动作多，不可忽视，练习五行拳一点一滴都有用，不要漏掉。

5. 行如槐虫

"行如槐虫"是劈拳古老的定步练法，很吃功夫，是练身法。练习时没有大的动作，但是有很精细的变化。动作时身形一缩一展（同时坐胯、收手、上步、进身、出手），两脚一垫一进，其动正如树上毛毛虫的蠕动而行。这里要注意的是，行拳时身子的起伏不能忽高忽低，而是基本在一个水平线上前展后缩。要求腰胯带动手足前行后缩地蠕动，这是看得见的形体变化。另外还有不显眼的身形变化，五行拳有一个隐秘的练法，是练脊柱，即所谓练"龙骨"。练习五行拳的劈崩钻炮横时，都要晃动着身子练，劈拳、崩拳、钻拳练习时晃动较小，身子左右微微转动着前行，这一转动，整个脊柱都活络了。而炮拳、横拳的动势要大得多了，所谓人的身形活，其实是要脊柱活，脊柱活了，人身的大动脉通畅了，气血得以输贯全身，百脉通其身自然强壮，打拳交手自然胜人一筹。

6. 跟步练法"三字诀"

在定步练法的基础上，五行拳进一步的练法是跟步练法。此时上盘手法没变化，主要是在步法上略有变化。所谓跟步练法有三字诀，即蹬、蹚、跟。

蹬：进步时，后脚用力前蹬，蹬劲大小，决定前蹚之步的远近。

蹚：即后脚前蹬时，同时前脚向前蹚出，蹚步之脚要平、要直，塌腰坐胯、身子要稳，落脚要有踩、踏之意。

跟：跟步要稳、要实。跟步时身体不可向前栽，后脚跟进时位置找准，定式时重心在后腿，仍为三体式，但步幅略小。另外当前脚前蹚落步之时，一定要与前出之手同时到位，即脚到手到、神到、意到、气到、劲到，做到内外整齐一致。

7. 鸡形步

定步劈拳，进步是半步为先（垫步），然后才是正式上步，这一步有讲究，谓之"鸡形步"。进步时可停，可不停，后脚前进要挤着膝盖，磨着胫骨而行，这个步子是练大腿根的劲力。前行之脚要拿着而行，伸缩自如。这是模仿鸡的步子。我们可以观察大公鸡在寻食行走时，身子总是挺挺的，一脚独立，一脚前伸行落。它的前行之脚非常灵敏，伸缩自如，而且独立之腿非常稳重。形意拳的鸡形步就是领悟鸡的行走意涵，锻炼腿功，增加腿劲，提高下盘的灵敏度。

8. 步如行犁

练形意拳要明白"步如行犁"的道理，犁在地下走，将土地掀了。形意拳功夫在脚下，劲是自下而上的，一掌劈下去能把对方打倒，绝非一掌之力，而是一气贯串、手脚相合、气劲相合之功。如犁行的另一个讲法是，正如拉犁得有个方向，我当年下乡在农村亲自扶犁耕过地，农民犁地是一直道一直道地犁（按着垅有序地犁），这样一块地很快就都犁到了。要是没个准头地乱来，一块地就怎么也犁不完了。犁地铧头在垅上要有准头，比武时步法也要有准头。身随步转，手随身盘，练拳交手都是有章法的，不能乱来。行犁步是形意拳在练到行步拳时的常用步法。此时练五行拳不管是采用直行步、连环步还是七星步，其步法之基础都是行犁步法。行步拳打法的深入变化有"踩影"（追风赶月）、"换影"（抽身换影），不管怎样变化，其"步如行犁"的内涵始终不变。

9. 眼神

形意拳是"久养丹田为根本，五行四梢气攻人"，首重神气，所以眼神不对就什么都不对了。过去老师教徒弟，对眼神特别重视，他们要求学生练拳时精神一定要集中，心如止水，神气内敛，眼神的运用不能有分毫之差，"眼神散也是练拳不整的体现"。记得我初学形意拳时，老师叮嘱我，眼神只关注身前三米以外，五米以内的范围，不许往远看（老师说人的气场有限，远了照顾不到），眼神注视自己的手脚，兼顾身前身后。眼神不能散了，就是在空旷之地，也不要有丝毫分心地往远看。打拳时，旁边一会儿过个人，一会儿飞个鸟，你都要瞟一瞟，眼走了神儿，这个拳就空了一大块儿。俗话说：眼是心之窗，眼神走了，心意岂在？所以说打拳要心静、气敛、神凝，这样才能打好拳。

10. 意念

形意拳以阴阳五行立论，象形取意。形为阳，意为阴，阴阳互孕，不偏不倚。形意拳古以"心意六合拳"名之。何谓六合？肩与胯合、肘与膝合、手与足合、心与意合、意与气和、气与力合。此六合为形意拳功法的核心。内家拳行拳走架讲心静、神凝，以神为主帅，身为驱使，刻刻留意，方有所得。

有人讲，打拳、推手凭感觉，感觉是什么？感觉也是意，感觉不是虚的。打拳不能三心二意，最简单、最熟习的拳，你打拳时心神溜号，拳就乱套。拳经曰："前面无人似有人，前面有人似无人。"前一句讲的是练法，后一句说的是用法。我们这里只说练法，"前面无人似有人"，你打拳要有敌情观念，举手投足不能太随意，手脚一定要搁对地方。武术与体操、广场舞不同之处是，后者只是单纯的形体动作，武术拳式的每一动作，都有其特定的攻防内涵。这是武术之魂，失了这个魂，武术就是"无术"。

有一种认识，意念也是力。所以打拳意念不可过重。平时人的心思过重，身心会难受。打拳也一样，意念重了，也犯僵。凡事都有一定火候，物随人意，无过不及，火候到了，功到自然成。

收式万法合一

我们张鸿庆这支形意拳承袭了李存义先生的打法。练完一趟拳的收式动作，是转身收式。老辈人讲：练拳要走捷径，但也要踏实。五行拳的功架一点一滴都有妙处，只要练到了，比武时就明白自己练的是什么了。

转身是为了求变，五行拳每趟拳的转身都有讲究，平时练拳要揣摩出"拳生拳"的道理，否则就辜负了老辈人留下的这个拳套子的苦心。会转身就能在任何方向生出劈崩钻炮横，随动都有。只能转动没有生发，那是傻转。五行拳有生发关系，所以是很有灵性的东西，学拳不开窍时，随时转转身，身手就活了。

转身要快、要稳。转过身，稳定势，收式时更要稳。不要像练外家拳那样，腾地一下子就站起身完势了。我们形意拳不能那样练，我们是稳起稳收，起式怎么起，收式就怎么收，"起点就是终点"。还是那句话：起式没练好，打拳没效果；收式练不好，打拳没收获。

我们内家拳练拳讲有始有终，收式是万法合一，一气归元，要缓缓收式，把内气徐徐贯入丹田。然后沿着场地慢慢溜走几圈，让心静下来，让呼吸平息下来。这时你腹内（丹田）的充盈精气，自然会随着气血的流动向全身输送，涵养内脏，达到以术养生之目的。

练拳贵在活与精

前面我们重点讲了劈拳的练法，因为劈拳是五行拳的重点。我们初习形意拳一定要先下大力气练好劈拳，这样就能为以后练好其他几个拳打下良好基础。有人说五行拳的功夫从劈拳出，我认为这不是绝对的，应当是因人而异。如果从拳式演变上讲，先练劈拳肯定对后边各拳的学习，有驾轻就熟的方便。如果从掌握气法上讲，有相当多的练习者比较认可钻拳和炮拳。这一点习者可从实践中体会。有一点我们必须搞清楚，学习五行拳不能只偏重劈拳这一套拳，平时练功五套拳都要练。因为这五套拳各有特点，其身法、步法、劲法各有不同。我们练拳要练精细拳，要搞清楚它们的来龙去脉。另外五行拳还有生克变化关系，我们也要搞清楚，这样练拳就会越练越有兴趣了。

练武要把脑子练活了，不能傻练，要用脑子练拳。拳要多练、勤练，但也不是练得越多越好，而是越活越好、越精越好。要懂得"拳生拳"的道理，五行拳总起来就五个拳套，又是那么简单，加起来也没几个式子。可它为什么名气那么大？因为自古以来很多人从中练出了功夫。古人为什么把阴阳五行学说奉为形意拳的理论总纲，并以五行生克变化之易理参演五行拳？道理就在五行拳的生克变化无穷尽，五行拳的招式不是死招，每一个拳式都是活的。其身上头、肩、肘、手、腕、胯、膝、足、臀处处有招，处处有法，处处有变化。所谓八字二十四法、八门打法、七星步、九宫步、阴阳鱼步，等等功法，极大丰富了形意拳内涵。

五行拳是形意母拳，是形意宝库。用脑子练拳，脑子活了，拳也就活了。拳活了会生出很多新的拳式，十二形就是五行拳生发出来的。我们李存义—张鸿庆—褚广发这支形意拳传人，都注重五行拳的转身动作。平时有平时练法，用时有用时打法。每套拳在转身时都有若干变化，懂得变化，交手时就能主动。比如劈拳转身可变成鹰捉，当然也能变成崩钻炮横四拳。钻拳转身可变成鹞子钻天、熊形踏水，同样可变成其他四拳。崩拳转身可变成龙形，也可变成八卦转身掌。炮拳转身变化更多了，什么虎形、鹞形、鲐形、蛇形等随意变化。横拳在五行属土，土生万物。横拳为五行之母，其变化无穷。练时可衍生出各种拳式招法，读者不可轻视之。

懂得变化，练法、打法的路子就宽了，我们这一支形意拳的收式动作讲究转身收式。门里人管这一转身叫"抽身换影"，实际上里面含有八卦转身掌的东西。这样一练，身手步就活了。平时这样练，用时就会得心应手，掂手就来方便多了。

五行拳从练法上有三十六种，从打法上有三十六手，有兴趣者可参阅《张鸿庆传形意拳练用法释秘》一书，此处恕不赘述。

劈拳四步功

尚云祥年轻时在北京城某个大庙里打拳练功，有把庙里的地砖震裂一道沟的传说。晚年的尚云祥曾说："老天爷若再给我十年阳寿，我还打十年刚劲。"尚云祥善打明劲，以刚猛著称，一生罕见敌手。

张鸿庆的练法与尚云祥不一样，他传的拳是让学生先练柔劲、慢练、调息、摸劲，先不让你发力（刚劲）。

他们同样是李存义的嫡传弟子，练的是同样的拳，但在练法上却迥然不同。由此我们可以悟出，练拳要结合个人身体、性格诸多方面因素，不可千篇一律，选好适合自己的拳种，方法得当，经过持久之努力，才有望出成绩。

由于一些张鸿庆先生的传人在公开场合练的拳比较慢、柔、不发力，有人就说张鸿庆传的是文拳。这些人看到的只是这个拳的一个侧面，其实张鸿庆传的形意拳不只是光打文拳，只练慢拳、柔拳，实际上这

劈拳四步功
四面劈

个拳是文武兼备的。

　　一个真正的张鸿庆先生的传人是既能练慢拳，也能练快拳。慢是练功，快是练艺。从拳劲上来说是明、暗、化三劲都练的。只不过这个拳是先慢练、摸劲（不发力，用身心去体会劲）。继而练暗劲，最后练化劲。

　　张鸿庆虽然是一个民间拳师，但他教拳很有一套（讲科学）。我经过多年对张鸿庆传形意拳深入研究，感到他传的拳非常系统、规范，内涵极其丰富。这可能因他师出名门，受过正统的科班训练，尔后又多年从事武术教学（办武馆）实践的关系吧。

　　张鸿庆传形意拳以五行拳练气、练劲、练步、练身法。具体分四个阶段来练习。限于篇幅，此处仅以五行拳中的劈拳为例做一简要介绍。

练定步，求规矩

　　第一步是练死步（定步），要求慢练，不发力。主要是规范拳架，循规蹈矩，进而练调息运气（练逆腹式呼吸、提放术等）、摸劲（练内三合、外三合，用身心去领悟劲）。劈拳的动作极其简单，严格地讲劈拳就两个动作，上一步钻一拳，再上一步劈一掌。如果再复杂点说还要加上回身和起式、收式动作。但我们不能小瞧了这两个动作，它代表的是两个劲路（若细论它又蕴涵着若干种劲道）。实践证明，初学者对劈拳劲路的认知不要太复杂了，越简单越好，搞复杂了一个劲也练不出来。相对来讲，在传统武术中形意拳是比较刚硬的拳种。

　　但张鸿庆的练法，第一步功是要慢练，练柔、不发力。说是打拳不如说是"摆拳"更贴切。老师一个式子一个式子地"摆弄"你，慢的程度近似打太极拳；又像走"活桩"，极其枯燥但很吃功夫。这种练法要求架子很大、很舒展，呼吸要求顺畅自然。这个阶段主要是练规范拳架，达到抻筋拔骨、通顺经络之目的。

　　有了形体的规范，下一步就是"摸劲"，摸劲也可以说是"找劲"。

这又有点像打太极拳了，不是外形的发力，主要是用意。形意拳的拳劲是要求把三盘九节之劲路和五脏六腑之内气，综合一体形成一个整劲发出去。"拳法之妙在于运劲"，其实运劲就是运气。所谓拳劲，应当是通过特殊的训练，人体生成了一种内劲。它是有别于人体自身本力的一种活劲。张鸿庆传形意拳的练法是讲究以身运气，以气催力，通过身体的强化训练而产生充盈的内气。需要时靠丹田鼓荡迸发出内力，发招迅猛快捷，绝不拖泥带水。内气越足，发力越大越猛，而且是能刚能柔，刚柔相济，游刃有余。

不要小瞧了劈拳的一钻一劈，就是用这两个式子，张鸿庆的传人一代一代练出了拳家梦寐以求的丹田内功。有了这个内功（内气），既强壮了体魄，也增加了技击和抗击打能力，很是宝贵。从某种程度上讲，张鸿庆传形意拳之拳劲不是打出来的，而是"摸"出来的。初步练拳就是练这个"摸"劲。说明白一点，就是打拳时用手、脚、身体去感悟这个拳劲。

当然具体练法有很多，比如说一拳打出去，老师说你的肩要撒开，这个"撒"字是本地方言，外地人可能不懂，实际就是"放开""松开"的意思。再如一掌劈出去，老师说气要踩在前脚底下，这样讲，初学者可能有点懵，只有经过实际练习达到了一定程度，慢慢才会有所悟（实际练的是内外相合）。

初习劈拳要记住一句话："劈拳如推山。"不是一下子把掌推出去，是慢慢推出去，在推的过程中你去体会其中的劲（此处注意意念不要重了，意念重了也是僵，要把握好分寸）。这里讲的也属于初级练法，动作熟练了，气劲相合了，练法还要有变化（手脚身，意气劲的变化）。

练跟步，求整体

张鸿庆传形意拳的第二步功法是跟步练法。所谓跟步就是行拳时前脚向前趟出一大步，后脚随之跟进半步。有了第一步功法的基础（精气充沛），此时可以试着发力。形意拳发的是整体劲，要求四肢百骸内外合一整体发劲。不能胳膊是胳膊腿是腿，谁也不管谁。对形意拳的发劲，形意门各派练习者各有所得（悟）。

张鸿庆的传法是：后脚蹬劲，前脚前趟；梢节领、中节随、根节追；丹田抖动，脊背发力。要求发力瞬间内气下沉，气要踩在前脚底下，丹田鼓荡，劲力突发（以上指跟步劈拳之发劲）。

要想得到形意拳的惊炸弹崩之劲，跟步发劲这步功夫必不可少。但前提是要通过站桩聚力（浑元力）、定步行拳练气之练功程序，得到充盈的丹田内气功夫。其次是要多练单操发力，可以选择几个有代表性的单式经常反复地操练，如：五行手、蛇形手、虎形手、马形手、刀削手、掸手、立桩手、双开弓、抖绝等。单操发力要领是：全身放松，头顶项竖，松肩坠肘，直背塌腰，松胯屈膝，气沉丹田，降至涌泉。做到腰裆要下去（松沉），问地要力。丹田抖动，脊背发力。发力要短促，发力前全身放松，先蓄后发，发力只在瞬间。发力时要做到：脚蹬地（踏实）、稍打（力点）、气沉（内气鼓荡）。意气力同时到位，瞬间发出一个短促迅猛的爆炸力。

跟步发力是锻炼形意拳发力的关键一步，一定要有充盈的内气才能练此步功法，不然盲目操练极易震伤大脑，损害内脏，习者务要慎之。

练活步，求平衡

第三步是练活步发力。操练时以左三体式起式，后脚（右）向前上一步，然后左脚向前上一步，最后是左脚蹬劲，后脚（右脚）再向前趟出一大步，随之左脚跟进半步至右脚后，同时右掌前劈发力。

此步功法与跟步发力相比，增加了步子，也增加了发力难度。主要练的是行进中的劲力平衡，身体的平衡（松紧适度）。步法宜清晰沉稳，呼吸有序，身法轻灵，行进中身法切忌忽高忽低，一定要在平行中前进，特别是最后一步发力，一定要保持身体的高度协调，这样才能在发力之瞬间，打出浑厚沉实的形意拳特有的爆发力。

活步发力的要点与跟步发力的要求大致相同，关键要注意在行进中一定要精神专注，六合一体，劲力顺达。

练行步，求变化

第四步是练行步拳。有了跟步发力、活步发力基础后，内气更加充盈，劲力愈加饱满，可以进一步练习行步拳，这一步是练暗劲功夫。主要是练气血通畅，身法轻灵，步法稳健。其特点是：步不停拳（掌）不停，打拳如行云流水，一气呵成。所谓行步拳就是"脚踏七星步，手运乾坤转"。练到这步功夫，行拳时要求劲力含蓄，由明转暗，亦刚亦柔，不着意于力，由内而外，顺势而发，劲力顺达，进而向无形无象的化劲阶段转化。

以上是我们这一支形意门锻炼形意五行拳劲力的主要练功方法和程序。通过这几步严谨规范的锻炼步骤，习者可以少走弯路，能较快地学习掌握五行拳之拳劲基本功。当然严格地讲，这些还都属于形意拳基本功范畴（即有规矩的练法）。得到的东西除了养生效果外，一切拳脚及内在的功夫只能间接为散打实战服务，若要用于散打实战，还要进一步练习散练五行拳（即盘身掌功夫）。具体地说，就是把前面所练五行拳及以后的十二形拳等形意拳的东西串起来，无规矩地自由随意演练。

形意拳练到这一步，已经是无形无象（忘形忘象），完全是脱胎换骨，什么定步、活步，都已是明日黄花，此时人即是拳、拳即是人。一经动念，即举摹练，方圆数丈可练，卧牛之地亦可练。此时走出的东西已不是昨天的架势，可细细品味又都有往日的痕迹。什么鸡腿、龙身、熊取物；虎扑、鹰翻、龙探爪；猴窜、马奔、蛇吐信、劈拳炮打双换影，全是在不经意之中走出来。一切都是随心所欲，随招就势，随意而作。形意拳练到这一步，已入化境，日久功深定会达到"拳无拳，意无意，无意之中是真意"的高深境界。功夫至此，亦不要间断，练到至虚，身无其身，心无其心，方是形神俱妙，与道合真之境。

行步崩拳

劈七崩九

　　行步崩拳是张鸿庆传形意行步拳中非常有特色的一个打法。我习练形意拳多年，以前一直是练跟步崩拳（即半步崩拳），就是大家所熟知的前脚前进一步，后脚跟进半步，同时左右拳轮换向前打出的那种练法。应当说这种练法对初习者非常必要，它会帮助你逐步体会、掌握崩拳行拳时内外相合及整体发力的功夫。但是当你有了一定的崩拳基础功夫后，就不能老是那样一步一拳地向前打了，应当认识到这种打法的局限性。过去常听师父讲，形意拳有"劈七崩九"之说，就是说崩拳最少也有九种练法，可惜一直没有老师将这层道理和具体练法给说透。应当感谢吴桂忠老师，是他老人家毫无保留地传了我形意拳行步崩拳的练法和用法。

　　在崩拳单操手、半步崩拳等练到一定火候后，应当再进一步加练行步崩拳，这样崩拳功夫就会有明显长进。行步崩拳就是要把单操功和跟步崩拳所得之功，在各种步法的行进中充分发挥出来，这样才会使其所练与以后的散打实战有机结合。吴老师曾经对我说："形意拳的劲要练出来，就要多练行步拳法。你站着不动打出来的劲，要用在运动中。只有在运动中还能完整地把你的劲打出去，这才有用。"大多数人往往是打定步时一个样，可走起行步来劲就没了，这样一旦动起手来就什么都没有。所以说练形意拳必须要多练行步拳。

行步崩拳不同于五行拳的其他各行，它的步法是多种步法之组合，主要有寸步、尺步、丈步，以及回身时的摆扣步、半马步、独立步、坐盘步等。而且每个步法都有与之相应的拳法相配合，比如：寸步打的是十字崩，尺步打的是拗步崩，而丈步打的是过步崩等。

相传形意拳是由先人通过练习大枪术有所悟而创编，而形意拳劲中最与抖大枪（杆）相似的应属崩拳。崩拳的最大特点是守中用中，古谱曰："崩拳如放箭"，崩拳出拳快速迅猛。崩拳不但是"拳打中"，其身、步也"首当其中"（占中）。崩拳一旦爆发，其拳、身、步三位一体，六合为一，丹田抖动，脚踏中门，勇往直前，其势难挡。

有人说："形意拳太简单了，其招式基本都是直来直去的，就那么几下子。"此话错矣！形意拳传统的练法，不论哪个形，打出的拳（掌）都不是直来直去的。形意拳讲起钻落翻，起钻就是手臂外旋，走上弧线；落翻就是手臂内旋，走下弧线。而且形意拳出拳不仅是简单地钻翻，它的拳打出去，常常是带着螺旋劲前进。可以说不懂得形意拳的钻翻劲（即翻浪劲），就不懂得形意拳；不懂得形意拳的螺旋劲，也同样不懂得形意拳。已故的形意拳前辈李仲轩老人曾有句名言："把直来直去的拳打转了，把转着的拳打直了，就是崩拳。"这是对崩拳之形、劲最清晰的描述。

具体操练时，崩拳是后手拳拧着劲打出去，前面的拳是拧着劲收回来。拧着劲打出去，是为了增加出拳力度。此时前小臂暗含着搓压之劲；拧着劲收拳，实际暗含着接手破招，有化解对方来招之意。形意拳的特点是，打出去之拳绝不是一个劲，而是多个劲的组合，崩拳亦如此。崩拳操练时，轮换拧转出拳与腰肩臂的拧转（腰肩的拧转要和顺胯上下成一体，这就是"看正似斜，看斜似正"），加之两足的蹬趟、丹田的抖动，形成上下三盘九节，内外六合的整体发劲。

寸步崩、拗步崩、丈步崩

形意拳有"寸步为先"之说，"寸步崩"之意亦在于此。与敌交手相距甚近无法进步，此时我前脚即稍进分毫或者只是在原地微微起落，以助其力，同时出拳或手臂一抖，其效甚佳。"寸步崩"也可称"十字崩"。比如：左脚前进一步，后脚跟进半步，同时打出右拳。对方若接我右拳，我可原地不动，右拳拧转沾接对方来手，并迅速打出左直拳，对方接我左拳，我迅速收回左拳，同时打出右直拳。此为"连珠崩"。

崩拳的尺步练法，实际上就是"拗步崩"。拗步崩是拳打脚踢的练法，也属于近身打法。如：我打出一个左脚在前的右崩拳，敌若接我右拳，我可收右拳同时打出左崩拳，下盘同时用右脚向前横脚踩踏敌之前腿迎面骨。敌下肢受创若后撤，我可迅速上左脚跟右脚，出右拳打出一个跟步崩拳，猛击敌之胸腹。

丈步崩，也称"过步崩"。如操练时，是打出右脚在前的拗步崩拳后，后脚（左）向前上一步同时出右拳，然后右脚向左脚前再上一步，同时打出左拳，然后左脚再向前上一步，右脚再跟进半步，同时左拳收回，右拳打出，打成一个左脚在前的小三体式步。连续上三步打三拳就是"丈步崩"。这是追打之法，下盘走疾步，两手打崩拳，这是在对方受挫迅速败退时，我以两腿连续过步，疾步猛击的打法，即老谱云"起如箭，快如风，追风赶月不放松"之意。

过步崩在技击上的用法，是在敌方受到打击败退之时，我可顺其势连续上步穷追猛打，不给对方以喘息之机。此拳在操练时，可左右式各练习一遍后，再走回身式。回身时两脚一摆一扣转身成半马步式，同时两拳变掌，随转身走出一个近似八卦背身掌的式子（但转身时后手反撩，有转身打阴之意）。上动不停，然后变成前手在身前拦压，后手变拳外旋从前手臂上钻出，然后一腿提起走狸猫上树式，接着前脚向前下落踩踏成半盘步，同时打出鹰捉式。然后上步向前打出一个半步崩拳，接着再连续打出左右行步崩拳，打到初始地后再回身收式。前人讲："形意拳的功夫出在腿上，腿快的打腿慢的，腿上出了功夫，拳头的冲撞力就大。"行步崩拳就是练的这种腿快功夫。另外它的意义还不仅是练腿快，它也是手脚身心的整体修炼。下盘练的是寸尺丈步的连环步法，其势如同追风赶月；上盘是连珠崩拳，拳似离弦之箭，一拳快似一拳，拳拳不让人。

　　常练行步崩拳会感到身轻、步灵、拳重，又有两臂如同两杆短枪穿刺自如之感。有了行步崩拳的练习，也会渐渐感悟出崩拳的各种打（用）法，进步崩、退步崩、上崩、下崩、左崩、右崩、转身崩、连珠崩等崩拳法都不难打出。有了这个感悟，那么，再进入散打实战，你的崩拳就会如虎添翼，如鱼得水。不论是破是打，是攻是防，只在一拳一步之中见分晓了。崩拳练到这个境界，想一想郭云深老前辈"半步崩拳打遍天下"之说，并非妄传！

五行进退连环拳

形意拳能被武术界公认为中国传统武术三大内家拳之一，自有独到之处。一般人认为形意拳练法刚硬，打法勇猛，易学实用。其实这只是它的一个方面。我个人认为心意六合拳（形意拳的前身）自姬隆丰创编至今三百多年来，一直享誉武林而经久不衰，一个主要原因是它套路编排合理、练法科学。与同为内家拳的八卦掌、太极拳相比，形意拳套路短小、动作简单，招式生动活泼有趣味（如十二形拳），常练此拳既能健身养生，又能防身自卫，且易学易用，更适合广大群众学习掌握。特别是社会发展到今天这个时代，人们工作、生活的节奏更快了，忙忙碌碌的人们，很少有时间用于休闲娱乐，因此那些传统的武术大套路，就显得很不适合现代人来学习锻炼了（对于有志于专门研习传统武术的少数爱好者，则另当别论）。这也是近年来一些拳师不断推出改编版的传统武术套路的一个重要原因吧。虽然这些改编版的传统武术套路的锻炼功效，在武术界还存有异议，但它却为广大的武术业余爱好者解了燃眉之急，这也是不争的事实。

我是一个多年对中国传统武术，特别是对八卦掌、太极拳、形意拳等内家拳情有独钟的学子。应当说这三门拳术各有所长，各有绝活。但若从简单易学、健身实用、普及群众等方面论，我认为应当首推形意拳。根据我对张鸿庆传形意拳多年的研究认识，形意拳更系统、规范、严谨、科学。张鸿庆的传人教学生，都是由简入繁，层层深入。对初习者特别强调筑基功夫，起步不怕慢。而筑基功夫一旦扎实了，再经师父点拨，学生都会有所顿悟，到那时，一般学子再往下深入修炼，功夫都会有一定程度的飞跃。

在形意拳的传承中，"五行连环拳"是一个承上启下的套路。一般师父教学生学习掌握了五行拳后，就开始教这套"五行连环拳"了。也有的老师在此之前，还要教一个过渡的小套路，即五行相生拳和五行相克拳。

"五行连环拳"也称"五行进退连环拳"，它是一个综合套路，主要由形意五行拳的劈崩钻炮横诸拳所组成，其中也包含有十二形拳中的鮐形、鼍形和马形腿，但主要以五行拳为主体。另外在步法上，此拳在高级阶段采用了各种活步练法。如进步、退步、跟步、弓步、虚步、鸡步、歇步、七星步、摆扣步、独立步等多种步型、步法。张鸿庆传形意"五行进退连环拳"的特点是，进步连环螺旋形前进，边进边打；退步连环螺旋形后退，边退边打。套路结构严谨，技击性强，打击敌人勇猛快速，进退迅捷，灵活多变。进也是打，退也是打，干净利索，绝不拖泥带水。

记得当年吴桂忠老师传我这套拳，开始是传的定步练法，一招一式，一步一拳，循规蹈矩一点不含糊。吴老师说这样练，主要是为了把握好手脚、身法的协调劲，掌握体会五行拳各拳及相关十二形拳相互变化的规律。在吴老师的严格教导下，我一直这样打了好几年，后来吴老师对我说："行了，这拳别这样打了，我给你改改吧。"其实也不是什么改拳，就是向我传授了活步练法。这活步练法与定步练法确实不一样，同样的拳式经师父的进一步点拨，其中劲力、步眼、身法与前时就大不一样了，说玄了，前后打出的拳，就像两个不同的套路似的。至此，这套拳才真正可称之为"五行进退连环拳"了。

如果说，形意五行拳重点是在练法上下功夫（规范拳架、调息练气、摸劲找劲、练习步法），那么形意五行连环拳，就是要在用法上摸规律、找体会了。练习五行拳时，老师一般不讲用法，只是结合拳式，给你讲讲拳式的劲别、劲路、力点等。因此说，这个阶段练的是功，不是技。那么，师父一旦教你学习五行连环拳了，师父就会结合拳式，给你逐式拆解、讲其用法了。形意五行连环拳是形意拳传承中比较古老的一个套路，形意门各支派都很重视这个套路的传承。形意门十二形拳你可以只学一部分，但五行连环拳你不可不练。

现在社会上流行的五行连环拳套路有很多种，比较经典的是民国时期姜容樵先生编著的《形意母拳》一书中的五行连环拳。新中国成立后，李天骥先生出了一本《形意拳术》，该书中的"五行连环拳"与姜容樵先生《形意母拳》书中所介绍的拳式基本相同。其他形意门各支派也都有此拳的详细介绍，基本拳式、套路结构并无大异，各有千秋。

受家乡习武之风熏陶，多年来我也跟前辈老师们学习过几个"五行连环拳"的不同套路。但是，最让我感兴趣的还是张鸿庆先生所传的这套"五行进退连环拳"。这套拳拳式舒展大方，步法灵活，招式清晰，动作连贯，节奏鲜明，劲力饱满，刚柔相济，气势磅礴。

无独有偶，说来也巧，有一次我闲逛书店，买到一本张桐老师编著的武术小册子《形意拳实战技法》，书中前半部介绍两个形意拳传统小套路，其中之一就是形意拳"五行进退连环拳"。当时我眼睛一亮，仔细阅读，不觉一惊，原来此书中介绍的这个五行连环拳套路，拳式与张鸿庆先生所传竟基本相同。后来我又仔细翻阅了书中对作者的介绍，这才恍然有悟，原来此书作者张桐先生原系河南开封人，后来流落到陕西西安市，20世纪三四十年代，张桐先生在西安向客居此地的李存义高徒黄柏年学艺十一年。他的这套"五行进退连环拳"及书中另一套拳"形意十二横捶"都是当年学于黄柏年先生。而张鸿庆先生的形意拳技，也是多得于李存义先生。张鸿庆与黄柏年二位前辈既同为李存义门下之高徒，所传之拳艺基本相同，这应当是很正常的事，说明他们二人所传的"五行进退连环拳"都基本保持了李存义先生所传的原汁原味特色，实在是难能可贵啊。

附　张鸿庆传形意五行进退连环拳谱如下：

1．三体式　　　　　2．进步崩拳　　　　　3．退步崩拳

4．上步崩拳（黑虎出洞）　　　　5．上步鲐形

6．退步双砸（大鹏展翅）　　　　7．进步炮拳

8．退步掩肘　　　　　　　9．退步切掌（特形掌）

10．退步鼍形掌　　　11．退步鼍形　　　12．上步双推掌

13．狸猫上树　　　　14．行步右横拳　　15．行步左横拳

16．半步崩拳　　　　17．十字崩拳　　　18．过步崩拳

19．回身狸猫上树　　20~37式与2~19式动作相同，唯方向相反

38．进步崩拳　　　　39．退步横拳（青龙出水）　40．收式

过去曾听有人说："太极十年不出门，形意一年打死人。"我认为这话不准确，实际练一年形意拳，也只不过是粗通五行拳而已。就算五行拳练得中规中矩，有声有色，那也只不过是练习基本功，与散打实战无直接关系。难怪过去有前辈讲：五行拳练的是吓人功夫，不中看也不中用。不要以为自己练了五行拳就能拳技在身，横竖不怕了，那是自欺欺人。形意拳不像太极拳，太极拳是一套拳里出尽功夫。形意拳的练法是由简入繁，层层深入，功无止境。所以老辈人也讲：十年一太极。形意拳要想出功夫，又何止十年之功呀！想一想，历史上有成就的形意拳大师，哪一位不是从小练到老，一生为研究发展形意拳而终生奋斗不止啊！

我的师父曾对我说："学了五行拳，你不要急着跟人试手，那点东西

你打不了人，面对敌手，你步子都不会迈，你怎么打人呢？"五行连环拳是一个阶梯，学了这个拳，就等于在形意拳上又上了一个档次，因为"五行连环拳"就是手法（招式）和步法、身法的连环组合运用。如果老师想教你，你又是块练武的料，那么在这个时候，老师就会开始系统地给你讲解形意拳手法、步法、身法的综合运用了。并且他也要亲自领你（搭手进招）、喂你（喂手），只有在这个时候，你前面所学的五行拳，才会在老师的指导下派上用场，并能在老师的点拨下，初步悟出拳法阴阳生克变化之深意。有了老师的这一"引渡"，你会逐步感觉到形意拳绝不是每天劈崩钻炮横那一套表面的东西，形意拳的天地，此时才向你真正洞开。

杂式捶

师父偏爱有心人

"杂式捶"在形意门各流派的传承中是一个比较古老的拳套。其中动作内容虽然有所区别，但套路结构基本一样，主要拳式都是以五行拳和十二形中几个主要形为主。

我的师爷褚广发在汉沽的弟子中也传下了杂式捶这个拳套。吴桂忠老师继承了褚师爷这套拳，但平时我们很少看老师练这个拳。当时我们都知道有这个拳，都想跟老师学，但又不敢问。吴老师曾经跟我说过这样的话："形意拳的东西可以多练些，但平时练功主要还是五行拳，要把功夫下在五行拳上，十二形也不用都练，几个主要形多练练就可以了。"吴老师是老派传法，他教拳是按部就班，按规矩程序教拳，是一步有一步的章法（内容），他最烦那些学了拳不好好下功夫练的学生，学了几个月还是老样子，他就不愿往下教了。他认为你学了不练，教你多少也没用。他喜欢那些下苦功练拳的人，对这样的学生，他总是多给讲。形意拳的架子除了大势，其中小动作（细节）还很多，同样是练拳，你不下功夫练，他不细说，你练多少年，那架子也是空的。可人家肯下功的人，练的拳就不一样了，虽然练一样的拳套，人家练出来的东西沉稳、充实、饱满；你总觉得自己练的东西跟人家比缺少点什么，可又不知道缺少的是什么。

有人找吴老师学拳，他一般只教五行拳。他认为一般人要把五行拳练好了，养生、健身足够了。他很少教人形意拳的其他组合套路，就是跟他多年的学生，他也只是教两三个拳套就不教了。他要求练五行拳要慢练、不发力。可是到了教组合套路时，他就要求一定要做到刚柔相济，该发力一定要发力，发力要脆、猛、爆。不可拖泥带水，不发则已，一发即劲由内起，猝然爆发。

吴老师认为练内家拳的拳师最黄金的年龄是壮年。这个年龄段身体强壮，功夫纯正，精气饱满，经验丰富，自己能练拳，也能有精力教好学生练拳。过了六十岁，情形就不一样了，老师能教学生，但是只能说得多，做得少了。你不能给学生做出正确的示范动作，教拳效果就会大打折扣了。

有人说吴老师对我有偏爱，我还没正式给老师递帖子老师就教了我那么多东西，其实他们不知道吴老师看重的是我刻苦好学的坚韧劲。我开始跟吴老师学拳在20世纪80年代末，那个年代人心浮躁，很多人都忙着下海捞钱，没有几个人想着练拳。那时我就干两件事，一是老老实实上班，二是认认真真练拳。记得那时每到星期天，我们爷儿俩就相约到汉沽河西公园内荷花塘边上练拳，先是个人练个人的，然后老师再教我新东西。连续几年都是这样子，那时我没看到有几人跟老师学拳。那是一段难得的清静时光，我形意拳的大部分东西都是那几年学的，包括"杂式捶"这套拳。记得老师教我这套拳时，他口述，让我笔记拳谱。我没有纸，他就把香烟盒撕下来给我做记录。

后来老师曾多次跟我说过，过去拳师都想把自己的东西传下去，可是好的传人难遇啊。他还说，一个师父一辈子能教出一个就够了。

杂式捶练用法

吴老师教我的这套杂式捶，主要拳式有五行拳（劈钻崩炮横），还有十二形中的虎形、熊形、鹞形、猴形、鸡形、蛇形、鲐形等组合。杂式捶是形意拳传统套路中拳式动作最多的一套拳，全套拳共有 55 个式子。

练这套拳老师要求首先要有神气，要打出形意拳形神兼备的特点，震脚发力一点不能含糊，演练时要做到刚柔相济、快慢相间，发力要迅猛、爆脆。

形意拳的几个小套路，如四把拳、连环拳、八式拳、相生相克拳、杂式捶、十二形合演拳等都是组合拳。传统的练法是，这些拳可拆开分组练，也可以连起来整体练。如果要研究散打，还可以把套路中相关的拳式拿出来单独反复操练，以提高散打意识和能力。

如这套拳开头的四个式子，懒龙卧道、蛇形捶、护心肘、安身炮即是先后相连的组合拳式。具体练法和用法如下。

第 3 式懒龙卧道：接左三体式，右脚后撤半步，随之左脚退至右脚前，脚尖虚着地；同时两掌变拳，左拳臂随左脚后退外旋向胸前掩肘。上动略停，左脚向前上步，随之右脚向左脚前盖步，两腿交叉屈膝半蹲成歇步，同时左拳臂划至腹前，拳心向下，右拳从左小臂上向前下插，拳心向上，目视前方。

用法：如对方上右步击我胸腹，我后脚略后退，前脚随之，以卸对方来力，同时我以左小臂掩肘拦截对方右臂，化解对方进攻来手。右手前插意在击打对方胸腹部。

第 4 式蛇形捶：接上式，左脚向前上一步，右脚不动；同时左拳向前撩出，拳眼向上，高与腹平，右拳收至腹右侧，目视左拳。

用法：上式我以右拳击打对方腹部，对方必后退以避之，我左脚迅速上步，同时发左拳撩击对方裆腹。

以上两势实战时要动作连贯，一气呵成，不给对方喘息机会。

第5式"护心肘"、第6式"安身炮"练法，同前第3式、第4式两势大致一样。护心肘是后脚后退，前脚随之跟退半步，同时前手上提内旋向胸前掩肘；第6式安身炮亦是左脚前进、后脚跟进半步；同时左拳向左前上拧转架于左额前，右拳直拳向前打出。

这两式的用法：护心肘是以左拳臂掩肘化解对方对我前胸的进攻；上式不停速出右拳直击对方前胸，名曰"安身炮"。此式还有一个用法，如对方以右拳击我头面，我以左拳臂从其来手内侧向外钻滚拧翻，同时以右拳直击对方心脏。

第7、8、9式"退步虎洗脸"，下盘两腿连续退步，同时两手从外向内向面前连续搂掌。练习时要求以腰带动手臂转动，肩要松，胯要坐，臂要拧。

用法：若对方以两手从正面攻击我胸面，我以两手臂连续从来手外环向内扒搂化之。

第10、11式，"左右虎扑"的练法和用法与十二形中虎形活步练用法基本相同。

第12式"退步白虎入洞"，在"杂式捶"中，也有人谓之"三盘落地"式。这一式的练法是：接第11式"右虎扑式"，练时两掌变拳撤至腹前相交，右上左下拳心向上，然后身向右转45°，左脚蹬地，右脚向右侧横跨一步，随之左脚跟进半步，两腿屈膝下蹲成马步式；同时两拳内翻变掌向左右两侧撑开，位至两胯外侧，掌心向下，眼看右掌。

用法：转身退步以肩、背、臂、手靠打身后袭我之敌。

第13式"鹞子入林"两动练用法基本与前第5、6式"护心肘""安身炮"的练法一样。不同的是此处"鹞子入林"式第2动打出的炮拳是左脚、左拳在前的左顺步炮，而第6式"安身炮"打出的是左脚在前、右拳直出的拗步炮。

第14式"穿林走"、第15式"龙虎交遇"、第16式"青龙出水"三个式子也是一个小组合拳。

第 14 式"穿林走"是接上式的"鹞子入林"式（左顺步炮），左脚向前进半步，右脚跟进至左脚后，同时右拳下落至胸前，然后伸至左小臂内侧向前直拳打出，拳眼向上，高与胸齐，左拳收至左腹侧，目视右拳。

用法：左拳下截对方来手，右拳击打对方心脏。

第 15 式"龙虎交遇"，接上式重心前移至左腿，提右脚向前蹬出，脚尖上翘，力达脚跟。同时左拳直拳向前打出，右拳收至腰右侧。

用法：下边用脚蹬击对方裆腹，上面速以拳击对方前胸。

第 16 式"青龙出水"（右顺步崩拳），接上式右脚向前下落，屈膝略蹲，左脚随之向前跟进半步至右脚后，重心偏于左腿；同时右拳直拳打出，拳眼向上，高与胸齐，左拳收至左腹外侧。眼看右拳。

用法：进步追击，跟步助力击打对方胸腹部。

以上第 14、15、16 式是一组连续进攻的组合拳，实战时可连续进击对方不停式，拳谚有曰："招不架，就是一下，犯了招架就是三下"，即是此意也。

依此类推，后面的拳式组合基本就是这个规律。吴老师传我的这套杂式捶与他在前面传我的其他形意拳套路，前后是一脉相承的。学好了前面的，后面的东西有的老师简单一说也就会了。比如这套"杂式捶"后边式子中，第 17 式"上步鮎形"、第 18 式"退步大鹏展翅"、第 19 式"锁手炮"，这三个式子与吴老师传的"五行连环拳"中的式子完全相同。

又如：第 30 式"转身右蹬脚"、31 式"转身猴子摘帽"两式，就是十二形拳中猴形拳中的式子。

同样，"杂式捶"后面的拳式，就有十二形拳中的燕形、鸡形等大形的相同拳式组合，在此就不一一赘述了。

我前面已经讲过，跟吴老师学拳最好是系统地学，按部就班，规规矩矩地学。开始你觉着学得慢，经过一段时日，慢慢你就体会到，这样学拳实际是快的，这是我的亲身体会。后来我也曾对我的学生讲："你们跟我学拳，一定要静下心，最好是从头学，从基础东西学，一定要先打好基础，开始不要喜欢什么学什么，这山望着那山高，那样是学不好拳的。"把基础的东西学好了，后边的东西很多是不用老师深说的。功夫到了，一说就会，一点就透了。因为前面的东西（不论是套路还是散手）都是后面的铺垫。我这话有些人可能不信，可是那些少数跟我几年的学生后来是信了，因为到了一定程度，就是一层窗纸，一捅即透。

附　形意杂式捶谱

1．预备式　　　　　2．三体式　　　　　3．懒龙卧道

4．蛇形捶　　　　　5．护心肘　　　　　6．安身炮

7．退步虎洗脸　　　8．退步虎洗脸　　　9．退步虎洗脸

10．左虎扑　　　　11．右虎扑

12．退步白虎入洞（三盘落地）　　　13．鹞子入林（左顺步炮）

14．穿林走（拗步崩拳）　　　　　　15．龙虎交遇

16．青龙出水（右顺步崩拳）　　　　17．上步鲐形

18．退步大鹏展翅　19．锁手炮　　　　20．退步安身炮

21．左虎洗脸　　　22．右虎洗脸　　　23．左虎洗脸

24．退步右穿手　　25．退步左穿手　　26．退步右穿手

27．金鸡啄米（含反背捶）　　　　　28．接手炮

29．进左步右崩拳　　　　　　　　　30．转身右蹬脚（猴蹬枝）

31．转身猴摘帽　　　　　　　　　　32．盖步叉手

33．上步鹞子穿林　34．进步揣掌　　　35．燕形展翅

36．上步踢腿　　　37．退步披掌　　　38．燕子抄水

39．上步撩阴掌　　40．进步左崩拳　　41．上步右崩拳

42．风摆荷叶　　　43．转身左劈掌　　44．上步右劈拳

45．金鸡上架　　　46．金鸡报晓　　　47．鹰形（拗步左劈拳）

48．上步右劈拳　　49．反背捶　　　　50．金鸡啄米

51．金鸡抖翎　　　52．转身白蛇吐信　53．左右钻拳

54．鹞子翻身　　　55．鹞子钻天　　　56．换影收式

龙形拳

技击用法举例

有一年春节，我的一位师弟徐春阳远道来汉沽看我（当年我们曾在唐山赵各庄矿张兰普老师门下学拳）。练武弟兄到一起，自然谈论的多是武艺。在谈到形意十二形拳时，我问春阳师弟，师父教你的龙形拳还记得吗？他说："张老师就教了我一个龙形步。"说着给我练了一遍。我说这个式子，当年我也练过，不错，师父就是这样教的。这个龙形拳是很简单，就一个"潜龙下降"左右轮换练习。我说，你看我也给你练一个龙形。说着我也给他练了一趟龙形拳。

我练的龙形拳拳式如下：

1. 预备式　　　　2. 三体式

3. 懒龙卧道　　　4. 青龙探爪（右）

5. 伏龙升天（右）　6. 潜龙下降（右）

7．青龙探爪（左）　　8．伏龙升天（左）　　9．潜龙下降（左）

10．黄龙摆尾（右）　　11．青龙探爪（左）　　12．伏龙升天（左）

13．潜龙下降（左）　　14．青龙探爪（右）　　15．伏龙升天（右）

16．潜龙下降（右）　　17．黄龙摆尾（左）　　18．黄龙打旋

19．青龙出水　　　　　20．收式

　　春阳师弟看我练了这套形意龙形拳非常吃惊，他说："形意拳还有这样的练法，这比少林拳还难练呀！蹿蹦跳跃，腾空倒脚，翻身旋打，掌打连环，势如龙腾虎跃，勇猛神勇。真是好拳！"我说："我练的功夫还欠火候，练这趟拳要有深厚的内功，内气充盈，精神饱满，练习时才能做到起如风，落如雁，身法轻灵，步伐快捷沉稳。"应当说扎实的腰腿功夫，深厚的内功，饱满的神气是练好形意龙形拳的三个必备条件。相对来讲，形意龙形拳的动作并不多，但要想练好，练出龙形之气势、神韵，也不是一件容易的事。

　　我跟春阳师弟讲，你们练了十几年形意拳，为什么老也出不了功夫，练来练去，练得连自己都没信心了。原因就是你没有找到练形意拳的窍要。拳经言："武艺虽精窍不真，心机费尽枉劳神。"过去我们学的形意拳练法太过刚硬，就知道直来直去地硬练、猛打，只有消耗没有补充。打来打去，拳劲没长，自己身体反倒越来越亏空，以致失去了练拳的信心。其实形意拳自古以来并非是专练直硬之拳。形意拳宗法道家之理，讲究阴阳、五行之法。阴阳学说是讲事物两个方面的对立统一，刚柔、虚实之变化。五行讲的是事物相生相克变化之规律。阴阳五行学说是中国古代哲学思想的经典，是古代百学之纲。形意拳宗法阴阳五行之理，怎么能只讲刚硬，不讲阴柔变化呢？

　　传统形意拳的套路编排主要有五行拳、十二形拳，这五行拳就是古人依据阴阳变易和五行相生相克之理而进行拳术演练的。对己，强身健体，得修身养性之益；对外，以七拳（头、肩、手、脚、腕、胯、膝）之千变万化，收防身御敌之效。而十二形拳则是吸取天地间各种精灵禽

兽之灵性为我所用，以物之特性激发人的自然本性，这是形意拳法之原则。

形意门在个别派系出现的偏刚练法，是个别派系的传承问题，不是形意门整体的偏差。张鸿庆继承了形意拳大师李存义的传统练法，并有所创新，以五行拳为练功载体，要求入门之初习者，慢练，练气，找劲，重在培元筑基。他对形意拳传统的明、暗、化三种练法有自己独到的认识。按他的练法，快则一两年，慢则三四年，习者都能得到浑元真气的培养。有了这个基础，往下的各种拳法、技击功夫，经明师进一步点拨，已不是什么高深难练的东西了。

下面仅就张鸿庆传形意龙形拳中几个主要招式的技击用法，做一简单介绍，仅供同道朋友参考。

（1）懒龙卧道，是个拿法。形意拳上手（接手）有三种拿法，即手拿、臂拿、身拿。身拿是用身法拿。"懒龙卧道"一式就是侧重用身法拿。如对方上左步同时以左拳击我前胸，我可上左步，脚尖外摆落于对方左小腿外侧，管住对方来腿，同时上边两手臂上钻，从其来拳外环接手，然后身子向左拧转，随之松胯塌腰下坐，同时两手臂内旋向下拧采对方左手臂，以拿之（图9）。

图 9　懒龙卧道

（2）青龙探爪，如上式我要采拿对方左手臂，对方迅速后撤，我可顺势上右步穿右手击敌咽喉，此式有如"白蛇吐信"。

（3）伏龙升天，我上右步以右手穿击对方，对方以右手接我前穿之右手，我右手即可内翻下采捋对方右手，然后马上欺身上步，以左脚蹬

图 10　潜龙下降

敌下盘，同时左手上穿敌之咽喉。敌若退我可垫步，腾空倒脚（两腿交替蹬踢），两掌连续穿击，手脚并用追击对方。

（4）潜龙下降，对方以右手击我前胸，我以右手接其来手，并向后捋其手腕，左掌击其手臂，同时右脚横上一步，内含踩踏之意。其势也可变化为拿法（图 10）。

以上诸式只是因势而论，实际应用可随机而变，灵活运用，不可拘于成法。

窍要在于得气

其实在形意拳的二十几个传统套路中，相对来讲并没有什么太高难的动作。形意拳的传统练法，不讲动作的花哨难度。因此初习形意拳，它的动作是很好接受的，但是此拳给人的感觉却是越往下练越难练。难就难在它的用劲上。形意拳的用劲不只是形体外在的力量，这种力是人的本力。难的是要你练出人体潜在的内劲（内气），并把这种内劲与自身的本力（外力）有机结合，形成一个整体（内外合一），用于拳式发劲上。通过研究可知，同属内家拳种的太极拳、八卦掌传统练法与之大体相同。

练好形意龙形拳之窍要，首先在于得气（内气）。我向春阳师弟讲，你别看张鸿庆先生传的这套形意五行拳，练习时很慢很慢，很像一步一桩地练拳（这个练法就是"调息找劲"），一旦你得了气，到那时，你想怎么练就怎么练。刚也好，柔也好；快也罢，慢也罢，那只是随你心意而已了。总之，不管怎么练，我的体会是，张鸿庆传的这个形意拳，不论练哪个形，应当是越练越有神气。打起拳来，好像有股气催你一样。不能越练越喘粗气，越练越疲软。这个练法就叫"内练一口气"。这是中国传统文化的精粹。不但传统武术这样练，就是中国传统的书法、绘画、雕刻、声乐、京剧等也都尊崇此道，并作为延续自己艺术生命之法宝。

吴桂忠老师曾对我说，当年褚广发老师教他们师兄弟练龙形拳时，已是近七十岁的人了，可他老人家一招伏龙升天，着实让他们哥几个惊叹不已。只见老人家上边一掌穿出，下边提膝过胸，随之一脚蹬出，脚过其口，瞬间这脚一落，即腾空而起，随之两脚在空中倒脚，同时两掌在空中穿梭，此一蹬一腾一跃人已窜出两丈有余，又见他老人家一个潜龙下降，身盘掌落，恰似龙潜深潭渺无声息。吴老师说："当时我们算开眼了，一个年近古稀的老人，如果没有浑厚的内功，无论如何是打不出那种高难的拳式的。"

现在社会上有些人对形意拳有些质疑，认为这个拳就那么几下子（指五行拳），反过来掉过去地打，真没什么意思。这种认识在武术界也不乏其人。其实他们对形意拳了解研究还是不够，想一想，形意拳被称为中国传统四大名拳、三大内家拳之一，岂是那么几下子可为？记得前些年一些痴迷中国武术的外国人，在多年跑院校学拳后，感到收获甚微。他们又换了一个方式，深入到中国广大城镇乡村，向民间的老拳师学艺后，曾无限感慨地说："中国的武术在民间呀！"这是外国人通过实践得到的真知灼见。中国广大的乡村、城镇，自古以来就是藏龙卧虎之地。张鸿庆、唐维禄、褚广发都是文化不高，隐居乡野的平民百姓，可是他们又都是身怀绝技的武林高人。他们不事张扬，一生甘于寂寞。他们的练功宗旨是：强身健体，防身御辱，自娱自乐。他们教育弟子的信条是：自己练功，不要张扬。他们的思想承袭了道家"有所为，有所不为"的古朴理念。他们一生平凡，但却给后人留下了宝贵的文化遗产。我们后来之人，有责任研究、继承他们的事业，使之薪火相传，发扬光大，造福人类。

猴形拳

张鸿庆传形意拳，重在练身法，善用暗劲打人，其中有一绝技——形意"猴形拳"。

形意"猴形拳"是形意十二形拳中的一个形。在十二形拳的传承中，一般一个形都只打两三个动作，而且动作非常简单。张鸿庆所传十二形拳有自己的特色，除了练法上的定步、跟步、行步等各种步法练习外，其中还有几个形是多种动作组合的小套路。如：龙形、鸡形、鹞形、燕形、猴形、熊形（吴桂忠老师说这是十二形中的六大形）等。以上各形与其他形相比，增加了蹿蹦跳跃、闪展腾挪的动作，因此也增加了一定的难度。在一般人眼里，形意拳是比较刚硬的拳，好像此拳对腰腿上的功夫要求不是很严格。但张鸿庆传形意拳中的几个小组合套路，演练者若没有相当好的腰腿功夫，实难达到理想境界。

一处磕头多处学艺

张鸿庆传形意猴形拳，非常适合青年人练习。此拳动作舒展大方，变化莫测，是一个典型的形意快拳套路。它难度高、运动量大，要想练好此拳，若没有一定的内家丹功，打出的拳恐怕也是不伦不类的架势。前辈老师要求练这套拳必须做到：轻而不飘，快而不乱，灵活多变，发力迅猛，而且特别强调练猴形不是练猴相，是揣摩猴子的灵性，练出神韵来。

这套猴形拳由张鸿庆的传人褚广发老师传了下来，所传之人极少，而且一些传人，由于种种原因，如今已不能练或已丢了此拳。所以，今天这套拳就更显珍贵了。前几年曾有人写文章，讲褚广发在天津向薛颠学象形术五法、猴形拳。学五法是事实，若说褚广发的猴形拳是学于薛颠，此事还需研究探讨。我仔细看过薛颠的《形意拳术讲义》一书，其中所述形意猴形拳的练法与褚广发传的猴形拳相差甚远。虽然有些动作看似相似，但从整体上看，薛、褚二位前辈所传猴形拳，显然不是一个路数。

我所学猴形拳师从吴桂忠老师。学拳时曾听吴老师讲："这套形意猴形拳，是褚老师传给我们（指吴老师及他在汉沽的三位师兄：李西安、董义茂、张次珍）的，褚老师是跟张鸿庆先生学的。"20世纪二三十年代，是京津武术大家武功登峰造极的年代。褚广发生活在那个年代，并且常住天津城，有幸向尚云祥、薛颠、唐维禄、张鸿庆、傅昌荣等众多形意拳大师学艺。过去老辈人有"一处磕头多处学艺"之说，褚广发虽说是唐维禄、张鸿庆的弟子，他后来的东西，肯定或多或少也揉进了诸位前辈大师们的拳艺精华。但是，他系统的东西，后来主要还是继承了张鸿庆先生的衣钵。这是体系，是根本，老辈人是很重视这一层的。说具体点，在拳艺传承上（指师承、套路、拳谱、功法、技法），应当是有严格师承的。但是在拳术技法的实际应用上，一定要能融百家之长，为我所用，这是老辈人的求艺之道。

招法重变化

传说薛颠当年是以猴形拳练功，猴形成就了薛颠的功夫。这种说法是有一定道理的。猴形拳在形意十二形拳中是技击内涵非常丰富的组合套路。它融手法、腿法、步法、身法为一炉，能从各方面提高习练者用于散打实战的技能。从手法上有刺面掌、探掌、穿掌、按掌、掖掌、劈掌、撑掌、抹掌、蛇形掌；肘法上有盘肘、立桩肘；还有膝击、脚蹬等各种技法。步法上有倒行步、直行步、跟步、连环步、蛇形步、摆扣步；步型上有独立步、坐盘步、马步、丁虚步、倒插步、半马步等。

形意拳是技击性非常强的拳种，张鸿庆传十二形拳中的这个猴形拳，更具散手特点。这个拳中所呈现的招式多是属于进攻型的。比如此拳开式的第一个动作"猴子倒行""猴子挂印"两式，就是退中有进，步子倒退而两手却连续发出刺面掌，而最后的定式"猴子挂印"则是上面发掌攻击敌面门，下边提膝击敌裆腹。接下来的上步猴子献果，实际也是退中有进，首先跟步探掌如"白蛇吐信"，直取敌之咽喉，故名"猴子单献果"。紧接着一个里缠手，这是一个破解对方抓拿的解脱法。而后马上是双手直戳（暗含托端、搓之劲）敌项颈，此技亦含拿扭敌项颈之法，名曰"猴子双献果"。下边的行步左右搬枝，实际是对敌中的左右晃法（属身法），搬枝是接手、化手；左右行步斜行前进是晃绕对方，俗称"走偏门"，此技在八卦门叫"单换掌"。此拳招招清晰，势势相连，连环接打，一气呵成，不容对方稍有喘息之隙。

此拳最精彩处是"猴子摘帽"接"猴子望月"式，其中手法、身法、步法的高度协调变化，令人叹为观止。"猴子摘帽"前式是"猴子蹬枝"，即转身后蹬右脚，然后左转身180°，右脚下落成半马步，此式不停，身体再向左转身90°，同时左手随转身向身前抹掌，然后左手收回，右手从左手上向前穿出（仰掌）如"白蛇吐信"；此动不停，随即右手内旋，腰向右拧，同时右脚外摆，左脚随身体右转上步扣脚，身向右转360°，身右转时左手向右腋下穿掌。此式暗含右肘、左肘的盘带肘击之意。右转身后左掌前探（仰掌），右掌护于左脸外侧。右脚在前虚着地，左脚在后成技击式，重心偏左。此式后紧接着向左一拧腰就是一个坐盘步，同时右掌向前横削掌（此式名曰"猴子守物"），接着就是连环步、倒插步、拧身双按掌，此式名曰"猴子回头望月"式。

　　学了猴形拳，方知劈拳的实际用法。过去形意门有"劈七崩九"之说，这不仅指劈崩二拳的基本练法，也泛指此二拳的用法。这不是一个限数，而是一个理念。一个形（拳式）用于练功，可以规定方法，若用于散打实作，它的变化却是无穷的。只有无穷的变化，才会打出神奇的妙招。有了猴形的体验，这一理念就会越发清楚了。在体验手法之时，也同时体悟了身法、步法的多种变化。

　　张鸿庆传褚广发的这套猴形拳，其中步法没有虚设，步步有法，步步有用。它包含了直进直退、左右斜行、移形换影、摆扣绕行、蹿蹦跳跃、翻身劈砍等步法的轻灵多变，以及身法的闪展腾挪，这些都是形意拳其他各形无法可比的。如果说一个习练形意拳的人，有了五行拳各种练法的基础，若再有猴形拳的感悟，以此拳作为练习散打实作之阶梯，我想确有事半功倍之益处，有意者不妨试之（图11）。

图 11　猴子守物

　　附　张鸿庆传形意猴形拳谱

1．三体式　　　2．猴子倒行　　　3．猴子挂印　　4．猴子单献果

5．猴子双献果　6．猴子拨枝（左）7．猴子拨枝（右）

8．猴子坠枝　　9．猴子搬枝　　10．猴子蹬枝　　11．猴子摘帽

12．猴子打旋　13．猴子守物　　14．猴子望月　15．猴子翻身

16．猴子叼绳　　　　17．猴子坐堂　　　　18．猴子献背

19~34 式同 2~18 式　　35．换影回身　　　　36．收式

有歌为证：

猴子倒行挂大印，上步献果双摘桃；左右拨枝行步走，金猴坠枝盘步卧；长身搬枝蹬玉树，顽猴翻身摘帽来；转身打旋荡金枝，老猴守物全神注，拧身回首望明月；腾空一跃叼玉带，翻身落地坐中堂；转身献背倒步行，抽身换影归一元。

马形拳

马形拳是形意门十二形拳中的一个形。所谓十二形是指：龙、虎、猴、马、鼍、鸡、鹞、燕、蛇、骀、鹰、熊十二种动物。古人有"人以身形物之形，物之意以人意悟之"之论。取这十二种动物为拳，象其形、取其意，就是要通过特殊的锻炼，借鉴动物的特长，修炼出战胜自然和对敌搏斗之技艺。

拳经云："马者，最仁义之灵兽，善知人心。有垂缰之义，抖毛之威，有疾蹄之功，撞山跳涧之勇，取诸身内则为意，出于心源。"故道经云："名意马，意属脾，为土。土生万物，意变万象。以性情言，谓之心源，以拳中言，谓之马形。"

张兰普老师的"马撞槽"

马形拳在形意门的传承中，各支派都有各自的练法、用法。20世纪70年代，我在唐山古冶区赵各庄矿跟张兰普老师学形意拳时，他老人家向我传授的马形拳是"马撞槽"的练法。张老师讲这个形是师爷郭孟申先生（郭孟申是八卦掌大师刘宝珍之徒，形意拳学于马玉堂先生）所传。

具体练法是：以左三体式起式，前脚（左）向左前方上一小步，后脚随之跟至左脚内踝处，不停，继续向前方略偏右上一大步，左脚跟进半步至右脚后约30厘米，重心偏于后腿。当左脚向左前方斜角上步时，两掌变拳，拳心向下，右拳臂向前从左小臂下向左前方穿出，当两小臂交叉时，随后脚（右）沿左脚内踝处向前趟进，两拳臂向左右两侧划拨走弧形收至胸前，然后随右脚上步，两拳同时向前抖发出去。此是右式，左式与右式相同，唯方向不同。如此左右轮换打出，回身后再打到原起式处，再回身收式。

此式的用法如下。

（1）如对方上右步以右拳击我胸面，我左脚向左斜角上步，以闪化对方攻来之拳，同时我以右手臂从其来手外环划拨（暗含碾压之劲）对方进攻之右臂，并以我右小臂沾黏住对方；此式不停，然后随对方后撤之劲，我右脚向前上步，左脚跟进，同时两手臂突然向前抖发，以右手击对方前胸或头面，同时以左腕臂碾压对方右小臂。此招是以单拳击打对方，故曰："单撞槽"（图12）。

图12　单撞槽

（2）若我两手臂从来敌进攻之手臂外环，向外划拨敌手臂后，再以双拳趁势击打敌之头面，又称"双撞槽"。

（3）当对方以右拳击我头面时，我以右拳臂从对方来手臂外环拦截，并向我右侧划拨，同时我右脚上步左脚跟进，并同时以左拳击敌右肋（图13）。

图 13　马形手

（4）对方以右拳击我胸部，我左脚先向左侧略进半步闪化敌来力，同时我以右拳臂拦截敌方打来之右拳；同时我以右脚蹬铲敌之右膝腿，敌若撤退，我即迅速以右拳击敌头右侧；若离敌太近时，我即以右肘臂或肩胯贴靠敌身，用丹田内劲、腰胯抖绝发之。

以上四组"马撞槽"打法，所用步法是形意门典型的"三角步"。这种步法结合上盘的手法，遇劲敌时，不与其正面交手，而是避其锋芒，以"逃身又逃步"的技法，先闪化来敌之进攻，再后发制敌于瞬间。

不论是"单撞"还是"双撞"，在向外划拨对方来手时，不能只靠手臂之功，要以腰腹丹田劲为主宰，带动双臂而抖发。上中下三盘九节，内外相合，整体一致，方可奏效。这是马形拳走边（偏门）的独特打法。

吴桂忠老师的白马亮蹄

20 世纪 80 年代末期，我向吴桂忠老师学习形意拳，吴老师传了我一套张鸿庆先生的形意马形拳，这套拳练的是"白马亮蹄"式。

具体练法是：以左三体式起式，后脚（右）不动，前脚（左）收至右脚内踝处不停，然后向左前方上一步，随之右脚跟进半步至左脚后约 30 厘米，重心偏于右腿；同时，随左脚回收上步，两掌变拳，右拳不动，左拳外旋使拳心斜向里，向胸前掩肘，然后回收下划，以左小臂尺骨处与左肋摩擦，当左拳划至左肋时，左拳内旋使拳心向下，然后左拳向左后、向外、向左前划弧收至左胸前，拳心向下；同时右拳上提至胸，然后向前平拳打出，拳心向下，高与胸齐。这是马形右式。

上式略停，左脚向前上半步扣脚，身体向右转90°，右脚经左脚内踝处向右前方上一大步，左脚跟进半步，重心偏于左腿。同时随左脚上步右转身，右手臂先外旋向内掩肘吸手，然后向右后划弧，拳至右肋时，手臂内旋至拳心向下，继续向右后再向右前划弧，收至右胸前，拳心向下；同时左拳上提至胸前，随右脚上步，左拳平拳向前打出，拳心向下，高与胸齐，眼看左拳。这是马形左式。

如此左右连续向前打出，回身时左右均可，若走左回身，当打出马形左式后，右脚向左脚前上步扣脚，随之身体向左后转180°，然后左脚随回身向左前方斜角上步，右脚跟进半步，重心偏于右腿。同时随回身，左臂后撤，先以左肘向左后击打，然后左手臂向左后划弧再收至左胸前，拳心向下；随之右拳上提至胸前不停，然后向前平拳打出，拳心向下，高与胸齐，眼看右拳。此为马形右式。然后再上步打出马形左式。当打到原起式处，再回身收式。

"白马亮蹄"的具体用法如下。

（1）对方以右拳击我左胸，我即以左拳腕叼住对方右腕臂，同时我迅速出击右拳击打对方前胸或头面。敌若接我右拳，我即出左拳打敌头面。此为"马形连环炮"。

（2）对方以右拳击我前胸，我以左拳腕从敌来手臂上方向下、向外划拨，然后借对方里合之劲，迅速横摆回击对方右额，敌若拦截，我速以右拳直击敌头面。

（3）对方以右拳击我前胸，我速以左小臂掩肘吸化。若对方再打左拳，我以右拳臂掩之。这是防守之法，可以在连续掩化之时，突变拳击或以反臂拳砸敌头面以败敌。

（4）此处马形回身有一肘击，这是对付后面偷袭之敌的招法。如若对方在后边突然来拳袭击或偷抱于我，我可以左（右）肘击后，然后回身接手打右（左）拳，可破敌。

张鸿庆传马形拳的这套"白马亮蹄"是一套进攻的招式，一旦与敌接手，连续发招，一招紧接一招，好像连环炮，连番轰炸。在这里我们也可以看到一些好似西方拳击的招式，如拳击中的刺拳、摆拳等。"白马亮蹄"的打法是张鸿庆传形意拳散打技法中的一个重要招法，这一招式动作虽然简单，但却非常迅猛，特别是遇敌正面突然出拳击来，我用此招可即破即打，出手即有，非常有效。

这是张鸿庆传形意马形拳的跟步练法和用法，在此基础上还可以进一步练习马形拳的行步练法。行步马形拳的上盘手法与跟步练法基本相同，下盘的步法以形意"七星步法"为主。

前面介绍的只是"白马亮蹄"这个招法的大势，在实际交手中，还可以变化出很多小手法（散招）。平时操练者把这个马形拳揉到形意盘身掌中，则可以不拘形式，随招变招，前可打，后可打，左可打，右可打，四面八方，任意盘打。练之纯熟，一旦与敌交手，势如烈马奔腾，雄风骤起，其势难挡矣。

形意马形拳，虽然式中内含近似西方拳击刺拳、摆拳的打法，但在练法、用法上差异很大，这是两种风格各异的拳术。拳击素以凶猛、直冲直撞著称，而形意马形拳出拳看似直来直去，但仔细观察，马形拳每一招出手都走的是弧形，又暗含缠绕之柔劲，只是在缠绕得手之瞬间，猝然爆发。

拳经曰："此拳外刚猛，而内柔和，有心内虚空之妙，有丹田气足之形。拳形顺，则道心生，阴火消减，腹实而体健。"故在练习马形拳时，宜注重气沉丹田和丹田抱气的锻炼。又宜外刚猛而内柔和，心静气顺。以内气催动外形，不努气，不尚拙力，以外形带动内劲，内外一体，刚柔相济。练之日久，定能气通百脉，内养五脏，外壮筋骨，收养生益寿之效。若用于散打实战，其势如烈马疾蹄，与敌交手，独显其威。

鸡形四把拳

在我国北方的京津之地，形意门传习十二形拳中的鸡形拳（亦称"鸡形四把拳"）套路，一般都是大同小异的。其套路编排、拳式结构基本一样。读者可参阅李天骥老师所著《形意拳术》一书，此书中所介绍的鸡形拳套路是比较有代表性的。另外民国年间出版的《形意拳术》（薛颠著）一书中所介绍的鸡形拳却比较简单，主要式子只有金鸡争斗、金鸡抖翅等。这套鸡形拳在天津地区形意门中也多有流传。

这里介绍的是由河北省固安县名拳师郭孟申先生晚年所传的一套别具风格的鸡形拳。

郭孟申先生的八卦掌师从八卦掌大师刘宝珍（董海川入室弟子），形意拳学于河北省新城县（现高碑店市）的马玉堂先生。郭孟申先生 20 世纪二三十年代曾任南京中央国术馆特种班教官，有"郭快手"之称，南京沦陷后受朋友之邀入川传习八卦门拳艺，在成都、重庆等地很有影响。20 世纪五六十年代，先生虽已届古稀之年，仍热心于传统武术的传播，特别是在河北唐山地区留下了许多足迹和传艺佳话。

当年在唐山赵各庄矿有一个他老人家非常青睐的弟子张兰普。张兰普老师生前是开滦赵矿工人，八岁习武，精通少林、形意、八卦、太极等多门拳技。张老师曾任河北省武协委员，古冶区武术协会副主席，退休后多年主持赵各庄矿武馆工作。

我于1967年随张老师习武，先学少林六合门，后学形意、八卦、太极拳等拳技，前后长达三十年之久。20世纪80年代初，张老师传给我一套形意"鸡形四把拳"，这套拳动作古朴、风格独特，技击性非常强。张老师曾对我说，这套拳是师爷郭孟申先生传给他的。20世纪50年代，因为他练形意拳脚下用力过重，造成脚底经常肿痛，一度双脚不敢着地。后来经河北省体委的马文奎老师（民国时期曾任南京中央国术馆摔跤教练，新中国成立后为国家级摔跤裁判）介绍，他认识了郭孟申先生，是郭师爷给他调整了形意拳的练法，才使他脚痛之疾得以康复。后来张老师一直按郭师爷所传方法练习形意拳，直到晚年。

郭孟申传"鸡形四把拳"

郭孟申先生传的这套"鸡形四把拳"是个小套路。其拳式名称如下。

三体式起式，金鸡独立、金鸡上架、金鸡食米（右崩拳）、金鸡蹬腿、金鸡食米、金鸡展翅、金鸡争斗、金鸡抖翎、金鸡翻身（翻身炮）、逍遥化手、鹞子钻天、鹞子翻身（望眉斩甲），然后接金鸡独立，重复演练前面的式子，打到原起式处再回身收式。

张老师曾对我说，郭师爷传的这套拳是典型的发刚猛拳劲的拳，演练这套拳要求做到：精气饱满，动作迅猛，劲力浑厚。不动如山，动如雷霆。手脚并用，势势相连，环环相扣，气势如虹。演练时一定要有穷追猛打，打倒了还嫌慢的气势。这套拳很适合青壮年人演练（老年人练时可动作放缓，不发力），常习此拳可增强体质，提高击打能力。

张老师还说，练这套拳一要有气势（神韵），二要精气饱满（内气足），三要动作清晰（明招法）。这套拳招法简练、实用。一说就明白，学了就能用。平时练习，全套动作可以连起来往返来回打；也可以拆开单个式子操练。可以说这套拳每个动作都是非常实用的技击用法（招式）。平时可以自己练，也可以两个人互相喂招对着练。下面就将这套"鸡形四把拳"的招式分解介绍如下，仅供读者朋友参考。

"鸡形四把拳"招式分解

（1）"金鸡独立"：如对方用右拳击我前胸，我即以左手从其来手外环接手并下按其小臂，同时以我右手从其来手大臂下（肘后侧）向上托之，两手一上一下用错骨分筋法可重创其臂手。上动之时，我左脚回收，脚略提悬于右脚内侧，对方若后退，我即左脚上步（含踩踏之意），同时左手向前劈击敌之胸面。

（2）"金鸡上架"：如对方用右拳（掌）击我前胸，我以左手向里再向外划拨敌右手臂，同时我以右手（手心向下）从外向里横击敌左颈、面颊或太阳穴；同时提右膝撞击彼之腹部。如距敌较远，可起脚蹬其胸腹。此式内含金鸡蹬腿（图14）。

接上式，敌见我右脚蹬来，急后退，我即右脚下落，劈左掌，上左步崩右拳，连劈带打，手脚并用，其势如追风赶月。此式名曰"金鸡食米"。

（3）"金鸡争斗"：如对方用拳击我胸面，我可双手交叉向上分

图14　金鸡上架

图 15　金鸡争斗一

图 16　金鸡争斗二

拨，然后向两侧划弧收至腹前。上步，同时两掌（虎口向上，手心相对，手指向前）用力向前撞击敌之胸腹，敌必受创败之。此式含金鸡展翅（图15、图 16）。

图 17　金鸡抖翎

（4）"金鸡抖翎"：如对方以右拳（掌）击我头面，我以右手接其来手向我身右侧采捋之，同时向右拧身，随之以我左手臂击敌肋腹（图 17）。

（5）"金鸡翻身"（翻身炮），是变身（转身）打法。

（6）"左右化手"是划拨对方进攻我上盘头面时的化解手法。如对方以右拳击我头面，我即以左手向外化拨其来手；敌以左手击我面，我以右手向外划拨，谓之"逍遥化手"。

此式实用时可即化即打，即我化出对方上盘来手后，立即还以刀手或穿手击打对方颈项、头面。

（7）"鹞子钻天"是连续进攻对方上盘胸面的招式。如对方以右拳击我胸，我以左手按之，同时出右拳钻击敌胸面，左手亦然。此招可连续上步，亦可连续退步施手，攻防兼可用之。

（8）"鹞子翻身"是回身打法，如对方偷袭，用拳击我左后肩背、头部，我突然左转身，同时以右手臂从上向下按压对方来手，随之以左拳钻击对方之头面。此招也称"望眉斩甲"。

"鹞子翻身"也是撩击对方阴部之手法。如上式，我回身钻击敌之头面，敌若接我左钻拳，我即以右手向上抓捋其手腕，随之向右拧身变式，迅以左拳反抽敌之裆腹，敌必受重创。

以上招式简单明了，一说就明，一学就会，习者可细细揣摩，久之定会融会贯通，收技击之奇效。

当年张兰普老师得此拳后，倍加珍惜，久不外传。此技至今在他老人家的家乡恐怕也少有人知。20世纪80年代初承蒙他老人家厚爱，我习得此技，多年来亦一直珍秘不露。今逢盛世，百业发展，借此之机愿将前辈的武术精粹献之于众，若此技能对读者有借鉴启发，吾将甚感欣慰。

蛇形拳

　　形意十二形拳是取天地间十二种禽兽之精灵化生为拳，以激发人的潜质和自然灵性，并提高练习者健身益智和与敌相搏之能力。在形意十二形拳中所涉及的这十二种动物（龙、虎、猴、马、鼍、鸡、鹞、燕、蛇、骀、鹰、熊），除了天上飞的，就是地上跑的，唯有鼍、蛇为水中之物。而这两种动物中，又仅有蛇既能在水中畅游，又能在陆地爬行，是真正的两栖动物。

　　形意拳经言："蛇者最灵活之物也。其性能有拨草之巧，有缠绕之能，屈伸自如，首尾相应。取诸身内，为肾之阳，用之于拳，能活动腰力，通一身之骨节。故击首则尾应，击尾则首应，击身则首尾相应。其身有阴阳相摩之意，因蛇之灵活自如，故拳之命名为蛇形。"在中国传统武术的传承中，有很多拳种都以蛇为名，如南省有"蛇拳"、北省八卦门有"蛇形掌"、形意门有"蛇形拳"，等等。另外在武术招式中也大量出现蛇的称谓，如：白蛇吐信、金蛇盘柳、白蛇缠身、蛇缠手……"蛇形拳"是形意十二形拳中一个重要拳路，历来受到形意拳家的珍视。他们也称"蛇形拳"为"蛇形手"，并对这一招式相当看重。很多形意拳家，把这一招式作为散打实战中的常用手法使用。

邵长印老师的"白蛇双吐信"和"蛇缠手"

在形意拳蛇形手用法上，我的几位形意拳老师中，邵长印（我的族叔，他是唐维禄和张景富的再传弟子）和吴桂忠两位老师对我传授的较多。长印叔传我的是"白蛇双吐信"和"蛇缠手"。

（1）如在两人交手中，对方用左手击我胸面部，我先以左手从其来手外环接手拦截，并向下采带，同时出右手击敌胸面，敌若接我右手，我之左手可迅速返回穿击敌面部，此招即为"白蛇双吐信"。

（2）"蛇缠手"的用法是：如交手中，对方以其右手击我胸面，我可用右手从对方来手之外环缠绕其手腕，并向我左侧下方采捋之，同时以我左手击敌面部，敌若接我左手，我可迅速以右手抽击敌裆腹肋部。（图18、图19）

图 18　蛇缠手

图 19　蛇抖身

　　以上两个招式的用法，只是就招说招，实际应用时，不可死按招式不知变化。招是死的，人是活的，要知道交手的秘诀就是一个"变"字。与人交手没有固定招式，你事先设计好的招式，往往在交手之中使不上。交手时不是你想怎么打，而是你看对方怎么打，一切都是随招就势，顺势而变。前辈老师称此为"见子说话""要啥给啥"。比如前面讲的"白蛇双吐信"一招，可以变成"穿手"式或"猴形手"，八卦门也叫"单换掌"。有了更多的变化，招法的灵活性就多了，胜数也就大了。

　　过去练太极拳时，常听师父讲，太极拳的基本手法是顺逆缠丝，基本战术是顺势借力，引而后发，讲听劲、化劲。学了形意"蛇形拳"，觉得这顺逆缠丝，顺势借力并不是太极拳的专利，感觉这古老的形意拳与人交手时，一样重视听劲、化劲；一样重视借力打人。而且它更重视阴阳生克变化。交手时看似刚猛，却柔在其中，走转之中虚实莫测、闪展腾挪，往往使对方防不胜防，处处被动挨打。

张兰普老师的独特蛇形拳

　　唐山赵各庄矿的张兰普老师是我跟的时间最长的师父，他老人家在20世纪70年代也传过我一套形意蛇形拳。

　　这是一套很独特的蛇形拳，张老师传的这套拳身法极妙。练习时从三体式起式变蛇盘步，然后上步走一个蛇形手，再上步走一个穿手，然后走一个"白蛇缠身"（好像八卦掌的背身掌），转身360°后紧跟再走一个蛇形手，这是一组。然后再向另一个斜角打第二组，这样左右斜角反复演习。回身后打到原来起式处再回身收式。

　　据当年张老师讲，他的这套形意蛇形拳是由河北省固安县的名拳师郭孟申先生亲传。张老师在20世纪五六十年代曾多次请郭孟申先生到其古冶赵各庄矿的家中教拳，张老师晚年的太极拳、八卦掌、形意拳都是宗郭先生的练法。

吴桂忠老师蛇形拳的三步练法

吴老师教我练蛇形拳分三步来练。

第一步是练定步蛇形，下盘步法很简单，就是一个蛇盘步。如以左三体式起式，前脚（左）原地外摆，身体向左拧转45°，随之身体下坐成半盘步，同时右脚跟离地，以右脚前掌着地。同时两手臂左上右下于胸前交叉，左手伸向右脸外侧，内旋手心斜向上，右手外旋下插至左胯外侧，手心向左后侧，右手小臂尺骨一侧紧贴左腹肋部，眼看前方，此式为第一式。第二式，右脚向右斜角前进一步，左脚不动，成右三体式，随之身体向右转90°面向右前方，同时右手向前抖出（内含抽、擢、挑、撩之劲），虎口向上，手指向前，高与右肩平，同时左手下落向左后反手撩打，手心向左后下，手指向前，位于左胯外侧偏后。眼看右手前。以上是蛇形右式的两个动作，蛇形左式与右式动作相同，唯方向不同。按这两个式子左右轮换向前打，打多少可根据场地和个人情况而定，回过身来再打到原起式处回身收式即可。这是初级练法，主要练下盘腿劲，蛇盘步要求不能全盘（全蹲），也不能高盘，要不上不下地盘，这样练很吃功夫，也是为下一步练活步打好腿功基础。这个练法不要求发明劲，要练含而不露的暗劲，主要是练意，用意找好气、劲、身法、步法的协调点。简单地说，就是用意识找准劲（内外合一的整劲），其中手法、步法两个方面都体现一个简单、自然顺畅，此时不讲用法，只讲练法。

经过一段时间的练习，师父看你已基本掌握了动作要领，外形上也基本通顺了，开始教你第二步练法，即跟步练法。这种练法与第一步的盘步（定步）练法基本一样，只是在步法上改为跟步，就是在第一式盘步后，右脚向前上一大步后，左脚随之跟上半步，重心仍偏于后腿，成三体式。上盘打法加一个缠手，即左三体式起式后，右手从下向上伸至身前外旋走一个小缠手，然后下划至左胯外侧，同时左手在右手前伸时划至胸前，然后从右手上伸至右脸外侧，此时两腿是盘步，两臂交叉与第一步练法的第一式完全相同。然后右脚向前上一步，左脚跟进至右脚后约 30 厘米，同时右手臂向前抖出，手指向前，虎口向上，高与肩齐，同时左手划至左胯后，掌心向下。眼视右手。

　　第二步练法要求打出明劲。通过第一步盘步练法，习者已基本清楚了蛇形拳的劲路与发力点，并且经过五行拳的内功训练，丹田内气也很充实饱满了，不能再含而不露了，要打出一触即发的既快捷又脆崩的拳劲来。蛇形拳的第二步跟步练法非常重要，这是由静而动、由慢而快的练法。也是由定步到活步的过渡练法。在练习这步功夫时可以辅助练习蛇形单操手，有时间多练单操手，对增加拳劲，以及内脏抗震力、身体爆发力都有一定功效。单操手虽是辅助功，但也是必练之功，因为通过单操手，可以使你能尽快适应由于拳劲的爆发、震荡而产生的对内脏及大脑的影响。

　　蛇形拳的第三步练法是活步练法，即行步练法。蛇形拳的行步练法也是走的"七星步"，关于"七星步"练法，前文已有详细介绍，这里就不再赘述。

　　行步蛇形拳的最大特点是刚柔、虚实变化比较突出。行拳时在轻柔缠绕之中，突然伸展抖发，身盘臂绕，瞬间惊弹，充分体现了蛇的盘绕屈伸、灵活突变之能。蛇虽无足，但它不论是在水中还是在陆地上都能飞速前进，靠的是身体的曲折舒展，不停盘旋，此物一旦受到侵害，会迅速从头、尾、身不同点发力攻击敌方，非常厉害。

练形重在势顺

　　形意拳是象形拳，但我们不是机械地模仿。老辈人讲学习形意拳，主要是象其形、取其意，我们对蛇形拳的感悟，主要是学习蛇的机敏灵性。蛇之运动虽然是曲曲折折，但是它全体贯通，一动无有不动，行动非常灵活自如。

　　2006 年春天，我应师弟林乃平之邀到江苏盱眙县做客。白天师弟上班，我就到离他家很近的一座叫"宝积山"的小山上练功，此山南坡下就是淮河，山不高，大约有 300 米，满山郁郁葱葱长满绿树。山顶上面积也不大，东西长不足 300 米，南北宽也仅六七十米的样子，山顶风光无限，东面崖上可以看日出，西边崖上可以观淮河夕照。山上四周全是各种树木笼罩，认识的有槐树、松树、桑树……据上山的老人讲，此处曾有一座尼姑庵，可惜后来毁于战火。盱眙县城依山而建，城中有十座小山，山山有庙，真可谓"山不在高，有庙则灵"。

我在山顶中间一处凹地（尼姑庵遗址）清理了一块地方，每天到这里练功，周围绿草茵茵，野花遍地，非常幽静。我在此处打了半个多月拳，对蛇形拳有了进一步的感悟。行步蛇形拳打法与其他各形有所不同，打此拳时要求在身盘、步行、臂绕之中突然发力，将己身之力整体抖发出去。外形动作和内功基础要求都非常高。如果没有旷日持久之功，很难领悟、掌握此技之精奥。

在"宝积山"上因为没有外界干扰，我每天练功非常投入，可能也是得益于此处天地之灵气，所以，我虽然只练了半个多月拳，却大有收获，每天练功灵感自出，精气特别饱满，练起拳来身轻气爽，劲力浑厚，心旷神怡，身心都得到了一种超凡脱俗般享受。盱眙归来，好长时间我一直在体味着在"宝积山"上的练功心得。我觉得练习蛇形之真谛在于"意静、心空、气顺、神舒"，有了这八字真诀，练功才会有事半功倍之效，才会达到健身养生之目的。正像古谱所云："练之形势顺，则能起真精补还于脑，而神经充实，百疾不生。形势逆，则身体亦不灵活，心窍亦不开朗，反为拙气所束滞矣。"先贤所论乃至理明言，我辈当深悟之。

熊形拳

　　张鸿庆是李存义的嫡传弟子，受李存义影响颇深，张鸿庆艺成后也在津门单独办过武术馆（天津第 25 国术馆）。从张鸿庆的教学和传下的东西看颇有李存义的遗风。张鸿庆的教学特点是系统、规范、实效。

　　很多形意门拳师教人，开始时怎样练，几十年过去了还是那个练法。而张鸿庆的东西，每套拳都有几种练法，拳路结构不变，但手法、步法、身法却都由简入繁，由浅入深，引人入胜，让人越学越想学。张鸿庆传的形意五行拳、十二形拳，初学时基本上是在一条直线上往复练习，待熟练以后，步法行进的空间、角度就大了。前辈老师讲：本门五行拳是练气、练劲，十二形拳主要是练形、练意、练神，都有多种练法。以劈拳为例，初学先练定步，要求慢练，主要是规范拳架，循规蹈矩。然后练调息摸劲（练暗劲）。有了一定功底后，可练跟步、练整劲（练刚劲）。然后在此基础上进一步练步发劲。最后练行步（练化劲）。

形意十二形拳练习时，拳家吸取自然界十二种动物，即：龙、虎、猴、马、鼍、鸡、鹞、燕、蛇、鲐、鹰、熊的灵性，激发人的身体潜能。形意拳的宗旨是象其形、取其意，并不只是一味地模仿动物的外形动作。如今人类的进化得离自然环境渐远，从某种意义上说，人类越来越多地失去了作为一般动物的那种天然野性及适应自然环境之能力。而形意拳的锻炼，是要从生理上、精神上挖掘人的潜能，从而使修炼者能更好地适应自然界的变化。

形意拳的练法很有意思，你不能说某个式子就是模仿某种动物的形态，可是当你打出一个形，其形、其内涵所孕育的东西，你想象中的那种动物的形态、神韵尽在其中。张鸿庆传下的熊形就是这样一个形。熊形在形意门一般传授的是鹰熊一起合演的，所以说形意虽有十二形之称谓，但一般只练十一个形，因为熊形很少有单独演练的，就是少数传人有这个东西，也只是作为单操练一个单式而已。

张鸿庆传的这个熊形有三个基本式子，即熊取物、熊踏水、熊擞毛。这三个式子分开来可以用单个式子练，合起来两个、三个式子串起来练也行。单练时可以身形转动、两脚不动原地练；也可以原地换步练；也可以前进后退、左右旋转地练；还可以转身 90°、180°、360° 地随意转身练。在此基础上，手法、身法也可以随势增加动作配合下盘步法增加难度练。其理正如老子所论："道生一、一生二、二生三、三生万物。"生生不已，变化无穷。

图 20　熊取物

1. 熊取物

就是两掌轮换向前探掌。在形意拳里，这个动作近似穿掌、白蛇吐信（图 20）。

2. 熊踏水

就是两脚轮换地踩踏，同时两手分别上撩下翻（图21）。

3. 熊撒毛

练的是人体的整体抖动。其要诀是以丹田为核心，松动腰胯，带动全身的抖擞，其势如同黑熊出水上岸后，突然抖动身体，毛发张开，浑身震颤，其势雄伟（图22）。

图21　熊踏水　　　　　　　　　图22　熊撒毛

熊形的三个式子技击性非常强。练习熊形是取熊的憨厚之态、凶猛内涵。熊形练习看似动作缓慢笨拙，但内涵雄（凶）劲十足，行动起来一招一式，身摇膀晃不失沉稳、浑实之内劲。

熊取物的技击含义，既可以进攻也可以作为防守招法，攻击要点在对方的上盘，如穿喉、戳目。若对方攻击我上盘，也可以作为化手，划拨对方来手，而且可以边化边攻，即化即攻（打）。

熊踏水，用意侧重于进攻。进攻点在敌方的中盘和下盘。如对方上边来手，我可以用一只手拦拿，用另一只手下踏、掖打对方肋、腹部。也可以上边接手后，下边用脚踩踏对方肋、腹、胯、膝、胫等部位。

熊擞毛是锻炼形意拳的高深功夫，练习此功需要有充盈的丹田内气。与人交手若手脚部都被对方买（封）住，我可顺势贴紧对方，此时可运用此功，丹田抖绝全身一颤，一紧一松，一惊一乍，突然爆发，也能将对方抖弹出去。此劲的主要来源在于龟尾（即尾椎）之急剧转抖和丹田之内气的蓄聚吐发。但也不能脱离三节合一、四梢齐起、五行俱闭、六合为一的要领。

熊形好学难练，要想学好此形，需要有明师点化和自己的悟性。平时练习可先多操练单式，待单式练熟了，再进一步组合练习，然后再配合多种步法的练习。练习此形可不拘场地，大小场地均可随意练习。所以平时若有时间，随时随地即可演练。熟能生巧，巧能生绝。熊形练好了就是一套小八卦掌，练活了就是变化莫测的盘身掌。

拳是死的，人是活的，练习传统武术不要老琢磨改老师的东西，应当在揣摩前人拳艺之内涵上多下功夫。多向前辈老师诚心求教，多与同门切磋研讨，还要肯下苦功修炼，如此日久，定能有所成就。

摇
法

由于历史的原因，几十年来很少有拳家公开传授薛颠的拳。

我第一次听到薛颠的大名，那还是四十多年前的事。记得那是"文革"前一年冬天，我的表兄带我去见他的一位同事，说这位同事也是一位喜爱练武的人。这位同事叫秦向贵，家住汉沽秦家台街，那时年龄大约有 50 岁，个子很高，脑门很亮，有些谢顶，好像在汉沽盐场上班。那天晚上，我的表兄和秦师傅谈得最多的是形意拳，他俩连说带比画谈得非常投入。他们的谈话，给我印象最深的是：秦师傅的形意拳是跟他哥哥秦向臣学的，而秦向臣的拳又是跟天津县国术馆的薛颠先生学的。秦师傅说，薛颠的形意拳打法，劈拳是打翻肩背，打出三体式后，前手抓回至腹侧与后手同时走一个像系带子的动作，然后出拳时斜肩带背。秦师傅给我表兄讲薛颠的形意拳用法，还教了我劈拳练法。

摇橹法与抖绝

图23　与吴桂忠老师合影

图24　褚广发先生像

那次谈话之后，表兄特别主张我跟秦师傅学拳，但那时我比较看重的是少林拳，对这话就没有特别上心。后来我下乡到了东北，这事就搁下了，可那次与秦师傅见面留给我的印象，几十年后依然清晰深刻。没有想到的是，四十年后，薛颠的拳又进入了我的生活。

几年前，我买了一本薛颠的《象形拳法真诠》，吴桂忠老师知道了此事，对我说："你有薛颠的书，那好吧，我就把薛颠的《象形术·五法》传给你吧。"这样，我因书得法，学了薛颠的五法（图23）。

吴老师教的这套象形术五法，是他的老师褚广发传下来的（图24）。

褚老师的五法，是当年在天津县国术馆由薛颠亲自传授的。褚老师年轻时拳练得好，功底深厚，尤其身法奇妙，武林称号"褚燕侠"，深得尚云祥、唐维禄、张鸿庆、傅昌荣、薛颠几位大师垂爱，因而也得到了这几位大师的绝技亲传，如唐维禄的形意拳多种练法，张鸿庆的龙形八卦掌、形意拳内气法、暗劲打法，尚云祥的单操法、子龙十三枪，傅昌荣的大杆子功以及薛颠的象形术五法等。

　　吴老师与其在汉沽的三位师兄（李西安、董玉茂、张次珍）得到了褚广发老师的五法传授后，一直珍秘不外传。吴老师一生谨遵师训，淡泊名利，终日以练拳自娱。平日虽然也对一些问拳的后生给以辅导，但大多数是给说说现在社会上流行的国家规定的太极拳套路练法，对传统拳术功法则是三缄其口，不愿多讲。他老人家的理念是，讲给你也没用，你下不了那个苦功，说了也是白费劲。也许是人们常说的那个缘分吧，当我跟吴老师学了几年形意拳后，老人家又把薛颠的五法毫无保留地传给了我，对此有些人不解其意，吴老师对他们说："我传给了义会，是因为他学了我的东西知道珍惜。你们如果能像他那样痴迷练功，我也可以传给你们，可惜你们都做不到呀！"当我听到别人讲给我以上吴老师的一番话，我内心非常激动，从吴老师的话语中，我听到了老一辈人对传统武术的珍视，以及对我们后辈传人的期盼。直到今天，吴老师的话仍时刻鞭策我用功不止。

　　薛颠的《象形拳法真诠》一书关于五法的介绍，从理论上看得出的确与形意拳有很深的渊源，但从练法上看却风格各异。形意拳虽然外形比较简单，但若细论还是有一些细节（小动作）的；五法却不然，这是一套简单得不能再简单的拳，可以说五法只有大动作没有小动作。五法与形意的五行拳有异曲同工之妙，所以说学过形意五行拳的人再学五法是很容易上道的。书上的东西太过拘谨（因为是对初习者而言），不可能把拳术的内涵完全表述出来，所以习者只有经过师父的言传身教才可能有所感悟。五法和五行拳有一个共同特点，那就是要求学者从看似简单的拳式动作中去寻求那不简单的拳意内涵。另外这两种拳还有一个不同点，五行拳像工笔画，严谨入微；而五法却好像中国传统水墨画的大写意，抽象朦胧。

吴桂忠老师的不同"摇法"

　　在褚广发先生传五法中，"摇法"有别于其他四法，区别主要是在步法上。其他四法，步法行进路线都是走斜线，只有"摇法"是走直线的。

书上的练法是薛颠写给初习者的范例，所练步法是两步一组，手上的动作也比较清晰，总之，学起来比较容易。

吴老师教我的"摇法"与书中所述略有不同。开始，无极势站定，稍停，左足向前迈一步，右足不动，重心在后；同时双手极力前伸至身前，左手在前，右手至左腕下，手心均向上（此为无极接手）。上式略停，右足不动，左足前迈半步，足尖略外展，同时左手内旋，右手先内旋再外旋，双手呈阴阳裹抱之势经胸前向左弧形捋至左胯旁，右手胯前，手心向上；左手胯后，手心向下；两膝微屈，身拗胯坐；目视右前方（图25）。沉气蓄势，左足不动，右足向前迈一步，重心在后。同时双手从左胯旁向右前方极力伸出，手心均向上，眼看手前。此为摇法左式（图26）。

上动不停，右足向前半步，足尖外展，随之双手呈阴阳裹抱之势经胸前向右弧形捋至右胯旁，左手胯前，手心向上；右手胯后，手心向下；屈膝坐胯，头顶身拗。目视左前方（图27）。上动不停，左足向前迈一步，右足不动；随之双手由右胯侧向左前方极力伸出，手心均向上；眼看手前。此为摇法右式（图28）。

图25　摇法左式一

图26　摇法左式二

如此反复操演。回身左右均可，如左转身，当右足在前时，右足向左足旁回扣步，成大斜八字步（图 29），身向左转，随之左足向前迈步，足尖外展，两手随转身阴阳裹抱合力向左弧形捋至左胯旁，目视右前方。动作与前式相同（参阅图 25），唯方向相反。右回身同此法，拳打到原起式处再回身，收式。

图 27　摇法右式一

以上为定步练法，在我"定步摇法"练熟后，吴老师又进一步教了我行步摇法。步法是三步一组，还是直线前行，行步摇法的特点是：手晃身摇左右摆，势势相连不停步。与定步摇法不同的是，上盘动作在身体左右摇摆的大势下，后手前探有

图 28　摇法右式二

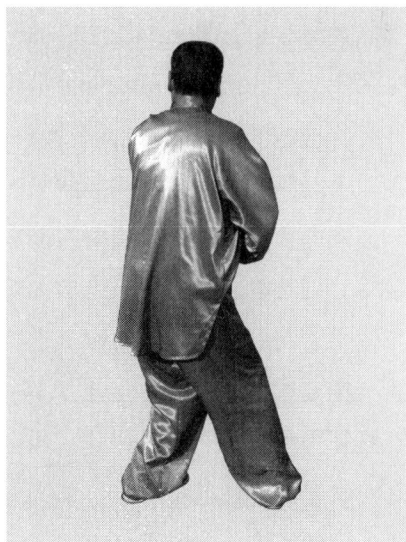

图 29　摇法回身式

一个晃的动作，这个晃的动作很朦胧，实战时可以变化成缠手、掸手、蛇形手等招式，这种变化全靠个人的灵动，一晃之瞬间也可以变成虎形手。这只是一个瞬间，即演化成向左右划摆，极像用一只木桨左右划动小舢板，就这一划，此时招式很像形意拳的"鹰捉""懒龙卧道"，这是一个大势，用之得法其中踢打摔拿都有了。上动略停，即上步向前，同时双手向前托起，这其中又可变化成形意拳的虎托骀形手了。

摇法的变化

　　五法与五行拳不同，五行拳练的是功夫，而五法练的是技艺。五法就是用法，是伸手就有的东西，一伸手就可以打出蛇形、虎形、鹰捉，也可以打出吸手炮。一伸手就有拿、有打、有摔，这全是意象。练有练法，用有用法，"运用之妙，存乎一心"，五法就是用法，但总体是讲巧打。一般以步法、身法的走化为主，不以发力见长。

　　但"摇法"有所不同。吴老师教我时说褚老师当年教"摇法"，还教了一个抖绝的练法，就是拳式中那个近似形意拳虎托的动作。这个动作有两种练法：一种是练发力，另一种是练手法变化。练发力时不管你是练两步一组，还是练三步一组都可以发力练，这个发力，褚广发师爷叫抖绝。这是个极具爆发力的动作，发力时气沉丹田，双脚踏实，头向上顶，腰挺胯坐，丹田抖动，两膀叫力，两手臂向前突然抖发。实战中这一招式的直接用法是：当对方以右拳击我胸部，我可用右手缠拿对方右手腕，同时以左手拿住对方右大臂下方，顺势向我身右后方采捋之；对方受力若向后退，我即可顺其退势上步，同时双手向前抖发其臂。其中第一招走缠拿时，两手暗含抓筋拿脉；第二招抖发时，暗含分筋错骨。这些都是薛颠书中没有讲的东西。习者练时可以慢慢从中体悟，但不可随便试手，免出意外。

　　第二种练法是练手法变化。这种练法是在步法不停的走势中变化的手法，近似形意拳的行步拳练法，步法活，但手法不像形意拳那样循规蹈矩，手法的变化和身法的变化都很活泛。特别是手法的变化，前面讲了它一动就能变化出不同招式来，用于交手会使对方有变化莫测的感觉。这种练法在步法上强调的是连贯性，要求手法、身法、步法在不停顿中走转。练习"摇法"，我的体会是要多注重身法的变化，如果把握好身法的变化，那么手法和步法的变化可以不用特别去着意。练到纯熟，在身体的一摇一摆之中即有所得，手法的变化也在其中了。

五法的共同特点之一，都是走大身法。这种大身法变化要求腰胯部运动幅度大，加之运动中丹田内气的收缩鼓荡，对腹部内各种脏器无疑起到了良好的按摩作用，对加大腰腹部肌肉力量、提高胃肠道消化系统功能、改善肾脏功能、刺激性腺激素增强生命之活力，都会收到意想不到的良好效果。

褚广发先生传下的象形术五法，还有一个不同于《象形拳法真诠》一书的明显特点。书上的东西是便于初习者学习，所述身法、步法、手法都是一板一眼的，这样编排，刚入门练习可以，若长久那样练，肯定不行，不会长功夫。这就像小孩子学走路，会一步一步蹒跚走了，而后就要练习大步走、快步走。学拳也是同理，五法的高级练法是在步法的转换上，步法一定要活，步法的变化要和手法、身法、气法高度协调。手脚相合、神意相合、内外相合，这样练下去相信象形术五法的神韵定会上身的。

初习五法可以一法一法地练，练至纯熟可以把五法串起来演练，薛颠的书中称其为"五法合一连珠"。薛颠讲："五法分演谓之辟，合演谓之阖，单习谓格物，合而谓修身。单习不熟，且莫合演，因内中神化难得贯通一气。且拳法贵乎一气呵成，不可中间断意。五法合一演习，势如连珠箭，不论地址大小皆可为之。小者，用八字步进退、转身；大者，飞行九宫之步，使之游身化影、缩身藏形。其大无外，其小无内，狭小之地，且不觉其小，方圆宽大之处亦不见其大……依图悟象形，神妙禅机，点穴妙法，剑术神化，诸器械应用，无不含藏其中，知此术可以通神明矣。"功夫练到此程度，就可以变化无穷了，正所谓"无法立法，有法忘法，无法即法"，以术修道，乐在其中。

单操手法

刀削手、掸手
蛇形手、对拉弓

虎形手、马形手
马形炮、鲐形手

穿手、沾衣抒袖
猫洗脸

五行手

练拳者人皆尽知，打拳是要用力的，有的拳式还要随着拳套安排发出强力、爆发力。但是由于人的体力限制，我们不能把拳套中每个拳式动作的力都充分发出来，如果那样用劲练拳，时间长了任何习练者的身体都将会受到损害。

因此自古以来，很多拳家都会在坚持操练拳架的基础上，拿出拳套中一些适合自己的拳式单独进行操练，此即所谓"单操手"之由来。

说到形意拳，有人要问形意拳有多少单操手，这个问题不好回答。前面讲了，练用单操手是因人而异的，笼统地讲，形意五行拳、十二形拳中主要的拳式都可以单独拿来作为单操手法训练。但是这要看每个习练者的选择了。具体地说，当你与别人交手实战时，经常善用的那些手法，即可以单独选择拿出来强化训练。任何技法经过千万次的反复操练，最简单的招式也有可能成为你最厉害的杀手锏。

　　话说回来，我们练习单操手还是要结合平时练习拳套来选择为好。比如说我们练习形意拳的人，每天必练五行拳，这样"五行手"就应当是我们熟练应用的。十二形拳虽然我们平时不见得每天都练习，如果其中某些形你特别喜欢，那么也可以把这些你喜欢的式子拿出来经常练练，练熟了不也就成为你的绝招了吗？

　　所以说，所谓"单操"，就是缺什么，练什么；什么不足，练什么。先贤有言："要在单式中反复习练，使自己做到'要哪儿有哪儿，浑身无不是处'，便是功夫"。

　　前面讲了，练习单操手一定要跟练习拳架相结合。练单操手要有桩功、拳架的基础，这些基础给予我们无穷的底蕴，是单操手的源泉。另外，单操手还要与散打实作结合好，说白了，我们练习单操手的最终目的，还是要用在散打实战上。当你把选好的单操手练到熟之又熟，几近自动化程度了，那么与人交手时，就会伸手就有，真的要哪儿有哪儿了。

师友相从气义同

　　学习单操手要诚心向老师学习，只有尊师重道的学生才会得到老师的真心传授。另外也要虚心向有造诣有功夫的同道师友请教，"各家有各家的高招"。

　　记得四十年前我刚从黑龙江农村返城，分配到一个化工厂上班。刚上班时，同车间一位姓李的师傅也是练武的，当时这位李师傅比我大十几岁，他听别人讲我的功夫不错，有点不相信，总想找我试试手。后来他通过我的工长捎话，要跟我比画比画。我当时二十多岁，血气方刚，什么都不怕，听说有人要和我试手，我就答应了。一天下班后，我们就在厂里一间旧工棚里比画上了。不比不知道，一比吓一跳。与人家一交手，我才知道自己的功夫与人家不在一个层次，根本不是人家对手。我不得不对李师傅的散手功夫表示钦佩，李师傅也对我的拳术功夫表示欣赏。

不打不相识，从那以后我和李师傅交上了朋友，这位李师傅也可以说是我的半师半友吧。李师傅也是自幼习武，而且他是痴武成癖，酷爱散打，不惧强手。后来他对我说，他的散手功夫得到过唐维禄先生的弟子董佩庭老师的亲传（董老师是汉沽人，武林绰号"董胳膊"，擅长散手。20世纪70年代退休后常住天津和平区，常在天津黄家花园与人试手，从无对手）。李师傅后来和我很投缘，那时他上常白班，我上三班倒。每次轮到我上白班，李师傅都下班后先不回家，在厂里等我交班后，带我到他们工段的工棚里练功，主要是打散手。

我们从夏天一直打到入冬，这期间我虚心向他请教散手的技法。李师傅跟我讲，练散手也要系统地学，也要在练好拳架的基础上再进一步学习散手。学拳是基础，学散手是应用，二者相辅相成。他说，你五行拳打得再好，没练过散手，你的劈崩钻炮横一个也用不上。但是要想打好散手，开始一定要学习单操手和各种实用步法。

这期间李师傅毫无保留地把当年董佩庭先生传授给他的形意单操手法都传给了我。李师傅教我的单操手有：刀削手、掸手、蛇形手、双拉弓、掖掌、五行手、虎形手、骀形手、马形手、立桩手、猫洗脸、穿手、白蛇吐信、沾衣捋袖等。

单操手练用法

下面将上述各单操手练用法简述一二，仅供参考。

1. 刀削手

练法：此式亦称"刀手"。练习时站定左三体式，然后左手臂逆缠外开，左手开至左额外侧，手心向外，臂呈弧形；不停，手臂再顺缠里合，手心向上，向面前横削，力到小指一侧，坠肘，手臂不可伸直。目视左手。上动略停，左手臂再向外开，然后再向胸前横削掌，如此连续操练，左右式可以轮换进行。

要求：操作时要用整体劲，如左手外开时身微左转，向里侧横削时身微右转，以腰胯转动带动手臂的开合运转（切忌单耍胳膊劲）；外开时吸气，里合时呼气。

用法：如对方以右拳正面击我头面，我以左手臂从其来手里环拦截，向外开其手臂，随即快速变向，手臂旋转里合，以手掌小指一侧用力削击对方颈项。

另，此法也是主动进攻之法，如我与对方交手，我可用两掌连续、连环、快速削砍对方颈部，故名"刀手"。

2. 掸手

练法：左三体式站定，左手腕里折，然后突然向前抖腕，手指斜向前，虎口向上，高与口平，力到掌背，右手位置腹右侧。目视前手。上动不停，左手腕再折回，然后再向前抖发，如此反复操练。

此式练习时，可以一手反复操练，也可以两脚不动，左右手轮换连续向前抖发。

要求：练习时手腕、臂的抖动要靠腰胯的左右微动、重心前后的移动（两脚位置不动）带动，手臂要有一定弯度。沉肩坠肘，气沉丹田。

用法：如对方以左手击我胸部，我即以右手从其来手臂外环拦截下压，同时我快速出左手向前抖弹对方头面。对方若拦截我左手，我速出右手掸击对方胸或头面。

3. 蛇形手

练法：左三体式站定，身微右转，重心后移，身略下坐，随之两手臂左右相交合抱于胸前，右手臂在上，右手伸至左肩前，手指向上，手心朝外；左手伸至右胯后，手心朝后。吸气蓄劲。目视身前。略停，身微左转，随之左手臂向身前抖出，呼气，虎口朝上，指尖向前，力达小臂前部，高与胸齐；同时右手撤至右胯后，手心朝下。目视左手。略停，重心后移，左手收回与右手臂再相交合抱于胸前，然后身微左转，左手臂再向身前抖发，同时右手仍撤至右胯后。依次反复操练。练习时可以左右式轮换进行。

要求：练习时以腰身旋转，丹田内气催动，带动手臂向前抖发。此动手臂犹如一根鞭子，甩出去要又软又硬。

用法：如对方以右手击我胸，我即以右手从其来手臂外环接手，向我身右后采捋其腕臂，同时我速出左手抽击对方腹肋。

4. 双拉弓

练法：习者马步站定，两手从身两侧托至胸前，手心朝上，吸气蓄劲；略停，两掌下翻手心向下，突然向身两侧横撑抖臂，呼气发力，两掌高与腰平，力达小臂尺骨一侧，两臂呈弧形，目视身前。略停，两掌上翻，手心向上，收至胸前。稍停，两掌下翻，手心向下，再快速向两侧横抖。如此可反复操练。

要求：两手臂向两侧发力，要有横撑之劲。抖臂时要先抖动腰身，由丹田内劲催动两手臂的抖颤，内外要形成一个合力。

用法：假设有人突然从身后抱住我腰身，我要立即缩身坐胯，同时两手臂随缩身微向里合，然后两手臂突然外撑，腰身一抖，可将身后人抖出。

5. 掖掌

练法：两脚横开一步，略比肩宽，立定站好。重心右移，随之左脚收至右脚内侧不落步；同时左手提至左胸前，掌指朝上，掌心向里。上动不停，左脚向左侧横跨一步成半马步，重心略偏右；同时左掌下翻，随左脚跨步向身左侧横击，掌心朝下，手指向前，力到小指一侧，掌与腰平。右掌位置腹右侧，掌心朝下。目视左手。

上动略停，重心左移，右脚收至左脚内侧不落步，随之右手提至右胸前，手心向内，掌指向上。不停，右脚向右侧横跨一步成半马步，重心略偏于左腿，同时右掌翻掌向身右侧横掌击出，掌心向下，力到小指一侧，高与腰平。左掌收至左腰侧，掌心朝下。目视右掌。

要求：此式操练时是左右连续动作，向左掖掌身向左转，向右掖掌身向右转。手、脚、身动作要协调连贯，不可断续。掖掌时，两胯要松沉，腰要下踏，两臂要撑圆，气要下沉。

此式练熟后可以练习活步操法，即两脚开步站定后，左脚向右脚前扣步，身向右转90°或180°，随之右脚向右侧横跨一步成半马步，随之右手向右侧横击；然后右脚向左脚前扣步，身向左侧转动90°或180°，随之左脚跨步左掌击出。

用法：设对方从我身左侧上右步出右掌击我胸部，我随来势收左脚并以左手从其来手臂外环拦截。敌若后退，我即顺势以左掌横击对方腹肋，同时可以左脚蹬踏对方膝足。

6. 虎形手

练法：两脚并拢立正站好，左脚向前上一步，重心偏于右腿，随之两手上提至胸前，手心向上，吸气蓄劲；略停，两掌内旋，掌心向前，指尖向上，然后双掌向前突发抖劲，呼气发力。目视两掌。上动略停，重心略后移，胯微下坐，随之两掌外翻，手心向上，收至胸前，吸气蓄劲。略停，然后再向前抖发双掌。如此反复操练。次数多少，根据个人情况自行掌握。此式可左右势轮换练习。

要求：两手出掌收掌要上下翻转而动。发力时重心前后移动、腰胯左右微动、丹田抖动、两脚蹬力，瞬间发出爆炸力。

用法：虎形手也称双劈、双推手。实战时如对方以双推掌推击我前胸，我可用双手从对方两手臂外环拦截其来手，我两手一接触对方来手，即沉气略下压对方手臂，以卸对方来劲，随之我两掌内翻突发爆炸力向前猛击对方前胸。

7. 鲐形手

练法：两脚跟并拢，身体斜向右45°站立，身微左转，随之左脚向前上一步，重心偏于右腿。随左脚上步，两手从腹前向前抖发，掌心斜向前，掌指斜向下，高与腹平。目视两手。上动略停，重心略向后移，身微右转，随之双手收至腹前，手心向上，吸气蓄劲。略停，身微左转双手再次向前抖发，呼气发力。如此反复操练。

要求：收掌聚气，松肩坠肘，塌腰坐胯，重心略后移，腰身转动，内气催动双手向前抖发，力达掌心。

用法：如对方上右步、出右手击我头面，我可向对方正面上左步，同时我左手从对方来手内侧拦截向外划拨，右手同时向右侧划弧。上动不停，我两手向外向下弧形划至对方腹前，然后腰身突然一抖，向前猛击对方腹部。

又如，对方上步用双峰贯耳的招法双拳击我两耳门，我可同样用上式手法迎击，不同的是此时我要双手臂皆用力，从下向上、向左右各划一圆圈收至腹前，然后突发抖劲，猛击对方小腹。

此一击用掌、用拳均可。

8. 马形手

练法：两脚跟并拢，身体斜向右45°立正站定，身微左转，左脚向前上一步，双手握拳上提至胸前，拳心朝下，然后双拳向前（略偏上）伸出。不停，再向下弧形收至胸前，再向前抖发，力到拳面，高与胸齐。目视双拳。上动微停，然后双拳向下弧形收至胸前，再向前抖发。如此反复操练，左右轮换练习。

要求：两拳臂前去回收要上下走弧形。收为蓄劲，出为发力，发力要由腰身抖擞、内气催动发抖力。

用法：如对方上右步以右拳击我胸，我左脚上步至对方右脚后，同时我两手从对方来手臂外环拦截，黏其腕臂，随对方来势向我右后采捋。敌若后退，我可顺其势突发弹抖之力，抖击对方手臂。

也可以拦截采捋对方击来右拳后，突发爆发力抖击对方胸面。

又如，对方上左步出左拳击我胸面，我身向右转，右脚向对方左侧上步，然后上左步至对方左脚后，同时我两拳臂从对方来手外环向下拦截采捋，然后突发抖劲击打对方头面。

9. 立桩手

一种练法：左三体式站定，身微左转，随之左拳臂外开，臂呈弧形，拳心朝外，拳至左额外侧。上动不停，身微右转，左小臂立肘里合至胸前，劲到小臂尺骨一侧，拳心朝里，拳高与鼻齐；右拳位于腹右侧，拳心朝下；眼看身前。上动略停，左拳臂再向左侧外开，然后再向胸前里合掩肘，右拳位置不动。

要求：要以腰胯的旋转带动手臂的外开里合，以内（内气）带外（外形），不能只单独摆动胳膊。

此式有另一种练法，如上式左三体式站定，重心略后移，随之两掌外旋变拳，左拳臂略向胸前回收，立肘，拳高与口平，拳心朝里；右拳至腹右侧，眼视身前。上动不停，重心略前移，随之左拳臂向前靠肘，立肘，拳心朝里，高与口平，劲达小臂外侧，右拳不动；眼视身前。然后重心再略后移，随之左拳臂回收，重心再略前移，左拳臂立肘前靠。如此反复操练。

要求：立肘前靠要以重心的前后移动、两脚蹬劲、腰身催动的整体劲向前发力。

用法：如对方以右拳击我前胸，我以左小臂尺骨一侧从其来手外环立肘格拦。拦截时手臂要有旋转劲。

又如，对方以右拳击我胸面，我以左拳臂从敌来手臂内侧向外撑开其手臂，然后我左拳臂迅速从外向里合击对方头面右侧。

再如，对方以左拳击我胸，我以右手下按对方左手臂，同时以左拳臂立肘向前靠击对方前胸。

10. 猫洗脸

练法：左三体式站定，身向右转 45°，随之左手臂竖肘向胸前裹肘，掌心向内划至脸右侧，掌指向上；右掌置于腹右侧，手心朝下；目视左肩前。上动不停，身向左转 45°，左掌下划至腹左侧，掌心向下；右掌上划至脸左侧，掌心向内，掌指向上，目视右肩前。如此反复操练。

要求：此式练习时，两脚不动，两手臂的左右拧裹划动，主要靠腰胯的旋转带动运作。

用法：猫洗脸一式主要是守势，保护自己的头面、胸部不被对方击打。但守中亦有变机，如对方以两手连续向我胸面进击，我即左右手向里划拨对方来手以化解对方进攻之势。所谓守中有变，即如果对方一侧进击之手稍慢，我向里划拨之手顺势向前反弹敌之头面，也可用横肘进击对方胸肋。

11. 穿手

练法：马步站立，两手于胸前交叉，向前连续穿击，一手前穿，一手回收。穿击时后手从前手腕臂下，拧转着向前穿，即由掌心朝下拧转着翻向上，掌指向前，高与鼻齐，劲到指尖。眼看前手。

要点：两掌向前穿击时，腰胯要活，穿左手腰向右转，穿右手腰向左转，以腰为轴带动两手左右前穿。

上式是定步操练法，也可以练习一种直行步的穿手操练法。练习时可以顺步穿手（上左步穿左手，上右步穿右手）；亦可以拗步穿手（上左步穿右手，上右步穿左手），不管是顺步穿手，还是拗步穿手，步法都是向前直线行步，转身时前脚扣步，回身继续前行穿手即可。

上式熟习后还可以练习斜行步的操练法，练习时与上式一样，可以顺步穿手亦可以拗步穿手，不同的是斜行步是走三步一穿手。

要求：行步穿手步法要连贯，手脚相合，坐胯塌腰蹚步前行，身体不可上下起伏。

走斜行穿手时要走出身形（左右微微晃动身子），步要斜，身子也要斜（身体侧面朝前）。

用法：穿手是典型的进攻手法，与人交手时，我可用穿手法正面穿击对方头面，不管对方接手不接手，我的穿击频率要快速刚猛，不给对方喘息机会。

斜行穿手是从侧面穿击对方的进攻方法。

12. 白蛇吐信

练法：两脚跟并拢立正站好，左脚向前上一步，右脚不动，重心偏于后腿。右手提至胸前下按掌，同时左掌从右掌上向前穿出，掌心朝上，指尖向前，高与喉齐，劲到指尖。右掌收至腹右侧，掌心朝下；目视左掌。上动稍停，左手收至腹前，掌心朝下；随之右掌划至胸前按掌，左掌从右掌上向前穿击。如此反复连续穿击操练。

另一种操练法，两脚站定，右掌向胸前按掌，左掌从右掌上向前穿出；不停，左掌翻掌，掌心向下，撤至胸前，右掌翻掌手心向上，从左掌上向前穿出。如此左右手交替向前穿出。

要点：向前穿掌要以丹田内气催动身腰、脊背发力，使内劲贯注到掌指，发出抖劲。

用法：设对方以左掌击我前胸，我以右掌下按对方来手，同时我上左步穿左掌击敌喉目。

敌若拦截我左手，我速以右手向前穿击敌之喉面，两掌连环出击，不给对方以还手之机。

注：此招为毒手，易给对方造成伤残，故知可知，用慎用。

13. 沾衣捋袖

练法：此式有单人操练法和双人操练法，这里向读者介绍的是双人操练法。练习时甲乙双方马步相对站立，双方间距一臂远，同时向前伸出左手，两手腕相搭。然后同时用力扣腕，向下向回采捋，右手位于腹右侧，手心向下，眼看左手腕。稍瞬两手松开各自收回至左腰侧；然后双方同时向前伸出右手，两腕相搭，扣腕向下向回采捋。稍瞬，两手松开各自收至右腰侧。再同时向前伸出左手。如此左右反复连续向前搭腕采捋。

要点：向前伸左手，身微右转；向前伸右手，身微左转；双手腕相搭要扣紧，向下采捋时，左手采身微左转，右手采身微右转。采捋时做到气沉丹田，塌腰坐胯正脊。

用法：设对方以左拳击我胸腹，我即以左手（卡子手形）向前搭在对方来手腕臂上，顺其来势拧腰坐胯，身微下沉，内劲贯于手指，突发淬劲，向我身左侧采捋敌之来手。搭手之时，能抓腕即抓腕，抓不着腕即抓衣袖，抓哪儿采哪儿。故谓之"沾衣捋袖"。

14. 五行手

五行手即指形意之劈、崩、钻、炮、横五行拳常用手法，此五行手法已在拙作《张鸿庆传形意拳练用法释秘》一书中有详解，此处不再赘述。

实事求是地讲，李师傅教我的这些形意单操手法，对我后来散手技术的提高起到了非常重要的作用。多少年过去了，一想起那段难忘的时光，我依然由衷地感谢李师傅。

散手入门练法

形意拳是一种重技击的拳术。过去学形意拳的人，一般学会了五行拳，就要学一些所谓的散手招式，与同门人或外门人进行"摸手"试招。我年轻时也是这样过来的，那时学了几套形意拳，就觉得可以了，像一只小公鸡似的每天总是跃跃欲试地想找人试试手。其结果是总被人打得鼻青脸肿。现在回想起来，那就是瞎打，毫无章法地乱打。后来经过师父的多次训斥，慢慢明白了些道理，沉稳了，也就不轻易与人交手了。再后来我接触了几位形意拳老师，他们给我讲，形意门的散打，不是你想打就打的，学拳这事是有章法的，拳是拳、技是技。学拳是学套路，练功夫；学技击是技艺，是实用技法。套路有套路的章法，技击有技击的章法。一切都要按规矩来，不能乱来。

关于技击（散手）的入门练法，我们汉沽的形意门内，一直传承着一种特殊的练功方法，即所谓"撕扒术"，也有人称"抓蛤蟆"。而在练习这个"撕扒术"之前，师父先要教两个推手功法（现在叫推手，过去不是这样称呼），过去的叫法一个是"推磨"，一个是"磨盘转"。

推磨

推磨就是推小石磨。这个物件，现在的年轻人是见不到了。倒退五六十年，在我们这一代人小的时候，常见到一般人家都有一个小石磨，用来推碾子磨粗粮。这小磨是两个直径四十多厘米、厚度十多厘米圆形的石盘子，用时两块石盘子上下扣住，相合处都有条形刻槽，下方的磨盘中心有一个凹槽，上方的磨盘中心有一个脐槽凸出，两方磨盘上下相合时，脐槽正好扣在凹槽里。另外上方磨盘顶有两个孔，推磨时一个孔往里添粮食，一个孔安个立柱，推磨时操作者一手扶住立柱从外向里推转小磨，另一只手随时向另一个孔里添加粮食。

我们这支形意门就是模仿民间推小磨的动作，练习推手功法。练习时甲乙双方相向站定三体式，然后双方各以一只手腕相搭于身前，另一手置于腰胯外侧，手心向下。操作时双方像推小磨一样，你来我往来回推转。

要求：

（1）推转时要慢，用劲要均匀，不要使强力。互相摸（听）着劲推转。动转要划平圆，不能出硬角。

（2）推转时虽然是手臂在推转，但实际是由腰胯主轴带动手臂的运转。整体运作。

（3）推转时两脚不动，但随着身手的运转，两腿的重心要随着身体的动转而推移换位。

（4）练习时，两足、手要轮换练习。

这个推磨法看似简单，但要练好也不容易。双方经常研习揣摩，可以从中体会对方的劲路变化，并根据对方的变化合理调整自己的劲道，练习知己知彼的功夫。这个功法也可作为健身娱乐方法经常练练，很有好处。

磨盘转

有了推小磨的功夫，下一步就可以学习磨盘转的功法了。这磨盘转其实就是推小磨的升级版。推小磨是两人步子不动，原地推转；磨盘转是两人手腕相搭，以搭手点为圆心，沿圆圈走转。

要求：

（1）走转时两人各伸一只手，两腕相搭，手指向上，手心向前，另一手置于前手肘内侧，手心向外，指尖向上。目视相搭之手。

（2）走转时，屈膝坐胯，腰要塌，臀要溜，脊要正，背要拔，项要竖，头要顶，肩要斜（侧面对着圈内），气要沉。

（3）相搭之手不可用劲，两手若即若离，要听着对方劲走转。目视相搭之手。

（4）迈步要均匀，走转时步法虽然不像八卦走圈那么刻意，但步子不可乱来，也要走蹚泥步。每一伸腿迈步有鸡形步的含义（拿着脚前行）。

（5）走转时可随时转身换形。转身时，后脚向前上步扣脚，身向里转，同时前脚摆顺；随转身，后手从前手小臂下向前穿出与对方来手相搭，然后上步身微外转，继续走转。

（6）走磨盘转，双方一定要搭手相转，不能断手，此功就是练习双方两手相搭走转时的听劲变化之功。

（7）走磨盘转，时间长短可根据双方体力情况而定，随转随停，收式结束。

撕扒术

有了以上这两种搭手推转的功夫后，下一步就可以练习"撕扒术"了。

形意拳这个"撕扒术"练法，现在看来有点像陈式太极拳的散推手

（乱采花）。可它又比散推手复杂一些，太极拳散推手中的东西它都有，另外它的练法更接近于散打实作。可以说散打中的手法你都可以用，唯一不允许的就是双方在撕扒时，绝对不可出冷手（毒手）。

在我学习撕扒术时，有两个人对我影响很大。一个是刘泽起老师，我跟刘老师学拳时刚上中学，年龄在十四五岁的样子。我开始跟刘老师学的是少林拳，后来学了五行拳。刘老师原是唐山开滦赵各庄矿井上的检修工，20世纪50年代中期调入汉沽的天津化工厂工作。刘老师在唐山老家时已是精通内外两家拳术的名拳师，后来刘老师入了汉沽形意门唐维禄的弟子张文耀门下。我跟刘老师学拳时他五十多岁，那时刘老师门下也教了几个学生，他们都比我大一二十岁，老师经常带他们打手，也教我一些散手，更多的是教我推磨和磨盘转。后来就教我练"撕扒术"，老师说练这个安全，不会出意外。

这个撕扒术真像抓蛤蟆一样，练习时两个人抓在一起，你推我搡，你拉我拽，开始时老较劲、顶牛。慢慢懂得点奥妙了，就不再犯顶了。开始琢磨如何使巧劲了，你劲推来了，我能用手划开就用手，手划不开，就用身形转动化解，身子化不开，就动转步法化解对方来劲，然后顺势借力再还击对方。撕扒时有抓、有打（放）、有肩靠、肘靠、胯靠；还有腿缠、脚绊；也有缠拿、指点、背摔等技法。总之，除了不许出冷手外，能用的招法尽量都使上。一场撕扒下来，感觉是淋漓尽致，痛快至极。

练撕扒术的好处，一是由于没有怕遭毒手的戒备，双方可以放开手脚尽情发挥自己的技法，越是高手相搏，越感觉趣味无穷。二是经常练习撕扒术的人，体力、耐力明显增强，因为撕扒时比一般推手能量消耗大得多。三是练习撕扒术虽然双方相搏激烈，但由于意外伤害情况少，相搏双方不会因为产生矛盾而伤感情，对拳友间增进友好团结有益。

我遇到的另一位撕扒术高手是一位姓马的师傅。1991年的时候，我在一家化工厂做车间主任，一次与同在一起共事的小马闲聊，得知小马的父亲会武术，尤其擅长形意撕扒术。我听后很高兴，遇高人不能失之交臂。后来经小马介绍我见了他父亲，一聊得知老马师傅也是唐维禄先生的晚辈传人，和我同一辈分，但老马师傅比我长十几岁。他也是自幼习武，虽然练的拳术套路不多，但练得很精，尤其是形意撕扒术和散手很有功夫。因为都好此道，一聊就近了。那时我在厂里刚买了一套合建房，因为是给孩子买的，当时孩子还小，也没装修，一直空着，我就约老马师傅去那里练撕扒术。因为是夏天，我们到了那里就脱掉上衣，光着膀子，只穿一个短裤。因为怕蚊子咬，屋里也不开灯，就借着星光，两人开始撕扒，每天一练就是两个多小时。后来我们又练散打，其间老马师傅还带过他的一个师弟来跟我打散手，就这样，我们一直练了一个夏天加上一个秋天。这段时间与老马师傅的接触，对我当时撕扒术和散打技术的提高有莫大的帮助。

老马师傅对我说，这"撕扒术"门内人叫"抓蛤蟆"，练习时外人看就像两个大狗熊在那"掐架"，充其量就是瞎抓、乱打。其实不然，这里道道多了。不懂窍要的人，抓一会儿就练得呼呼喘粗气。懂窍要的人，借力使力，与对手周旋就如同玩一个大皮球似的，收发自如，旋转有度，吞吐得法，得心应手。如果两人水平都高，功夫都好，那么玩起来更是趣味无穷，你来我往，步转身移，手推臂绕，身贴肩靠，你中有我，我中有你，来来往往，真是其乐融融。

太极"乱采花"与形意"撕扒术"

经常练习"撕扒术"，对太极推手，特别是太极拳散推手技术的提高很有帮助。1999年我参加马虹老师在北京解放军报社大院内开办的太极拳培训班，其间老师教大家学习各种推手方法。其中教大家学习"乱采花"推手时，很多学员都学不会，老师让我和保定来的一位师兄练这个"乱采花"推手（当时这位师兄是老师的推手助教）给大家看看。这个"乱采花"我也是刚学，可是我上场和那位师兄一推起来，就远远超出了所谓"乱采花"的范畴。沾黏连随，不丢不顶，随走随转，你来我往，上下相随，进退有致，闪展挪转，游走龙蛇。当时在场的学员们都看得惊呆了，很多人走到马老师面前问："老师您怎么没教我们这个推手呀？"还有人后悔说："哎呀！怎么今天没带录像机呢？"

其实老师教我们的"乱采花"，跟普通的太极推手打轮类似，上盘手基本一样，只是下盘步法有些变化，不仅有进退步法，还增加了斜进斜退和弧形步法等。而我当时与那位师兄推的所谓"乱采花"，是随着对方的进退攻防变化，把我过去学的"撕扒术"的技法、步法、身法全都揉了进去。所以大家看我的这个推法既像太极拳的"乱采花"散推法，又不完全像，大家当时都有点懵头，不知这是何种推法。后来马老师很认可我的这个推手方法（我后来把这个推手方法总结成"太极行步游身推手法"，并写出专文论述），他老人家还对他的很多学生讲："邵义会的散推手很好。"

学了形意"撕扒术"再进而学习散打，就容易多了。如果能得到老师的步法传授，再经老师说手、喂招、领手的训练，那么进入散打实战，就是水到渠成的事了。

抖大杆子

形意拳有一种劲叫"抖绝",俗称"抖颤"劲。在形意十二形拳中,熊形的演练中有一式叫"熊攃毛",练习时马步站好,两手掌分踏至两胯外侧,手心向下,两臂呈弧形。站定后,以腰胯带动全身突然一抖,发出一个颤抖劲。这是"抖绝"劲在拳套中的练法。当然在练习此功时,要经过一定时日的丹田内功的修炼,修得丹田内气充盈后才能发此功,不然没有功底地去练,极易造成腹内脏器的损伤,习者宜慎之。

在用法上,当与人交手时,"抖绝"功常于近身相搏时发挥作用。如当对手在我身后突袭抱住我身,此时我腰胯下坐,身形一缩,然后突然身形一抖,同时两臂外撑,对方不堪此击,定会跌出身外。

又如,当对方上右步以右拳向我前胸击来时,我可身微右转,闪身躲过彼之来拳,同时我以右手从其来手外环拦截其小臂,迅速上左步至对方右脚外侧,以我之左脚买（封）住对方右腿，随之我左手臂从对方右大臂下穿出，以我左手臂外侧贴紧对方右胸，这时我以腰裆发力，并配以两臂膀叫力，全身一抖，可使对方跌出。此招名曰"金蛇抖身"。

以上练用之法，抖劲之来源皆出自丹田之内功。而得此功最佳途径，可借助形意拳抖大杆子练习法。

无处不螺旋

抖大杆子所用的杆子叫白蜡杆，北方一带系产于山东一地的白蜡树为上品。选材时要选长而不弯，没有裂痕且光滑少节笔直的为佳。切记杆子表皮的蜡质不可刮去，用时可用粗布蘸温热水，反复擦洗即可（此法可除去表皮黏液）。长以九尺至一丈二尺，依各人身材高矮、力量大小而定，粗细以手握尾端满把为宜。

大杆子要选分量沉实的（每年冬季三九前后砍伐的蜡木最佳，此时的树杆没有跑浆，故树干沉实），还要有韧性，劲一使在杆子上，杆子会乱颤，杆子一颤会带动持杆者的身子随之颤动。这就是你练杆子，杆子的颤劲抖动了你（练了你）。初练时一般人是把持不住杆子的，练习时间长了，杆子的劲到了你身上，你身子不抖了，可杆子照样在抖，而且你一用劲它会颤动得越发厉害。至此，可以说抖大杆子的功夫初步上身了。

抖大杆子是一种辅助功法，其法由形意枪法演变而来，久练可使丹田内气充实、力整，增长爆发力，对提高拳术水平有很大帮助。

抖大杆子脱胎于枪法，操练时把枪法中的精华提炼出来练，故其招法远少于枪法。一般练大杆子仅练类似外家枪法中的拦、拿、扎的缠、拿、崩三法。招式类同，但劲法各异。外家枪法多用双臂直力，而形意枪法讲究螺旋之力，练习时从身到杆无处不螺旋，练至纯熟可使杆身如银蛇出洞，柔若藤条，全身之力由杆尾传至杆首，坚逾铁石，柔中有刚，刚中蕴柔。

自古形意门相传，先祖山西人姬隆丰，以大枪之术参悟《武穆遗书》

而创编心意拳。以枪理演拳法，历来是形意门老师指导学生操练形意拳的练功之法。枪拳一理，以抖枪（抖大杆子）增加功力，是形意门练功求艺的一条重要途径。我们这支张鸿庆先生的后学传人，历来重视以形意大杆子练功夫，代代相传，沿袭至今。

下面将本门操练大杆子的方法及要点介绍如下，供同道朋友参考。

（1）持杆站位取三体式，左脚在前，右脚在后，重心偏于右腿，屈膝坐胯，身形略右转，侧身而立。两手握杆于身体右侧，杆子后半部紧贴腰侧，左手在前持杆于身前，右手在后，右手握杆尾部，杆尾不要露头。右手心朝下，左手心朝上，左把要松，右把略紧，此即所谓"阴阳把"。

要求：身体放松，洗心涤虑，神意内敛，气沉丹田，两眼目视前方。

（2）向前出杆时身微左转，重心略前移，但仍保持三体式站位（两腿劲是前四后六）。此时两脚蹬劲，右手外旋，手心转向上。左手托住杆身，利用两腿、身腰、手臂的整体旋转将杆子送出。杆子前出之时右手劲略大，左手把要活，不能死握杆子，当两臂伸直时两手紧握杆尾部，以内气催动将内劲贯注到杆头。

此式起动前左手微外旋，右手微内旋，杆梢从右向上、向左划一半圈（谓之"拦法"）。不停，右手外旋，左手内旋，杆梢随之从左向右划半圈（谓之"拿法"）。然后两手持把将杆子送出，杆身要平，杆头高与胸齐（谓之"中平枪"），此为"扎杆"。

注意：上式拦拿之法要以腰身带动手臂旋动，杆梢的划圈限定在碗口大小为佳。扎杆时要坐住胯，身体保持中正，不可前扑，两手臂极力前伸，重心略前移，但定式不能成弓蹬步，仍保持三体式姿势。

（3）接上式不停，身微右转，重心略后移，随之两手内旋收杆于身体右侧，杆子后部紧贴右腰侧。随着杆子回收，塌腰坐胯，气沉丹田，两膀叫力，两手下按，此时杆子前身会骤然抖颤不止。此式与上式连续动作，即所谓"抖杆"。

注意：撤杆、重心后移、塌腰坐胯、两手下按，一气呵成，有急刹车之感。

　　抖大杆之法的传统练法有很多，我的形意拳老师当年要求我们主要练好这个抖大杆之法，每天都要练，一次抖 100 遍（分几组练习）。

　　"抖大杆子"是习拳者利用一根大白蜡杆子操练内外功的一种方法。实用、得功快，深受练家青睐。武术界很多门派都有操练大杆子的传承。方法各异，目的都是通过操练大杆子，增强练习者内外功力，为提高拳艺打好坚实基础。

形意盘身刀

褚广发的形意拳、八卦掌练得好，在汉沽武术界无人不晓，可是极少有人知道他的刀术也练到出神入化的境界了。因为他平时在人前从不摆弄刀枪。宁河一带乡土文化甚浓，一到年节，乡里社团常常组织民间娱乐活动，少林会是必不可少的一个重头戏，一到这个时节，县城周边四六八庄的少林会竞相表演，甚是热闹。就是在这种场合，也难得见到褚广发的身影。

吴老师曾对我说："我跟褚老师练了几年拳，从没见过他老人家练过什么器械，我以为他老人家不会练器械。那时我年轻，看人家少林门的整天刀枪剑棍耍得热闹，我也很眼热，就偷偷跟别人学了一趟双刀。一次去了丰台镇的褚老师家，到了那儿，一看老师没在家，我就自己在院子里练起来，练了一会儿，老师还没回来，我又把双刀拿了出来，在院里练起来，正舞得来劲儿，褚老师回来了。他老人家一见我在练双刀，就说：'可以呀！你长本事了，练起双刀了，过来让我看看你的刀。'我收了刀，把双刀递给老师，褚老师接过刀，看了看说：'行，这口双刀不错，是对好刀。'又说：'你练的那是啥呀？练那个没用，那是出会练的，你看我练练。'说完他老人家就练了起来。不练不知道，这一练可真把我吓了一跳。当时我可是看呆了，就见他老人家双刀上下飞舞，缠头裹脑，左劈右砍，前穿后撩，身盘步绕，刀随身转，步随刀走，直看得我眼花缭乱。练完刀，褚老师对我说：'那个刀你别练了，明天我教你练刀。'那天从褚老师家回来，我高兴极了，立刻把这事跟我的两个师兄说了，他们也很惊讶，说敢情咱们老师也会练双刀呀！"不久褚老师来到汉沽，把这形意盘身刀传给了汉沽的几个弟子。

这形意盘身刀与少林、太极等门的刀术练法不同。初学这趟双刀不是练套路，而是练单式。为什么叫形意盘身刀呢？是说练这趟刀要有形意拳的基础，而且必须要有本门独特的行步拳的基础。这趟刀最大亮点是练到最后阶段，刀随身盘，身随步转，势势相连，如行云流水，一气呵成。盘身刀的单式动作主要有十个。如：左右穿刀、双撩刀、怀中抱月、狮子张口、缠脖刀、追风赶月、青龙摆尾、十字披红、金鱼挑翅、金丝缠腕。这十个式子最不好练的是金鱼挑翅这个刀法。记得十年前吴老师传我这套刀法时，仅就这个金鱼挑翅一式，我就练了两个月，也没有练到家，后来经过几年的不断揣摩、练习，才算有了点眉目。这个式子练时是用两手的大拇指和食、中三指轻握刀把，然后左右、前后、上下绕花，刀的缠绕舞动，一定要用腰身的旋转来带动。另外，在双刀舞动之时，下边步子要一刻不停地随着刀的舞动而走转。

有了以上十个单式的练习基础，再进一步练习梅花步，即上边是双刀的左右缠头裹脑，下边是步走梅花形，边缠边绕，边绕边走，边走边转。然后再练阴阳鱼步法，即以左右穿刀的刀法，配合阴阳鱼步的步法，练习刀法、身法、步法的游身变化，以及抽身换影，左右灵变的各种刀法（图30～图32）。

图 30　白猿献果

图 31　狮子滚球

图 32　鹞子入林

以上就是形意盘身刀的基本功训练。有了这些基本功，下一步就可以学习这趟刀的基本套路了。这趟刀的基本套路是以形意五行（劈钻崩炮横）刀法，加上前面所讲的十个单式为基础，配合形意拳各种灵活的步法而组成。

附　形意盘身刀谱（基本套路）

1．双刀起式　　　　　2．错刀式　　　　　　3．回身舞花藏刀式

4．上步穿刀　　　　　5．回身穿刀　　　　　6．回身上步劈四刀

7．转身上步撩刀　　　8．转身右独立劈刀

9．上步撩刀　　　　　10．退步龙形刀（懒龙卧道）

11．上步横抹刀　　　　12．古树盘根　　　　　13．翻身劈刀

14．转身横扫千军　　　15．马步横刀　　　　　16．转身右撇刀

17．转身左撇刀　　　　18．追风赶月　　　　　19．十字披红

20．转身右撇刀　　21．转身左撇刀

22．龙形刀（潜龙下降）　23．凤凰展翅

24．浪子踢球　　25．上步舞花　　26．转身藏刀式

27．行步撩刀　　28．左右怀中抱月　29．转身金鱼挑翅

30．转身金鱼挑翅　31．左右缠脖刀　　32．退步左右削刀

33．转身右撇刀　　34．转身左撇刀　　35．转身怀中抱月

36．金丝缠腕　　37．转身缠头裹脑　38．上步舞花

39．左云拨刀　　40．上步舞花　　41．右云拨刀

42．左右梅花刀　　43．怀中抱月　　44．转身穿刀

45．龙形刀（神龙游空）　46．撇步收刀式

　　所谓基本套路，是为了练习时有这么一个规矩可循，从而进一步练习身法、步法与各种刀法的协调配合。当这个基本套路练熟以后，再练时就不要以这个固定套路来约束自己了，可以不按这个固定套路去练。固定套路是用于表演给外人看的，若是自己练功夫，那就无所谓什么套路不套路了。你想练刀，那么你拿起刀就练好了，想怎么练就怎么练。当然这个随心所欲的练法，是要有一定扎实的基本功基础的。只有那些具有形意拳和双刀基本刀法基础的人，才能达到这一步。

　　形意盘身刀练习时，没有蹿蹦跳跃的动作，但是却有非常丰富多样的步法穿插其中，如：直行步、三角步、连环步、七星步、龙形步、摆扣步、阴阳鱼步、梅花步，等等。有了这些灵活的步法，加之前面所述各种刀法，就可以任意组合演练。一旦你掌握、悟透此套刀法窍要，自然会刀随身盘，步随刀转，上下左右，四面八方，游身闪化，无处不刀，处处是刀。

　　最后说一点，若是再得到本门传授的绝技盘身掌，把盘身掌的练法揉到盘身刀法之中，那么这趟刀法更是锦上添花。只要肯下功夫，细心揣摩，久练此刀，不但能使自己的身心得到良好锻炼，还会悟出不少更加奇妙的双刀技法。

形意六合剑

我从少儿时就对练习剑术颇感兴趣，先是看小人书，后来读武侠小说，对书中那些骑马挎剑指挥千军万马的大将军、仗剑走天涯除暴安良的江湖侠客由衷地崇拜。我九岁学少林拳，十岁跟族叔邵芝玲（傅剑秋的再传弟子）学剑术。芝玲叔教我的是"太极行剑"，这是形意大师傅剑秋先生传下的名剑术。那时候我人小拿不动铁剑，叔叔邵国彭给我做了一把木剑、一把木刀让我练功。我很喜欢芝玲叔教我的那套"太极行剑"，那时每天放了学到家扔下书包，就在营城老家的小院里练剑，院外是滔滔的蓟运河，院内的我一个人挥汗舞长剑。多少年过去了，那个情景至今仍记忆犹新呀。

后来我又陆续跟多位老师学拳，每次学拳我都要跟老师学一两套剑术，练剑成了我那时每天的必修之课，简直到了痴迷的程度。

我跟吴老师学剑是20世纪90年代初的事，那时我已经跟吴老师学了两三年拳了，但吴老师没教我练剑，他知道我会练剑。一天，一位中年人来找吴老师学剑，过后吴老师跟我说，这个人三番五次找他，非要学形意剑，可是他基础不好，他不愿教。以后这人老来找，吴老师磨不开情面，就勉强教了。后来吴老师对我说："义会呀，你也把这套形意剑划（练）下来吧，这套剑中有形意门的独特剑法，值得研究。"这样我就开始跟老师学形意六合剑。

吴老师教我跟前面那个人不一样，每天只教我两三个剑式，不多教，但每次都给我详细讲解这套剑的多种练法和独特的剑术用法，每次教完了，总是让我先练两天，练熟了再教下面的剑势。吴老师这样教，开始学时感觉好像是慢了点，可是现在想起来，这样教很好，直到今天吴老师当年教我的东西都牢牢记在心间，很难忘掉。不像现在有些人看 U 盘、从网上学武术，学得快，忘得也快，只学皮毛，不求甚解，到头来什么也不是。

传统就是传统，我们跟老师学的东西瓷实，而且不单是学老师的东西，跟师父时间久了，那种师徒如父子的情感自然而然地渗透在师徒之中，这种情义也永久地留在了老师教的一招一式的剑（拳）势中。陈鑫说："打拳心中有情有景，自然打出神情矣。"我觉得，你的拳中有骨有肉，有情有义，自然是有生命的，也一定会薪火相传，历久弥新。

结缘吴师

中国人做事讲情感、讲缘分。有些事缘分不到，你急也没用，缘分到了，事从人愿，一片新天地。

我是 20 世纪 80 年代末开始跟吴老师学拳的，其实我早在 1976 年的冬天就与吴老师有过一面之缘。那年冬天我从下乡插队的黑龙江农村回家探亲，一天我去看望教过我少林拳的刘泽起老师。刘老师原在唐山开滦矿工作，50 年代初调入厂址在汉沽的天津化工厂工作，刘老师会的拳种很多，尤其对少林六合门的拳械很有造诣，当年汉沽有很多年轻人跟刘老师学少林拳。后来刘老师拜在唐维禄在汉沽的弟子张文耀的门下。聊话时刘老师给我讲了很多汉沽武术界的事，那是我第一次听刘老师讲褚广发先生在汉沽几个徒弟的事，还讲到褚先生传的形意拳有独到的练法。

这年春节前的一天晚上，刘老师带我去拜访褚广发先生的徒弟董玉茂老师，那时董老师住在汉沽二街一处临建房内（当时是唐山大地震刚过去半年，汉沽的老百姓绝大多数都住在简易棚内）。董老师与刘老师同在天津化工厂工作，他见刘老师来访，非常热情地接待了我们。后来两位老师分别在董老师家简易棚前的小院内演练了太极拳和形意拳。刘老师还请董老师教我练了褚先生的劈拳架子。这是我第一次接触褚先生的拳。正当我们师徒三人在院里练拳时，吴桂忠老师也来了（吴老师也住在这条街上），刘老师请吴老师也练套拳，吴老师谢绝了。董老师说："桂忠心情不好，这场大地震他毁了三间大正房，还没了一个儿子，现在他哪还有心气儿练拳呀。"

后来刘泽起老师跟我说，褚广发先生在汉沽有四个徒弟（李西安、张次珍、董玉茂、吴桂忠），除了吴老师，其他三位在跟褚先生之前，曾跟唐维禄在汉沽的一位姓李的弟子练过拳。吴老师起步就跟褚先生练，他练的拳最像褚先生的架子。吴老师身架好，人也聪明，拳也练得好，20世纪50年代曾随汉沽武术队参加天津市武术比赛拿过奖。

刘泽起老师在唐山老家练过形意拳，来到汉沽后非常崇拜褚先生的形意拳，曾几次托人请褚先生教拳，并曾亲自到离汉沽九十多里地的宁河县丰台镇褚先生家求教。不知什么原因，褚先生一直也没传刘老师形意拳。

刘泽起老师一生酷爱武术，他是我见到的最下功夫的练武人。他六十多岁时作为天津市选拔的武术队员之一，到北京参加1985年全国武术观摩表演大赛，凭一套"梅花双刀"获得大赛优秀表演奖。遗憾的是由于过重的生活负担，加之长年超负荷练功，刘老师晚年得了肺气肿，过早离世，终年不到七十岁。

刘泽起老师也是将姚馥春、姜容樵二位先生所传"太极长拳"（北太极）传入汉沽的第一人。"太极长拳"作为汉沽地区流传的重要拳种，已经载入 1984 年版的《汉沽区志》一书。刘泽起老师生前为汉沽的武术事业发展做出过一定贡献，我们后学之人不会忘记他。

刘泽起老师是见过世面的武术行家，当年汉沽地区那么多练形意拳的，他老人家为什么那么崇拜褚广发先生呢？用吴老师的话讲："褚先生教的拳既养小、又养老，练这个拳不伤人，养人啊。"可能我也是受了刘老师的影响吧，在我练了二十多年多门拳械后，三十六岁那年托人拜入吴桂忠老师门下，开始跟吴老师系统地学习褚广发先生传的张鸿庆的形意拳。

吴老师年轻时有个性，心高气傲，一般人他都瞧不起。他们那个年代，验证练武人功夫好坏，一看你练的拳，二看你散手功夫，而主要还是看你散手功夫。你练的拳再好，一旦与人交手，没几下你就被对手打趴了，人家就说你练的拳是花拳绣腿，不但你自己丢人现眼，连教你的师父也让人家瞧不起。

吴老师拳练得好，在散打上也下了一定功夫。那时他不但在本门内与几个师兄弟操手，还经常与别的门派的散打高手过招。多年的实战锻炼使他积累了丰富的散打经验，一次在厂里与外地来的几个搞运输的人发生了口角，那些人仗着人多势众，对吴老师动了手脚。哪知吴老师不吃这个，一顿拳打脚踢，几个照面就把这几个人打得乱滚乱爬，甚是狼狈。这一下吴老师名声大振，后来慕名前来找他学拳的人多了起来。

我的师兄刘志勇早年是练八极拳的，他一米八五的个子，人高马大，很有力气，大腿粗的树干他用后背一靠，树枝乱颤。刘师兄八极拳练得好，也特别喜欢散打。他是来者不拒，有人找他交手，他特别高兴，凡与他交手的人基本都是乘兴而来，尽兴而归。

刘师兄和我投缘，但我俩从来没有真正交过手，都怕一旦交上手，双方控制不住情绪伤了我们的这份情谊。但我们私下里经常切磋打手经验，刘师兄一次对我说："吴老师有功夫啊，那年他老都七十岁了，我和他老搭手，我怎么就拨不动他老的胳膊呢？"对此我也有同感。当年我和吴老师搭手，我用劲，吴老师的胳膊软绵绵；可我一进招，吴老师的手早就变在我前面等着了；如果我和吴老师较劲，有时吴老师不变招，也故意和我号一号劲，这时我会瞬间感到吴老师的胳膊变成了铁杠子，那种感觉就像他的胳膊灌了铅，沉重得很，让你受不了。我曾问过吴老师："我没见过吴老师站桩、打桩、打沙袋，您老的这个功夫是咋练的呀？"吴老师说："我没专门练过站桩、气功，也没打过桩，我就是五行拳，按你褚师爷的法子练五行拳，慢慢功夫就有了。"他还说："褚先生也是这样练的，你师爷说过，功夫到了，伸手就有。"

典型剑势

吴老师传的形意六合剑是我见过的形意门剑术套路中最长、剑法最丰富的一种。此剑全套共有 73 个式子。其中既有工体剑招式清晰、形端劲道之特点，又有行体剑纵横挥霍、流畅无滞的风格，演练起来可谓洋洋洒洒，大气磅礴。

武术行的人都知道，刀好练，剑不好练。刀是大劈大砍，刀的路数一看就明白；剑不一样，使剑高手绝不会像用刀那样与对方直磕硬碰。剑走偏锋，剑讲究的是灵、巧、妙、绝。运用起来是上下左右、四面八方无处不剑，如蛇似蟒，出神入化，神乎其神。

下面仅就"形意六合剑"中较典型的剑势做一简单介绍。

第 4 式　虚步刺剑

接上式，右脚向右前方斜角上一步；左脚不动，重心偏后成右虚步，同时右手剑向前下方直刺，力达剑尖，左手诀护于右手腕上，目视剑前。

要点：右手剑直刺与右脚上步，动作一致，力透剑尖。

用法：剑刺对方膝、脚。

第 5 式　转身截剑

接上式，身向左转 90 度，右脚撤至左脚后下落震脚，左膝提起成右独立式；同时右手持剑略内旋向右上方提抖，手心向外，剑尖向下，剑柄提至右眉外侧，左手诀划至左膝外侧偏前，手心向下；目视身前。

要点：转身震脚、两臂发力、抖绝同时进行。

用法：右手剑上抖，弹崩对方上盘砸来的器械。

第 6 式　上步点刺

左脚向前落步成左弓步，同时右手剑向前点刺，力达剑尖，右手略低于肩，剑尖偏下，左手划至右腕下，手心向上；目视剑前。

要求：落步点刺同时到位，点刺发寸劲。

用法：下盘左脚可蹬踢对方腹、膝。剑刺对方胸腹。

第 7 式　转身劈剑

左脚回扣，右脚外摆，身向右转 180° 成右弓步；同时右手剑随转身向前劈剑，剑身要平，高与胸齐，同时左手诀上架至头顶，手心向上；目视身前。

要求：转身动作要稳，两脚摆扣要清楚。剑随身运，力达剑身。

用法：翻身剑劈身后敌之偷袭。

第 8 式　虚步带剑

重心后移，右脚回撤半步，身体向左转 45°；同时右手外旋带剑至胸前，手心向内，剑刃向上，左手诀收至右腕内侧，手心向外，目视身右侧。

要求：以身带剑，剑走弧形。

用法：对方以枪剑击我胸部，我以剑身划带彼之来械，化解其来力。

第 9 式　独立架剑

（1）身向右转 135°，随之左腿屈膝下蹲右腿向右后仆出；同时右手剑随仆腿向前下方刺出，手心向上，左手诀划至身体左侧方，手心向上，目视剑前。

（2）上动稍停，重心前移至右腿，身向左转 45°，左膝提起成右独立式；同时右手剑横剑上架至头顶，剑尖向左，左手诀护于右小臂内侧，目视剑尖前。

要求：转身仆腿下刺剑，动作轻灵迅捷，独立架剑要稳。

用法：转身下刺敌之下盘膝腿，横剑上架对方攻我头顶来械。

第 10 式　独立刺剑

（1）身向左转 45°，左脚下落外摆，右手剑向下向左挂剑，左手诀护于右腕内侧；上动不停，右脚向前上一步成右虚步，同时右手剑翻腕下压，剑柄锁带至腹前，手心向上，剑尖高与胸齐，左手诀护于右腕内侧，手心向下，目视剑前。

（2）右脚向前上一小步，左脚提起成右独立式；同时右手剑向前（偏上）平剑刺出，力达剑尖，左手诀划至左侧头上，手心向上；目视剑前。

要求：（1）右手剑下落挂剑要走弧形。翻腕锁扣带剑至胸前是吸剑法。

（2）上步刺剑可发力，以身催力，力透剑尖。

用法：（1）挂剑是拦截对方迎面刺来之兵器，然后顺势右手外旋锁剑扣压对方来械，此为吸剑法。

（2）顺势刺敌之咽喉，此为吐法。

第 11 式　转身抖剑

身向左转 180°，左脚后落成左虚步，同时两小臂右上左下于胸前相交，右手心朝上，左手心朝下，然后两手臂向身体两侧撑（抖）开，两手心均朝下，位至两胯外侧；目视身前。

要求：转身后两手臂要先合于胸前（蓄劲），然后抖臂外撑，沉气、塌腰、坐胯、背靠，以身催力，丹田抖动，内劲猝发。

用法：以我右手剑弹崩对方击我中盘来械。

以上八个式子的演练，初步展示了"形意六合剑"剑势工整、步法清晰、剑道劲遒的特点。

形意六合剑不像一般形意门的刀剑套路那样，招式简单、动作粗犷。这套剑路从其身形、步法到剑势技法各方面，都彰显出其剑势独特、技法细腻。

化身运剑

形意六合剑属于形意门的剑路，演练此剑不能脱离形意拳的基本特点，其步型、步法、劲道都要宗形意拳的法则，不如此，练出的东西就会变味，失去形意的精粹。另外，"形意六合剑"也有自己独特的东西，如剑路中的"化身运剑""转身六剑"等都是这套剑中特有的独到剑法。下面就此简单介绍一二。

第 28 式　上步刺剑

接上式，右脚向前方斜角上步，左脚不动成右虚步；同时右手剑向前平刺，剑尖高与喉平，左手诀划至头上，手心向上，目视剑尖。

要求：上步、刺剑要同步到位。

用法：剑刺对方咽喉。

第 29 式　阳手解按

接上式，身向左转90°，左脚向左前方上步，脚尖外摆，同时右手剑内旋，手心向下，剑尖向左横摆，剑尖高与眉齐，左手诀护于右腕内侧。上动不停，身体继续左转90°，随之右脚向左脚前上步扣脚，两手不动。身体继续左转90°，左脚后退一步成右弓步，同时右手向外旋腕，使剑在头前云剑一圈，然后向前平削剑，力到剑刃，剑尖高与颈齐，左手诀划至头上，手心向上，目视剑前。

要求：盘步云剑，身向左转270°，两脚随身转动，摆扣清晰，身法灵活，剑、身、步要协调一致，右腕要灵活，先云后削剑，剑法诡异流畅。

第 30 式　阴手解按

接上式，左脚向前上一步成左弓步，同时右手剑向右划拨，然后内旋转腕，逆缠反手向前捅剑，剑身高与肩平，剑尖略低；同时左手诀先向外划，然后顺缠向里收至右腕下，手心向上，目视剑前。

要求：左脚上步与右手剑旋腕逆缠（剑向外向内划一小圈）反刺动作协调一致，力达剑尖。

用法：先缠剑化开对方来械，然后顺势反手剑刺对方胸喉。

转身六剑

第 42 式　上步刺剑

动作与前第 28 式相同，唯此式上步刺剑的方向是正前方。

第 43 式　右转身平刺

（1）身向右转 90°，右脚向后撤一步，左脚内扣，随之右手剑内旋，手心向外带剑至头上偏前，剑尖向左，剑身要平，同时左手诀划至右腋下，手心向上，目视左前方。

要求：右脚撤步与右手带剑动作一致。

（2）上动不停，身继续向右转 90°，随之右脚外摆，左脚向右脚前上一步扣脚，两手位置不变，眼看右侧，身再向右转 90°，右脚向前上一步，重心先左再向右移成右弓步。同时右手剑略外旋下落至胸前再向前平刺，左手诀向左后方展出，手心向上，剑指向后，目视剑前。

要求：转身要稳，剑随身转，上步刺剑轻灵快捷。

第 44 式　阴手解按

右脚尖外展 45°，左脚向前上一步成左弓步；同时右手剑向外略平摆，然后手腕内旋向前刺出，虎口向下，剑尖略低于肩，同时左手诀从后向前划至右腕下，手心向上，眼看剑前。

要求：右手剑前刺与左脚上步要动作一致，步到剑到，松肩探臂，力达剑尖。

第 45 式　退步刺剑

左脚向后撤一步，重心偏左，成右虚步；同时右手剑外旋，手心向上，右剑略回收，然后再向前平刺，剑高平胸，同时左手诀向左后方展开，手心向上，目视剑前。

要求：收剑蓄势，剑尖走小圈，然后向前平剑刺出。

第 46 式　左转身阴手解按

（1）右脚内扣，身向左转 90°，左脚外摆，同时右手剑略外旋，手心向内带剑至头前上方，剑尖向右，剑身要平，左手诀划至右腋下，目视右后方。

要求：以身带剑，身剑合一。

（2）右脚向左脚前上步扣脚，身继续向左转90度，两手位置不变；目视左侧。

要求：身随步转，上下相合。

（3）身再向左转90°，左脚向前上一步，成左弓步；同时右手剑向前捅刺，虎口向下，剑尖略低于肩，左手诀划至右腕下，目视剑前。

要求：转身上步刺剑，以身带步，剑随步运。

第47式　阳手解按

右脚向前上一步，重心偏后成右虚步，同时右手剑先向左、向后再向右在头前云剑一圈，划至手心向上，然后向前平削，剑高同颈。左手诀划至头上，手心向上，目视剑前。

要求：右手剑在头前先逆后顺划一剑圈，然后再向前平削。要求腕要活，劲要顺，力达剑刃。

以上第42~47式是"形意六合剑"中的重点剑势，名曰：转身六剑。此六剑是连环剑法，应用于实战，当我被敌人前后夹击时，可运用灵活的身法、步法，多变的剑法，化解敌人刀剑的攻击。化中有进，进中有化，沉着应战，险而不乱，以技胜出。

附　形意六合剑谱

1．预备式	2．分手刺剑	3．上步托举
4．虚步刺剑	5．转身截剑	6．上步点刺
7．转身劈剑	8．虚步带剑	9．独立架剑
10．独立刺剑	11．转身抖剑	12．上步劈剑
13．转身劈剑	14．套步坐盘剑	15．转身抖剑
16．上步劈剑	17．云剑扫腰	18．蛇形剑
19．行步反刺	20．上步阳手解按	21．插步劈剑
22．转身反刺	23．撤步撩剑	24．退步劈剑

25．撤步下截　　　26．翻身劈剑　　　27．转身抖剑

28．上步刺剑　　　29．阳手解按　　　30．阴手解按

31．上步反撩剑　　32．怀中捧剑　　　33．转身阴手解按

34．阳手解按　　　35．怀中抱月　　　36．转身下砍

37．跃步刺剑　　　38．转身阳手解按　39．阴手解按

40．转身劈剑　　　41．转身抖剑　　　42．上步刺剑

43．右转身平刺　　44．阴手解按　　　45．退步刺剑

46．左转身阴手解按　47．阳手解按　　48．怀中抱月

49．转身下砍　　　50．退步平刺　　　51．左转身阴手解按

52．右转身劈剑　　53．右独立挂剑　　54．上步撩阴

55．退步劈剑　　　56．歇步带剑　　　57．套步坐盘剑

58．左转身上步劈剑　59．虚步带剑　　60．上步阴手解按

61．上步阳手解按　62．转身阳手解按　63．独立挂剑

64．上步撩阴　　　65．退步劈剑　　　66．翻身劈剑

67．虚步带剑　　　68．独立带剑　　　69．左套步劈剑

70．翻身劈剑　　　71．转身抖截　　　72．上步点剑

73．收式

形意双棒

形意拳属于短打拳术，在历代传承中一般以传拳为主，宗旨是"强身健体，防身御敌"。它的套路编排短小精悍，动作简单古朴，不尚花招，力求实用。一套拳少则三五个动作，多则一二十个招式。在传统形意拳二十几个套路中，仅有杂式捶的动作相对多一些，也只有五十几个动作而已。

我们知道的，历史上形意门前辈也大多是以拳术称雄武林的。如形意拳的创始者李洛能，武林号称"神拳李老能"，形意拳的第二代名师郭云深有"半步崩拳打遍天下"之美誉，其后的张占奎更有"闪电手"之称，再后的韩慕侠、尚云祥、孙禄堂、薛颠、张鸿庆、唐维禄、傅昌荣等近代形意门大侠，个个都是身怀绝技的拳术大家。仔细想来，形意门人以拳技名播天下，是时代变革的结果。自明末以来，西洋火器大量进入中国，逐渐取代了军队中的冷兵器，而作为过去军队中主要作战武器的刀、枪、剑、棍等自然失去了它往日的威力。这些冷兵器被淘汰是历史发展的必然结果。武术家顺应时代的变化，把武艺的重点放在拳技研究发展上，是顺应时代变化之需要。可以说，时代发生了变化，但武术"强身健体、防身自卫"的作用，至少在今后若干年也不会消失。

形意拳是顺应历史不断发展变化而演变成长起来的一个优秀的传统武术拳种，她发展到今天，不知凝聚了古今多少代英雄豪杰的心血和智慧。有人说，形意拳是南宋的岳飞为了提高抗金部队的战斗力而创编的，这也可以理解。形意拳的拳械套路都是以五行拳为母式，其动作简单、实用，易于一般人学练。明代的戚继光、民国的尚云祥都曾有过变拳械招式使之适于军队击敌的实践。他们传授士兵的武艺，在战场上确实显示了杀敌报国的威力。

其实，目前有历史依据可考的"心意六合拳"（形意拳的前身）创始人，当属明末清初山西蒲州人姬隆丰。心意六合拳脱胎于少林拳，当年姬隆丰曾在河南登封少林寺学艺多年，后以大枪术悟出心意六合拳法之理，创编出心意六合拳。此拳传至河北深州人李洛能又有所发展，李洛能得此技时已三十七岁，后经十年苦修，技艺大成。当时先生在原心意六合拳基础上，加之自己所悟，又创出了形意拳，至此，李洛能始开心意六合拳北派。应当说在形意拳的传承历史上，也并非没有器械传承。在形意门的传承中，也曾有过各种刀、枪、剑、棍以及六合大枪、凤翅铛等长短器械的传授。而且到郭云深、李存义这两代，还创编了形意鞭、朴刀、月牙铲等多种器械套路。其后的一些形意门派系中，还曾出现过诸如白虎鞭、判官笔、峨眉刺、麟角刀等一些稀有器械套路传承。这些都大大丰富了形意门拳械技艺内涵。应当说，这些稀有兵器套路的创编，大多是吸收、借鉴了别家门派拳艺精华，为形意门之所用。

我曾经练过形意门的判官笔，但我也知道，在中国传统武术的拳种中，有很多门派都有这种器械传承，所练招式都是大同小异，互有借鉴。而形意门所传承的判官笔，显然是吸收了外门所改编的东西，所以不能算是独具特色。

形意双棒的制作

当我学习了形意双棒以后，我才觉得这才是形意门的独家兵器。它的招式使用，完全符合形意拳动作简单古朴、易学实用的特点。

形意双棒，顾名思义，既为棒，则比棍要短，既为双棒，肯定又比单棒更短。首先双棒的制作，没有固定规则，它完全是根据个人自身特点所制。比如，制作时先要考虑个人的身高、力量等。一般人，可以使用长 500 毫米左右的棒。棒的粗细以自己手能握住为宜。若用白钢管制作，可以考虑用直径 32 毫米的管子为佳。制作时先切割好一根 500 毫米的管子，两头用气焊火烤红，然后用小锤子捣成鼓圆，待冷却后，用细砂轮打磨棒头，然后用细砂纸打磨整个管棒，使其增加光亮度，即可使用了。为了增加双棒的观赏度，还可以在棒的一头套扣（或焊接），装上一个小箍头，挂上几个铁环，再系上两块彩绸就更有观赏性了。如果没有铁管，也可以用相同长度的硬木棒制作。

唐维禄与形意双棒

汉沽形意门所传承的双棒，源于天津宁河县丰台镇的形意名师唐维禄先生。严格地讲，汉沽地区的形意拳，最早也主要是由唐维禄先生在民国年间传入的。一般人都知道唐先生是形意大师李存义的传人，其实唐先生初学少林拳，后学形意拳，而先生的形意拳启蒙师父则是河北深州的申万林老先生，申万林是郭云深的传人。申先生也是宁河县傅昌荣、张景富（人称"果子张"）等名师的形意拳启蒙老师。因此，至今天津芦汉两地的形意门人，都对申万林老先生敬仰有加。

唐维禄先生是民国年间北方有名的形意拳大师。他一生授徒很多，但多以传拳为主，所传兵器不多。在唐先生所传的器械中，给我印象最深的有两种。一是"三十六棍对打",二是"形意双棒"。前几年唐先生的一位弟子李仲轩老师曾写文章披露说："唐师独到的兵器是判官笔,在形意门中判官笔就是双枪,有一条胳膊长,枪头是圆的,练娴熟后再缩成一条小臂的长度。我特意打造了一对铜的,也不用点穴了,这种分量不管捅在哪儿,人都得趴下。"

这段话虽仅寥寥数语,但却道明了此物的出处、性质及用法。李老的话使我们进一步了解到,唐门所传的双棒,应该是吸收了别门的判官笔技法,在此基础上结合形意拳的特点,创编出的一套形意独门兵器。不过此技在后来唐先生的传人中又有了不同侧重的传承发展。比如李仲轩老师的练法是将此技向双枪技法上发展。但在我们汉沽的唐门传人中所演练的这套东西,技法可就丰富多了。因为此物(指双棒)可长可短,所以其内涵就不仅只有双枪之技了,它也可演练出诸如刀、剑、棍、棒等多种兵器的技法。

另外像李老所讲,将双棒缩成一条小臂的长度,那又变成另一种练法了。小时候见到过一位唐先生的再传弟子善练双棒,每当节庆时候,这位老师就出场演练一番,人们见他的双棒长短和形状很像旧时妇女们捶衣服用的棒槌,后来就称这位老师是"练棒槌的"。

棒出有名

我的形意双棒,初学于我的一位同事的父亲。记得他当时教我时,教学双方都不得要领,一开始,他今天教我这样练,明天又教我那样练,老是变样儿,搞得我很糊涂。开始我以为他不愿教我,故意搞乱,没有程序,使我难记。后来在我再三追问下,他才说,形意双棒本来就是没有固定招式的。双棒的演练是以形意五行拳的劈崩钻炮横为母式,其中夹带着一些十二形拳的招式,演练时可以随意组合。但仅记这些还不能练好形意双棒,因为仅懂这些,形意双棒的演练始终脱离不了固定套路的程式。而我在这个阶段,则老想着能记下几个固定招式练习才好。现在想来，这是不得要领的初级练法。

后来我学习了形意盘身掌法，这下子练习双棒的问题一下子就解决了。原来要想练好形意双棒，同样也要掌握好形意拳特有的各种步法。形意双棒是在各种身法、步法的变化中演练的，它和形意盘身掌一样，没有固定招式。但棒出有名，绝不乱来。棒式源于形意五行、十二形拳之母形，随意组合，任其发挥，千变万化，万变不离形意拳之拳式特点。

我自幼练过少林拳械，对刀枪剑棍各种器械略有研究。但我觉得这形意双棒的确是一件难得的武术运动器械，它既能健身娱乐，又能防身自卫，而且老少咸宜，使用广泛。它制作简单，携带方便，不张扬，但又很实用。现在的人都很喜欢练剑，但剑术之应用多已失传。今之剑术多为健身表演之用。当然这也是一种艺术，无可厚非。

最早引起我对形意双棒的兴趣的是一位年近古稀的老人。记得那是1978年秋天的事。那时我刚从东北农村返城，在一家化肥厂当临时工。在每天上班的小路旁，我无意中发现一位老人，在距小路不远处的盐田埝埝上，演练一种兵器。我仔细观察，原来老人家练的兵器是两根半米多长的短木棒，棒的一头系着两块彩绸。只见他老人家就在那么一块狭小的田埝上，双手握棒，随着身形、步法的不断变化，向四面八方，上下左右，劈、砸、截、打、拨、拦、挑、挂、捅、点、抢、扫，势势相连，棒打连环，气势磅礴，非常神勇。

我每天上班路过那里，都要远远地看上一会儿。当时我非常羡慕这位老拳师，他偌大年纪，身手如此敏捷，精气如此饱满，实在难能可贵。后来，我经过打听才知道，那位练形意双棒的老人名叫董丙华，是唐维禄的再传弟子。就在那个时候我暗下决心，以后有机会我一定也要学会这套棒法。

过了两年，机会终于来了。我的一个同事的父亲会形意拳，通过接触，我发现他也会练形意双棒。交往久了，他愿意把形意双棒的练法传给我。因为我会形意拳，又加上我曾经多次观摩过董老师的练法，所以

图 33　炮打

这位同事的父亲教我双棒时倒也没费什么事。只是这套棒法没有固定招式，一开始也让我费了些心思。后来我逐渐掌握了练习这套棒法的窍要，再往下练习就容易多了。

后来我有幸结识了吴桂忠老师，向吴老师系统地学习了张鸿庆传的形意拳。吴老师又将自己练习形意双棒的心法传授于我，并指点我练好双棒要有悟性，要不拘一格，尽量发挥自身特长。他说练习时一定要结合盘身掌的练法，要多走身盘，还可以把形意身盘双刀的招式揉入棒法之中，这样棒法就更活了，也大大增加了这套棒法的观赏性（图 33~ 图 35 ）。

图 34　移形换影

图 35　上步劈砸

过去常听前辈老师讲，兵器是手臂的延伸，拳练好了，器械自然就会练了。老师们的话，当时听了很让我恍惚。我常想，拳术练得再好，没有器械的编排套路，你再有本事也不可能各种兵器随手拈来就能演练吧？学了这形意双棒，我方顿悟，武术之道始于成规，终于脱规离法。无规无法即是真法。真是感叹前人的智慧，一对短短的小棒，让我们后人深刻感悟到这一通百通的玄妙。就像那刘三姐的家乡小调，不变的是那甜美的乡音，万变的是那歌中的词意。让人回味无穷呀！

白虎鞭

长印叔的《形意宝库》

记得我在上中学时（1965 年前后）就听人讲，在汉沽练形意拳的某流派中秘传着一种器械叫白虎鞭。那时我年幼无知，一直以为这白虎鞭肯定就是唐朝开

图 36　与邵长印老师（后排中间）及师兄弟合影，后排右二为作者

国大将尉迟恭使用的那种带节的钢鞭了（因少时在小人书中见过尉迟恭将军的钢鞭，印象很深）。时光流逝，到了 20 世纪 80 年代末，我的一个族叔邵长印（长印叔是唐维禄和张景富的再传弟子）教我形意拳。长印叔是从小看着我长大的，很喜欢我。当时他老人家有一个想法，想用两年时间把他的拳法传给我，他说自己年纪大了，身体又不太好，希望我能继承他的东西，然后让我带带他的一些学生（图 36）。

　　我跟长印叔学了不久，他老人家把一本手抄本的形意拳书交给我，对我说："这本书你拿去复印一下，里面的形意拳理论知识可以学习参考。"那本手抄本没有书名，书面有长印叔自己用毛笔写的"形意宝库"四个大字（图 37~图 39）。

　　后来得知那个手抄本实际是民国年间出版的薛颠著作。也许因为当时那个年代，邵叔是一个国营厂的党委书记，可能忌讳薛颠这个名字，所以他没有抄写书名和作者名字。后来我在这个手抄本里发现了邵叔抄写的"杨氏太极剑"老谱和"白虎鞭谱"。这本杨氏太极剑谱跟唐山张兰普老师传给我的杨氏太极剑谱基本一样，对那个"白虎鞭谱"，我当时也没太在意，想邵叔以后会教我的。不幸的是过了两年，长印

图 37　形意宝库一

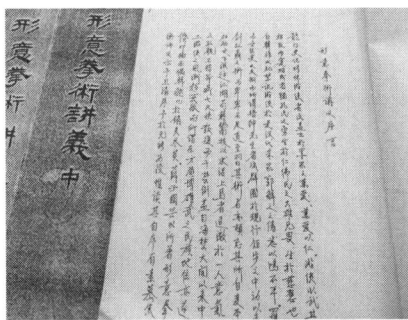

图 38　形意宝库二

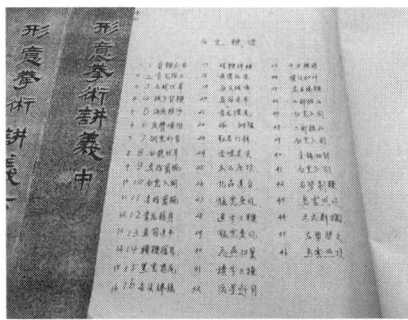

图 39　形意宝库三

叔病故了，我也就把学白虎鞭的事淡忘了。

时间到了 2006 年，我下岗五年后又重返厂里上班。一次与厂里一位同门师弟闲聊形意拳，无意中谈到了白虎鞭的事，我的这位师弟对白虎鞭颇有研究，对白虎鞭的来源出处也有一些了解。我听后很高兴，就说自己珍藏着一套白虎鞭谱，只是我不会练。那位师弟对我说，他也有一套白虎鞭谱，我们可以对对谱。这一对照，竟一字不差。后来我请师弟把这套鞭法教给我，师弟同意了，在教我鞭法时他还跟我讲了很多关于白虎鞭的传闻逸事（这位师弟的父亲是张景富的再传弟子）。后来作为回报，我把自己学的一套八卦龙形剑传给了这位师弟。

记得那位师弟曾对我说，这套白虎鞭是当年由郭云深的弟子申万林带到天津宁河县的（原属河北省管辖）。申先生在宁河县传的弟子有：唐维禄、傅昌荣、张景富等多人（也有人写书说张鸿庆也是申先生的弟子）。他说申先生在传授形意拳的同时，还向他的爱徒张景富传了白虎鞭、紫金鞭、回龙剑等技艺。后来张景富又把这些技艺传授给了汉沽的弟子刘庆祝。汉沽的传人对此技珍爱如宝，多年来秘不外传，就是在 20 世纪七八十年代武术运动蓬勃发展的时候，也难得在比赛（表演）场上看见有人展示此技。

在那个年代，人们虽然保守，但我偶尔还能听到有人谈论此技。可近几年，却很少有人提起此技，更不用说公开演练此技了。我也曾向一些老人打听，他们都说现在会此技的人大多忘记了，有人能练也是对不上鞭谱了。惜哉！老一辈传下的好东西，特别是那些被人们珍爱的所谓独门绝技，更是有它的独到之处，多么希望有条件的后来之人能够珍惜，把先人的好东西完整地保留并传下去。

世界上的事有时很奇巧，我少年时的一念，竟在四十年后才得以圆梦。人生很多事都在一个"缘"字。我学了这套白虎鞭后，发现这套白虎鞭真是一个难得的好套路。全套七十二个式子，不但式名雅致，动作也是非常潇洒飘逸。并且很少重式，虽有重名，动作却不一样。我觉得前人创编这套鞭法，确是费了很大心血和智慧。而且创编之人，必是精通多门拳械的高手。

首先我认为白虎鞭虽然近百年一直在汉沽形意门中流传，但此套鞭法并不属于形意门的本门器械。如果你硬套形意拳的特点去演练那就错了。应该说白虎鞭主要源自少林门。我学习过少林六合棍、枪，也一度研习过山西的鞭杆、少林疯魔棍等器械。读者也可以研究一下少林短杖的演练风格，不难看出，白虎鞭的许多式子及演练风格与以上诸家同类器械的演练特点，有很多相似之处。这也不奇怪，在宁河县首传此套鞭法的清末武术大家申万林先生，当年江湖人称"全拳王"。先生在拜形意拳大师郭云深之前，已是清末宫廷的武术教头，并拜同样在宫内当差的八卦掌祖师董海川为师学习八卦掌。所以我们可以看到在白虎鞭的演练中，也有一些八卦掌的痕迹。特别在步法上，八卦掌的行步、摆扣步更是显而易见。

　　学了白虎鞭，才知道这个所谓的鞭，并非是尉迟恭使的那种有节钢鞭。说是鞭，其实只不过是一根小木棍而已。其粗细长短可根据各人身高、力量情况而定，一般长度在 1 米左右。白虎鞭制作简单（用白蜡杆、藤子条、墩布把均可），携带方便。演练此套鞭法可快可慢，式子可高可低，步法可简可繁。这套鞭法可作为一般人健身娱乐操练，也可以作为防身御侮的技击之术深入研究。总之练习难度可根据个人情况自行调整。

　　另，为了方便同道朋友深入研究此技，我愿将先师当年秘传之白虎鞭谱，借此文之便奉献给大家，以供参考。

　　附　申万林传 72 式白虎鞭谱

1．背鞭起式	2．青龙探爪（图40）	3．白蛇伏草
4．提步背鞭	5．海底捞沙	6．反臂撩阴（图41）
7．饿虎扑食（图42）	8．白蛇伏草	9．点指剪腕（图43）
10．白蛇入洞	11．点指剪腕	12．青龙转身
13．直符送书	14．横鞭探耳	15．黑虎卷尾
16．当头棒嚇	17．跨鞭弹腿	18．过渡流星
19．夜叉探海（图44）	20．直符送书	21．青龙摆尾（图45）
22．孤树盘根	23．勒马听风（图46）	
24．金鸡点头（图47）	25．泰山压顶	26．九品莲台（图48）

27．猛虎乘风	28．退步三鞭	29．猛虎乘风
30．飞燕归巢	31．换步三鞭	32．流星赶月
33．十万横抹	34．旋风扫叶	35．左右扬鞭
36．二郎担山（图49）	37．白虎入洞	38．二郎担山
39．白虎入洞	40．金轮双转	41．白虎入洞
42．右势剔鞭	43．乌云罩顶	44．弓势群拦（图50）
45．左势剔鞭	46．乌云罩顶	47．弓势边拦
48．右势扫堂	49．乌云罩顶	50．弓势群拦
51．左势扫堂（图51）	52．乌云罩顶	53．弓势边拦
54．直符送书	55．青龙摆尾	56．缠鞭挑刺
57．湘子挎篮（图52）	58．左右翻打	59．右势献花（图53）
60．缠拦扫打（图54）	61．旋风扫地（图55）	62．金鸡点头
63．进步撩阴	64．大蟒翻身	65．当心直刺
66．十万横抹	67．湘子挎篮	68．蛟龙戏水
69．金龙缠身	70．乌龙摆尾	71．连环转身（图56）
72．卷鞭收式		

图40　青龙探爪　　　　　　　　图41　反臂撩阴

图 42　饿虎扑食

图 43　点指剪腕

图 44　夜叉探海

图 45　青龙摆尾

图 46　勒马听风

图 47　金鸡点头

图 48　九品莲台

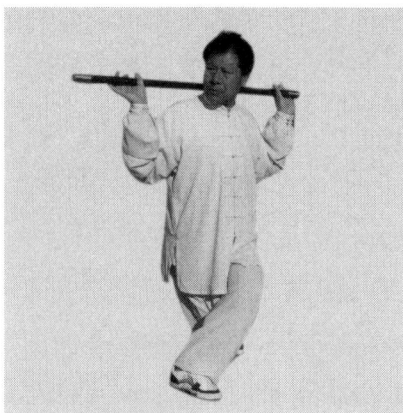

图 49　二郎担山

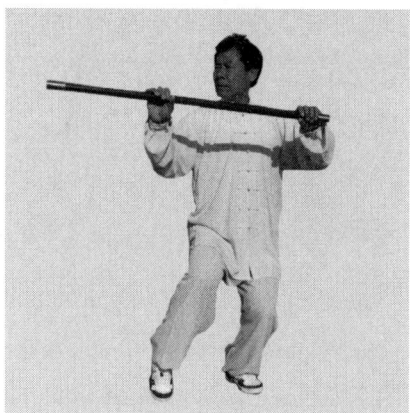

图 50　弓势群拦

图 51　左势扫堂

图 52　湘子挎篮

图53　右势献花

图54　缠拦扫打

图55　旋风扫地

图56　连环转身

白虎鞭演练

习练白虎鞭，要先打好腰腿的基本功。首先要练好步型，如：弓步、马步、虚步、仆步、丁步、歇步、独立步等；然后是步法，如：跟步、套步、盖步、跨步、连环步、摆扣步、弧形步、走圈步等。白虎鞭名曰鞭，实际学习时要明晓其中内含的刀、剑、枪、棍诸法，如刀法中的撩、劈、裹、划、拨，剑法中的刺、抹、扎、撩，棍法中的缠、绞、盖、点、扫、叠、推、挑、架、拦、截、砸、捅、压、举等。

白虎鞭步法清晰多变，时而直出直入闯中门，时而弧形绕转走偏门，时而连环盖步身倒转。"白虎鞭"演练中多含短棍技法，如套路中有很多短棍上下绞动的棍法，如：黑虎卷尾、青龙摆尾等式都是习者两手持棍随步法行进而上翻下绞。其中"黑虎卷尾"一式，习练时下盘要连续走三个倒行歇步，同时上盘两手上翻下绞，难度很大。

再如，"弓势群拦"一式，上接前式"白虎入洞"，重心左移提右膝成左独立式，此式名曰"右势剔鞭"；随之两手左上右下持棍向右膝外侧下截棍，然后身向右转120°，同时右腿后撤一步，随之左脚跟步至右脚左侧成左丁步；随左脚跟步，两手横握鞭向前横拦，鞭与眉齐，目视前方，此式名曰"乌云罩顶"；稍停，两手活腕使左侧鞭头向下、向后、向上、向前缠绕一圈，左腕为主，右腕辅之。然后提左膝成右独立步，随之两手持鞭向左膝外侧下截鞭，走"左势提鞭"，然后撤左步，身向左转120°，跟右步成右丁步，随之两手持鞭向前横拦，然后两手活腕再从下向上划一小圈缠点右侧鞭头，走"乌云罩顶""弓势边拦"。这是走上盘鞭法。

接下式走下盘鞭法，身略右转，左腿屈膝下蹲，随之右腿向右后撤步成右仆步，随之两手握鞭向右下方横扫，右手在前，左手在后，右手侧鞭头与右脚同一方向，此式名曰"右势扫堂"。上动稍停，重心前移，身略上起，向右转身90°，重心移至右腿，随之左脚跟进至右脚左侧成左丁步，同时两手持鞭向前横扫，鞭与眉齐，目视前方，此为"乌云罩顶"。稍停，两手活腕使鞭左侧前端向下、向后、向上、向前缠绕前点，此式名"弓势群拦"。稍停，再左转身走"左势扫堂""乌云罩顶""弓势边拦"三式。

以上两组动作可谓"白虎鞭"中典型的短棍招式，动作中步型包含了定步、仆步、独立步，步法包括有跟步、撤步以及身法的辗转起伏，鞭（棍）法的下截、上拦、缠绕点击，下盘的仆腿扫打等。步法多变，鞭（棍）法细腻，耐人寻味。

　　"白虎鞭"中最明显的刀法路数是下面两组动作。

　　一是"退步三鞭"，此式演练时步法连续后倒步，随之单手握鞭（刀）随倒步连续下撩上劈，然后再翻身上步抢鞭向前劈鞭（刀），连续几个式子，步随身转，身带鞭行，上下连贯，一气呵成。

　　二是"蛟龙戏水""金龙缠身""乌龙摆尾""连环转身"一组收尾动作。此式从第67式"湘子挎篮"始，先是下盘双脚连续沿着圆圈走摆扣步，上盘随之两手持鞭上下搅动，走过一圈后，突然身向左转双脚沿圆圈逆行走弧形，同时上盘右手持鞭（如单手握刀）随行步鞭走缠头裹脑下抢（扫）鞭（刀）。如此走过一圈后，再向左斜角上左步下扫鞭（刀），然后撤步收鞭走"卷鞭收式"结束。

　　这一组动作，（步）左右盘旋，（鞭）上下翻滚，身法、步法、鞭（刀）法，协调连贯，动作优美，观之赏心悦目。

　　"白虎鞭"技法丰富，劲力内含，全套动作没有蹿蹦跳跃，大劈大砍招式，演练时要注意以下几个要点。

　　（1）连接动作多做虚步缠点，以蓄势（劲）承接来势，如套路中多处出现的"点指剪腕""直符送书""白蛇伏草"诸式，即是此意。

　　（2）动作缠绵含蓄，翻转拧动，套路中多处显现两手上绞下翻滚动而行的动作，如"青龙转身""黑虎卷尾""青龙摆尾"诸式，下盘步法各异，而上盘翻搅之势基本一样。以上几式看似缠绵有余，刚劲不足，其实这正是此套鞭法的一大特点，此法外柔内刚，螺旋滚动，一往无前，势不可挡，更彰显出"白虎鞭"绝妙的灵动技法特色。

　　（3）"小木棍，大智慧"，屈屈一米短棍在习练者手中能演练出以上丰富细腻的刀、剑、枪、棍之法，没有深思熟虑、没有刻苦求索，何以为之。此技一旦练之纯熟，一鞭（棍）在手，何谓刀法、剑法、枪法、棍法、鞭法，统统化为乌有，到彼时你定会伸手即有。

　　"白虎鞭"综合了传统武术内外两家拳械技艺之精粹，是前人智慧的结晶，我们后学之人如能下大功夫深入学习研究，日久定会体悟出其中更加深奥之内涵。

三十六棍对打

形意对打棍之谜

从民国年间至今，在汉沽地区的形意门中，秘传着一套对打棍法（亦称三十六棍）。我很小的时候就听人讲，形意门有一套棍法，实用性非常强，说这套棍法对打起来，假打就像真打一样，所以又极具观赏性。平时人们很难看到有人公开演练这套棍法，只有在每年出"少林会"时（旧时民间的一种娱乐组织形式），才偶尔能看到有形意门高手演练这套对打棍法。这已是旧话，自"文革"始人们再也难得一见这热闹的场面了。

应该说这套形意对打棍是一套非常珍贵的棍法。这套棍法可两人对打，也可以单人练习。这套棍法招式繁多细腻、动作灵活。全套棍法包含了戳、截、拨、拦、云、穿、拿、架、挡、扎、抢、扫、劈、撩、盖、磕、捅、靠、挤、涮以及舞花等多种棍法。

主要步法有上步、退步、跟步、行步、盘步、虚步、摆扣步、弓步、丁步、跃步、仆步等。

　　我的形意对打棍法是跟吴桂忠老师学的。在学这套形意对打棍法之前，我练过少林六合门拳术。我的六合拳师父是唐山赵各庄矿的张兰普老师，张老师的六合拳是他的义父——河北遵化县（现遵化市）八间房的李振江老师所传，而李振江老师的六合拳师承天津蓟县盘山脚下的老商家。2007年4月12日《天津日报》有报道称，少林寺计划用8~10年的时间与天津联合重建被日本侵略者烧毁的千年古刹——蓟县盘山"北少林寺"，并要把它建成世界名寺。文中提到今日盘山脚下确有一支商氏家族，而且北少林武术文化，今天仍在此家族中传承。据我的师父张兰普老师当年讲：老商家的少林武术得于盘山少林寺的圆空长老，圆空长老是得道高僧，武学渊博，他晚年以自己平生所学创编了许多组系列拳械套路，主要有圆空拳三套、圆空棍三套、圆空枪一套、圆空剑一套、圆空刀一套、双铲三套、大铲一套，还传下一套世间罕见的兵器：短把链子双手锤。这些拳械套路当年大多有图文书籍流传。我的师父张兰普老师家当年就秘藏有一套圆空长老的拳械秘本。那是一套黄纸墨笔小楷配有图文的蓝皮线装古籍册，可惜"文革"中此古籍被师母偷偷给烧掉了。

　　我所学的少林门拳械套路有六合拳、圆空拳、六合枪、圆空刀、剑、棍以及双铲、大铲、短把链子双手锤等。其中的棍法、枪法与形意对打棍法有许多相似之处。形意对打棍法虽说是一套对打棍法，但这套棍法中明显夹带着许多枪法。说来也不奇怪，古传枪法中也是多夹带着不少棍点的，如马家枪法、少林六合枪法、陈式太极枪法（梨花枪加白猿棍），都是枪里有棍，棍中有枪的。因此，我觉得这套棍法（形意对打棍法）与古传诸家枪法、棍法有一定渊源。随着时间的推移，我的这个想法越来越重。几年后的一次机会，我终于将自己的想法说出来向吴老师请教。由于我寻根问底，吴老师终于向我揭开了形意对打棍的谜底（图57）。

图 57　演练棍法

　　吴老师说，汉沽地区形意门所传形意对打棍，原本不是形意门的东西。这套棍法是宁河县的形意门前辈唐维禄先生，从功力门（一说燕青门）吸收过来，加以整理后变成了形意门的东西，后来一代代传承下来了。吴老师说，他是 1959 年在宁河芦台镇跟刘宝镜老师学的这套棍法。刘老师武术绰号"刘三丫子"，是练功力拳的，功夫很好，特别是铁裆功练得很纯。据说当年唐维禄、傅昌荣等形意门前辈都敬他三分。据刘宝镜老师介绍，他的这套对打棍法是从河北沧州传过来的，一直在功力门内传承。在功力门内叫作"三十六对打疯魔棍"，后来传入了形意门。这套棍法步法灵活、棍点多、活把多、棍里加枪，并有很多桑家棍点。

　　刘宝镜老师晚年在芦台镇开了一家中医气功诊所，以中医气功疗法给人治病。当年汉沽有一姓秦的年轻人，因患滑精病到处求医不治，后来经人介绍，经刘老师精心治疗，并传铁裆功，挽救了生命。

　　刘宝镜老师于 1961 年在宁河芦台镇因病去世，终年 70 余岁。

汉沽形意门传三十六棍

唐维禄先生是汉沽地区形意三十六棍的首传之人。先生一生传拳为主，很少教授学生器械。他虽然文化水平不高，但思想开放不保守，最大特点是善于学习。比如，他老人家曾经吸收了外门的判官笔，并丰富了技法，使之更加灵活，成为唐门形意拳的一门绝技。本篇介绍的形意三十六棍也是经过先生吸收改造后，传于唐门的一套形意对打棍法。这套棍法经过先生加工整理后，实用性非常强，虽说是对打套路，但若练习纯熟，你可以从中悟出许多枪棍招法，用于临阵，即可随心使用。一旦情况危急，可以随手抄起棍棒以迎来敌。我想当年形意前辈肯定是看中了这一点，所以能抛去门户之见，将此棍法纳入己门，并作为看家技艺代代相传。

20世纪90年代初，吴老师将这套珍贵的对打棍法，传授于我和吴老师的一个族侄。吴老师常说这套棍法是不可多得的宝贝，我也认为这套棍法是传统武术中的珍品，不想让这宝贵的东西在我们这一代失传，除了传于有德之人，又几经整理，草拟成文，以供朋友们鉴赏（图58）。

图58　对打棍法

形意三十六棍，演练时分两部分，前半部分为过门棍法，甲乙二人各走各式，但棍式相同，唯方向相反。后半部分为四节，为两人对打棍法。初练时一定要按部就班，步法、棍法要中规中矩，一板一眼，不能随意乱打。练之纯熟，可以逐渐加快速度，增加力度，步法上也可以根据两人演练情况，可进可退，可大可小，但不论快慢，都要棍法清晰、节奏分明、打法逼真、练出神韵。

附　形意对打三十六棍谱

（一）前半部过门棍法

1．预备式　　　　　　　　2．转身上步坐堂

3．进步下中枪　　　　　　4．撤步横拦枪

5．上步劈棍　　　　　　　6．上步舞花坐堂

7．进步上下斜劈　　　　　8．上步撩阴棍

9．回身上步撩阴棍　　　　10．转身坐堂

11．转身败式　　　　　　 12．转身劈棍

13．上三步上下击棍　　　 14．二郎担山

15．穿梭舞花棍　　　　　 16．上步上下击棍

17．顺风扯旗　　　　　　 18．回身套步击棍

19．转身下击棍　　　　　 20．舞花回身上中平枪

（注：过门棍法为上下家过门演练棍法，棍式相同，唯方向相反。）

（二）上下家对打棍法

第一节

1．乙方上左步刺上中枪，甲方上左步上拦枪

2．乙方活步刺上中枪，甲方右转身云棍上拿枪

3．乙方活步刺上中枪，甲方跃步抡棍上劈

4．乙方跃步抡棍上劈，甲方上右步横架棍

5．甲方右仆步下扫棍，乙方跃步上劈棍

6．甲方里（右）拨棍转身下扫，乙方撤步坐堂

7．甲方左弓步上劈，乙方退步架挡

8．甲方下戳棍，乙方下截棍

9．甲方倒把上砸，乙方上架棍

10．甲方上右步下戳，乙方退左步拦截

11．甲方倒把上砸，乙方上架棍

12．甲方上左步下戳，乙方退右步拦拨

13．甲方倒把上砸，乙方上架棍

14．甲方上右步下戳，乙方退左步下压棍

15．甲方原地左上斜挑，乙方原地左上拦截

16．甲方上左步挤靠错棍，乙方上左步挤靠错棍

17．甲方上步舞花回身刺上中枪，乙方上步舞花回身上拦枪

第二节

18．甲方活步刺上中枪，乙方右步转身云棍上拿枪

19．甲方活步刺上中枪，乙方跃步抡棍上劈

20．甲方跃步抡棍，乙方上右步横架

21．乙方下扫棍，甲方跃步劈棍

22．乙方里拨转身扫棍，甲方撤步坐堂棍

23．乙方左弓步上劈，甲方退步架挡

24．乙方下戳棍，甲方下截棍

25．乙方倒把上砸，甲方上架棍

26．乙方上右步下戳棍，甲方退左步拦截

27．乙方倒把上砸，甲方上架挡棍

28．乙方上左步下截，甲方退右步拦截

29．乙方倒把上砸，甲方上架棍

30．乙方上右步下戳，甲方退左步下压棍

31．乙方原地左上斜挑，甲方原地左上拦截

32．乙方左上步挤靠错棍，甲方左上步挤靠错棍

33．乙方上步舞花回身上右步横扫，甲方上步舞花回身左弓步立棍拦截

第三节

34．甲方右上步横架，乙方右撤步折打

35．甲方左上步横架，乙方左退步折打

36．甲方右上步横架，乙方右退步折打

37．甲方左上步横架，乙方左退步折打

38．乙方原地捅棍，甲方原地下压棍

39．乙方右撤步斜劈，甲方右上拦截

40．乙方右转身舞花回身跃步抢棍，甲方右转身舞花回身进步架挡

41．乙方上右步挤靠错棍，甲方上左步挤靠错棍

42．甲方上步舞花回身上右步涮棍（横扫），乙方上步舞花回身左弓步立棍拦截

第四节

43．乙方上右步横架挡棍，甲方右退步折打

44．乙方上左步横架，甲方退左步折打

45．乙方上右步横架，甲方退右步折打

46．乙方上左步横架，甲方退左步折打

47．甲方捅乙腹，乙方横棍下压

48．乙方转身上步舞花回身上步架挡，甲方转身上步舞花回身跃步抢劈

49．甲方上右步捅乙腹，乙方下压辊

50．甲方上左步挤靠错棍，乙方上左步挤靠错棍

51．甲方上步舞花回身上左步进上中枪，乙方上步舞花回身上左步进上中枪

52．甲方右转身退步抱棍收式，乙方右转身退步抱棍收式

太极篇

1999 年 5 月，马虹老师应解放军报社傅大庆老先生之邀，赴京城举办了陈式太极拳全国第十五期教练员培训班。我有幸参加了这次培训班，感受最深的是马老师关于拳架是太极拳一切功夫基础的精辟论述。他老人家说："拳架是门面，是代表，是太极拳全部功夫的基础。""杨澄甫、陈发科功夫好，但是最代表他们功夫的是什么？还不是他们留给我们后人的优秀太极拳架？你推手好，只能是一时的，只有练好了拳架，健康才会伴随你一生。"（图 59）

关于练好拳架，马老师强调，第一要选好一个拳种，选好了就要专心练下去（图 60）。对于那些朝三暮四、见异思迁、练拳不专心的人，老师给予了非常形象的批评，他说："茅台是好酒，五粮液也是好酒，可你把茅台酒倒进五粮液的瓶子里，那就什么也不是了。"

他告诫我们："人的一生时间有限，要认准一件事，老老实实、认认真真地钻研下去，干出点成绩来。第一，太极拳是一门科学，科学是学问，做学问信奉的是一个'实'字。一步一个脚印，一天一点长进，方能积少成多，积薄成厚。那些虚假浮华、沽名钓誉之辈终将会成为人们的笑柄。

"第二，一定要下大功夫，不要怕吃苦。陈发科日练拳三十遍，几十

图 59　与马虹老师（中）、傅大庆老师（右二）等合影

图 60　马虹老师拳照

年坚持不懈；陈照奎日练家传低架子拳二十遍，几十年从不间断，这充分说明前辈们高超精湛的太极功夫是练出来的，长期的拳架修炼为他们日后名闻天下的太极功夫打下了坚实的基础。

"第三，不要傻练，要善于用脑子练拳。要从规矩、明理、知法、懂劲、功力、神韵这六个方面下功夫，才能收到事半功倍的成效。"

这次培训班上，有一位师兄弟推手功夫很好，可是拳架练得不够理想，老师用了两天的时间给他改拳，事后老师语重心长地对他说："推手要练，但是拳架一定要练好。现在你年轻可以推手，到老了还是要靠拳架（打拳）。"看着老师那样认真地给他改拳、讲拳理，我非常感动。我想很多同学在接受老师改拳时都会有这样的感觉：他老人家着急呀，老师对我们的一举手、一投足都倾注了大量的心血，是希望自己亲手播下的种子，日后不但能长出茁壮的苗，更能结出丰硕的果实。

2001 年 10 月中旬，北京密云区体育局组织了一期培训班，请当代太极拳名家马虹老师讲授陈式太极拳拳理和功法。在这期培训班将要结束时，马虹老师根据学员们在学拳中出现的若干问题，进行了一次有针对性的谈话。以下内容，就是我根据马虹老师当时的谈话记录整理而成，提供给读者，以供参考。

马虹老师讲：大家在这几天练拳中出现了一些问题，下面提出来供同学们参考。

眼神勿散

眼神是一个人精气神的窗口。有些人打拳不注意这个，眼神无目标，一副漫不经心的样子，其实这也是"散"的一种表现。眼神是人的神气的外在表现，打拳时假设敌人在什么地方，我的动作、劲力走什么路线，劲点在什么地方，落点在那儿？这些都要搞清楚，都要有意念去引导，眼神应当是随着心意（意识）去注视、顾盼的。

陈式太极拳眼神的用法，陈照奎老师主张"视敌方为主，同时以余光兼顾左右"。一般讲，交手时多注意己方之手，但向右侧捋敌右臂时，则要注视前面之敌，而不视己手。如陈式太极拳一路（83式）"金刚捣碓""掩手肱捶""倒卷肱"皆为眼注前方之敌，不准眼往后看己手。这和有些派生的太极拳不一样，他们走"倒卷肱"一式，眼是随着后划之手向后看，看似潇洒，其实拳意已失。

手形也是基本功

有些人好像不拘小节，打拳时手形很随便。大家可以观察，打拳什么样的手形都有，很不规范。

陈照奎老师当年传拳时，非常重视手形以及手的作用。"每一举动，其根在脚，发于腿，主宰于腰，运化在胸，形于手指。"他认为，手指松散则神散、力散。松要松到手指肚，手形也是基本功，不能含糊。

陈式太极拳的手形、掌法，要求是瓦棱掌，即大拇指、大鱼际都有向里与小指相合之意。意念劳宫穴凹进去，手指翘起来，大拇指不要贴紧，应该是四指松松地合拢，虎口要圆，既不要张开，如"五股钢叉"，又不许死死并拢，也不要像京剧演员的"兰花指"。

人家看你打拳，不论是比赛、表演，还是平时练拳，不论打到哪个拳式，应该是找不到毛病才好。过去我们学拳，老师是重视手形的，连手形都弄不好，怎么学拳？所以平时练拳应当重视手形的规范，要把手形练准确。

弓蹬步不是马步

这也是一些人经常出现的问题。有些人打了多年拳，就是搞不明白弓蹬步。

　　陈式太极拳中"懒扎衣"的定式、"单鞭"定式、"抱头推山"定式，这些式子都是弓蹬步（图61）。我建议弓蹬步练不好的学生，平时要单练这些式子，反复练，自己给自己加码。

　　陈式太极拳的弓蹬步与其他拳的弓蹬步不同，要求是：前腿要弓好，膝盖要与脚尖上下垂直，身子要正，头顶领劲不要丢；后腿的小腿膝盖用意念要卷进来，后腿似直非直，要蹬上劲；腰要意向下塌，松胯，气沉下来。

　　自己练时要多检查，多站弓步桩，体会全身的协调劲。很多人练了多年拳，弓蹬步与马步都分不清，这怎么行！

图61　演示单鞭定式

时刻"立身中正"

　　很多人打拳时"立身中正"注意不够，太极拳讲究中正安舒，打拳时要注意在全身放松的前提下，保持上身中正。

　　好些人在打拳时向前发拳、推掌，手向前去，身子也跟着向前扑。如"斜行"第五动左弓步右推掌、"掩手肱捶"第五动左弓步发右拳，都要求向前发掌、出拳时，身体不许前俯后仰，要保持立身中正。练类似动作时，注意不要把上身领偏，上身都不许倾斜，手不管怎么推、怎么打，上身都要始终保持中正。

对称劲

陈照奎老师传的拳架中，一系列动作都强调阴阳平衡，有上有下，逢上必下；前发后塌，左发右塌，右发左塌；逢左必右，逢右必左；有内有外，内外兼修。身法上要对拉拔长，又要相吸相系，强调对称劲，劲要八面支撑，处处、时时保持平衡，做到周身一家。

比如"金刚捣碓"的第五动，右手握拳上提，右腿提膝，而左手、左腿下沉；"金鸡独立"式，右手上托、右膝上提，而左手下按，左腿再屈、重心再下沉。如此等等都是升中有沉，沉中有升，轻沉兼备的练法，要养成习惯。又如向下"跌叉"，头部的上顶劲不能丢，身子不要向前倾，上身还是要保持中正。打拳时一定要勤于动脑筋，边打边悟，才能不断进步。

发劲要整

陈式太极拳的主要特征之一是发劲，发劲的特点是松活弹抖，这种劲力是在全身放松的基础上，以丹田内转为核心，借助脚蹬地的反弹力，在瞬间发放出来的一种螺旋振荡式爆发力。

我特别强调的是发劲要走腰劲，手臂的动作，不论大小都要以腰劲（丹田劲）带动。陈照奎老师常说："发劲要主宰于腰，结合丹田带动。""腰不动，手不发；内不动，外不发。"每一动都要以腰为主宰，以丹田（腰）带动四肢螺旋缠绕，平时打拳要多找这种劲。打拳时，不管是运化中的柔劲，还是发出的刚劲，都要随时留意走的是不是腰劲。发劲前要想到放松，一定要做到百分之百地放松，蓄劲就是松之再松。还要想放松后劲怎么发出去，是用腰的转动，把手臂带动甩出去的吗？

比如"掩手肱捶"一式的前四动，都是在全身放松的状态下，以腰旋转带动两手臂的顺逆缠丝，只有第五动的最后一发，右脚蹬地，左腿前弓，腰向左拧，胯向左转，以腰轴的旋转带动右臂、右拳向前甩、弹抖发出去。而这一拳打出后，全身马上又放松下来。首先是两肩松沉，腰胯松塌后坐。然后，又是以腰劲（丹田鼓荡）带动右手臂向前掤出，右拳先逆后顺收回腹前，走一个接劲。常见有些人不注意这一接劲走法，很随便地用右手臂向前一伸即收回来了，完全是手臂的局部动作，根本没有用腰劲向前推动，这样的走法实际是"单摆浮搁"。所以我说，一定要认真练习陈式太极拳，特别是在拳式转换连接的地方，意念不要丢。打拳时，动作不论大小，劲力不管发与不发，都要保持周身的整体性，即以腰为力源，为枢纽，带动四肢顺逆缠丝，柔化刚发。

倒换虚实，倒换重心

大家都注意到了，陈式太极拳时时在倒换虚实，倒换重心。

我要提醒大家注意的是，在倒换重心时，裆部也要走下弧，陈老师比喻作"走锅底形"，"不许把重心扛过去"（即不能走上弧，或平移之意）。即使这个式子很低，如"雀地龙"，再接着做下一个式子时，也要先沉一下（这叫松之再松，沉之再沉）。这样练，一是使重心稳定，打拳就是为了随时能保持自身的平衡，在推手时能做到随遇平衡；二是锻炼下盘功夫，本来拳架就低，再加上这种裆走下弧的要求，运动强度更大，难度也大，确实很吃功夫。但是，这种功夫不论对健身还是技击，都有很大好处。

拳架

拳架是重要的基本功

　　传统太极拳不同于其他武术项目，（太极拳）平日练功一般就那么一两个套路，历代太极拳大师都认为太极拳的功夫主要来自拳架的锻炼。据说吴式太极拳的宗师吴鉴泉先生，要求弟子在三年的时间内打满一万遍标准拳架，以达到招熟。陈式太极拳理论家陈鑫强调："拳打万遍，其理自现。"陈式太极拳一代宗师陈发科每天打拳 30 遍，要求其子陈照奎日练家传低架子太极拳 20 遍。

　　陈照奎先生曾言："拳架锻炼，是太极拳最重要的基本功，因为套路中的各个拳式，都是搏斗中有效动作的总结。各种拳术最初大多是单独的招式，以后发展为连贯一体的成套的拳路，即所谓套路或拳架。通过套路的锻炼，可以初步使自己的动作适应搏斗的要求。"凡学习研究太极拳的朋友都有这样的体会，太极拳是一门博大精深的学问，它不仅仅是一种拳术，它更是深奥的哲学，是中国传统文化的一个鲜活载体。经常习练太极拳，不但会对人体的生理健康产生良好影响，也会对人的精神世界的升华起到不可估量的作用。

可以说太极拳既是养生术，又是防身术，更是陶冶情操的精神修炼术。关于如何修炼太极拳，前辈大师们各有传世名言，而我的老师马虹先生的《试论太极拳的修炼工程》一文则更为具体地把锻炼太极拳的过程总结为"六合一"（即规矩、明理、知法、懂劲、功力、神韵合一）修炼工程。大师们的经典之作都是至理名言，学者不可不读。我这里不做理论上的深入探讨，仅就如何更好地锻炼拳架这一问题，谈一点个人的认识，以供朋友们参考。

拳道如书道

学习太极拳，对于初学者主要是先掌握好动作，在老师的指导下，按照拳式动作要求，规规矩矩进行一招一式、一手一脚的动作模仿。经过半年乃至一年时间的学习（以陈式老架低架 83 式为例），初步掌握了动作基本要领后，再进行放松的练习，当然在其后乃至若干年期间，还要不断地修正拳架动作，并且不断细心揣摩拳式的深奥内涵，以充实自己对拳架的理解，提高太极拳的技艺。

当我们经过一定时日的学习，初步掌握了太极拳的一些要领后，太极拳的锻炼，也就可以称作是一种修炼了。这是一种漫长的劳其筋骨、磨炼意志的修炼，也是一种需要耐得住寂寞的修炼，因为太极拳运动是不事张扬，求常人不能而能、得常人不乐而乐的一种超俗的身心修炼术。正如一位对太极拳颇有研究的小说家所言："练太极拳主要不是练拳脚功夫，而是练头脑中心灵中的功夫。如果说'以智胜力'恐怕还是说得浅了，最高境界的太极拳，甚至不求发展头脑中的'智'，而是修炼一种淡泊平和的人生境界。"应该说练太极拳是件美好的事，操之得法会使人精神超脱，身心愉悦。但练拳一定要操之有法，切不可蛮练。前辈们常常告诫我们：练拳要用脑子练，不要做拳的奴隶，要做驾驭拳的智者。还是以陈照奎先生所传陈式老架太极拳83式为例，我个人认为，先人对这套拳架的编排是非常精心巧妙、科学合理的，并且也给后学者留有充分发挥个人潜力的空间。

首先它可以满足不同性别、年龄段的人选择其锻炼方式的要求，可以根据个人情况，来选择高、中、低三种架势来练习。其练习一趟拳架的时间、速度以及用力大小完全可以根据个人具体情况而定。

练这套拳架犹如习练书法。放慢时如楷书，一笔一画力重千钧；又可以如行书，起承转接，圆转灵活，行云流水，一气呵成；也可以如草书，笔走龙蛇，大气磅礴。拳道如书道，练拳如写字，我们学会了写字，但要想写好字，你不下点功夫，终是成就不了的。因此，我主张我们平日练拳要像练书法一样，同样一个套路，不妨用多样方法去练，但这里有一个原则，不管你怎么练，拳式结构不能变，技击含义不能变，这也像写字一样，写法虽各异，但字义不能变。

平日练拳如有充足的时间，可尽量一次连续多练几遍，练拳前可以有意安排好每遍拳所练之重点，做到心中有数。

头遍练习可重在规范动作，一招一式、一手一脚，都要严格按照拳谱要求认真去做，出手上步，手脚一定要找准位置，方向、角度分毫不差，绝不含糊。每一招式动作的劲别、劲源、劲路、劲点及其技击含义都要搞清楚弄明白，要打明白拳，不练糊涂拳。这一遍练习的要点是循规蹈矩，举手投足有章有法，节奏可慢一点，意念要轻一点。多注意身体各部位上下、左右、前后的协调配合，力求做到外形动作的整齐一致。

第二遍的练习可侧重意气练习，但此时要强调放松，特别注意全身上下九节各关节处的放松。每个招式动作尽量练大，不练小，要开展大方，意气放长，抻筋拔骨；要注意每个式子连接处的起承转合变化，迈步出拳要自然得机得势；要用意不用拙力，上下相随，完整一气，做到外形饱满，内气鼓荡；要以心行气，以气运身。行拳走架"勿使有凸凹处，勿使有断续处"，始终绵绵不绝，周而复始，循环无穷，如长江大河滔滔不绝。

第三遍的练习，意气、劲都要淡一点，重点要放在神气的锻炼。练习者应当充分调动自己的潜意识，力求多发掘个性的东西，打出这套拳应有的气势。

从拳架走势上，动作更为流畅，步法更为灵活，其中很多拳式，如前蹚拗步、掩手肱捶、抱头推山、双震脚、玉女穿梭，等等，都可以走活步练法。从拳式节奏、劲力安排上充分发挥个人的想象力。到此，这个拳要打出情景，打出神韵来。练拳者要以拳寄情怀，即把崇高的精神、情操、意志融入每一个动作之中，把拳打活了，给人以意境美之享受。正如陈鑫公在其《拳论》中所述："一片神行之谓景，景不离情，犹情不离乎理相连故也。心无妙趣打拳，则打不出好景致。问何以打出好景致？始则遵乎规矩，继则化乎规矩，终则神乎规矩。在我打得天花乱坠，在人自然拍案惊奇。里面有情，外面有景，直如天朗气清，惠风和畅，阳春烟景，大块文章。处处则柳媚花娇，招招则山明水秀，游人触目兴怀，诗家心往神驰，真好景致！拳景至此，可以观矣。"打拳至此，才算达到神形兼备的水平。

多练活步拳

我个人体会，习练拳架除了按以上方法锻炼以外，一定要多重视步法的练习。过去武行有句老话："教拳不教步，教步打师父。"可见步法在武术中的重要性。我的老师马虹先生当年教我们练拳，就非常重视拳架中步法的运用，他除了传授拳架中的各种步法的要领外，更特别强调各种步法的运用，如跟步、顿步、磋步、过步、跃步、套步（插步）、倒步、跨步、盖步，等等，掰开揉碎地给我们详解这些步法在实战中的用法。在带我们练拳时，他总是让我们多走这些活步的练法。一代宗师陈照奎先生对太极拳的步法更是倍加重视。"他是个极有科学精神的太极拳大师，他教的拳是低架，为了增大运动量及技击作用，他还教了一套活

图 62　陈照奎演练"懒扎衣"一式，摄于 1958 年

步（增加步法）太极，很吃功夫，一趟活步拳比三趟普通的（拳架）要累。"（引自妥木斯《忆陈照奎老师当年谈拳》）（图 62 ）

当然，套路的练习，只是太极拳功夫修炼的一个重要方面，要想达到太极拳的上乘功夫，还应在单式训练、推手、功力训练、器械训练、散手训练、心理训练等诸多方面同样下大功夫，这样才可能取得理想的成就。

运手

　　在陈式老架太极拳一路（83式）中，有两个式子（倒卷肱、运手）比较难练。我的师父马虹先生在一次授课中，对这两个式子做了重点讲授。下面就是先生对其中"运手"一式的授课内容。

　　我们这套拳，"运手"和"倒卷肱"一样，这两个式子是这套拳里比较难练的式子，难的是动作要保持左右、上下的协调，要保持手脚的配合（左手与左脚，右手与右脚），以及脚与脚的配合。这个拳特别强调整体劲，一动无有不动，大小动作都要体现全身配合，强调整体协调。我觉得越是较难的式子，越要仔细研究它，搞清楚这个式子的运行路线、方向角度、力点变化、式架结构，以及节奏变化等。这样深入研究，对正确掌握拳式的技术要领，打好整套拳是有一定好处的（图63）。

　　俗话说解剖麻雀，从一粒沙子看世界。我们就是要从一个拳式动作，体现出太极拳的全部特点。首先

图 63　马虹老师演练"运手"一式

要认准自己，肯定自己，还要不断超越自己。平时练拳，要不断给自己设定一些课题，老找自己的毛病，老用拳谱、拳理检查、规范自己的拳式。如我们过去打拳时，常常事先商定好，这个星期规定练脚的抓地，下个星期着重练动作的节奏，再下个星期练呼吸如何配合好动作等等。就是这样，老是不断地给自己下课题。我这些年就是这样练的。总结起来就是：死认真，傻坚持（认真按老师传授的东西练，坚持老师的东西不改动）。

"运手"是 6 个动作，也可以是 7 个动作。

1. 手法

两手左右划圆，上边圈是逆缠，下边圈是顺缠。如：左手走下半圈变逆缠走上半圈时，一定要塌掌根，再先穿掌、坠肘、坐腕（穿掌时手指不许超过肩），然后再走上弧。如左运手，上边先走肘掤，再走手捋，左手运到左眼左前方；下边是右手运到腹前中线，上边是左上捋；下边是右手向左横切，用小指一侧走切劲，右手切时，右肘要掤起来，切是切其肋，力点在小指一侧。

2. 步法

三种步法（三种腿法），四个方位（击打方法）。

三种步法：盖步、后插步（背步）、并步。

（1）盖步：如走左运手，右脚向左脚前横上步，先右脚跟外侧着地，再全脚踏实，然后重心向右移，右脚踏实，提左脚向左侧上步，先脚跟内侧着地，再全脚踏实。

（2）后插步（背步），如走左运手，右脚向左脚后插步，要先重心移向左脚，然后提右脚向左脚后插步，要先前脚掌着地，再全脚踏实，然后重心向左移，右脚踏实，提左脚向左侧上步，先脚跟内侧着地，再全脚踏实。

（3）并步，如走左运手，右脚向左脚内侧跟步，也叫并步，间距两拳宽，先前脚掌着地，然后震脚踏实，重心移向右脚，再提左脚向左侧上步，脚跟内侧先着地。

四个方位：左、右、前、后。

（1）左运手，当重心在右脚时，提左脚向左侧蹬出，右手走右上捋，左手向右横切，然后重心左移，提右脚向左侧横蹬。同时左手走左上捋，右手向左侧横切。眼先看右，再看左。

（2）右运手，向左运手当运到重心在右，后脚蹬出，右手右上捋，左手向右横切时，重心由右移向左，同时上边左手划弧向左上捋，右手走下弧向左横切。身向左转，右脚向左侧蹬出，走右运手即可（转身后，与左运手方向相反，方法相同）。

（3）前运手，后运手。上述左右运手若为面向前，即为前运手。从前运手运到右插步，左手在左上方，右手在腹前时，向右后转身180°，由南转向北，这时右脚震脚，左脚提起向左侧蹬出，同时右手变成右上捋，左手向右侧横切，即变为后运手。

运手的练习方法按趟数是单数，动作也是单数。按以前的练习方法为一、三、五趟，由右至左为一趟；由左至右为二趟；再返回由右至左为三趟。数量多少可灵活随意运作。另外，向左运步要注意重心基本保持在一条平行线上前进。

注意：

（1）盖步时，右脚向前上盖步，上步时尽量往后点落步。

（2）左脚（后脚）上步时尽量往前点上步。

（3）走插步时，右脚后插时尽量偏前。

（4）左脚上步尽量偏后。

（5）上步时两腿裆间要留有空隙，不要夹死。

3. 技法

（1）后插步（背步）是摔法。如当对方从正面抓我两臂或抱我腰时，都可以用后插步施摔法。如对方抓抱我时，先听其劲力，如果他右边用力大，我则顺其劲，向右转身，同时我右腿悄悄向其左腿后尽力插步，向右拧身甩头变脸，同时我两手臂抓其臂或用双臂肘合力将其摔倒。

（2）盖步是蹬击敌人前腿。配合上边两手上将，中间横切，下边用脚横蹬对方膝盖。

（3）并步是横蹬踹法，后脚跟步是为了加强整体发劲力量。

（4）"运手"一式的两手用法主要是上掤将、下切击。同时内含有手打、肘击、肩靠诸法。左运手系对付左侧之敌，右运手系对付右侧来敌，后运手是一种背步摔法。前后左右，变化灵活，用于实战可不拘定法，随意变换其打法。

如运手一式之动作三、四，我左侧一敌人进右步以双手用按劲向我左臂击来，我乘势身向右转，左臂肘顺缠里合，将其劲引进落空，然后我提左脚向敌裆内插步或走外环套住敌右脚，然后我重心由右变左，如贴身可用左肩向敌胸部、腹部击去，稍远用左肘击敌右肋部或胸、腹等部，再远用左掌向敌面部、胸部击去。如套住敌右腿则用上击下跪（里扣外翻）之劲击、摔敌人。同时右脚变虚步并于左脚旁以助左腿之劲力。此时，如我左手掤起敌右臂，我右手可以向敌腹肋用横切劲进击。

4. 上下配合

两手上下配合，上将下切，如左手走上将，右手走下切。手脚上下配合，如上边两手走上将下切，下边两脚则走蹬踹之法。

5. 眼法

左运手，眼就是以看对方（左侧）为主，眼神可以兼顾右侧。

6. 防止动作起伏

走运手一式动作不能忽高忽低，要坐好胯、塌下腰、沉住气（气沉丹田），身体基本保持同样高度。

关于"运手"一式的动作分解，请参阅马老师所著《陈式太极拳体用图解》一书。

以上马虹老师的授课内容，是我根据自己听课记录整理的，难免有疏漏之处，提供读者，以供参考。

倒卷肱

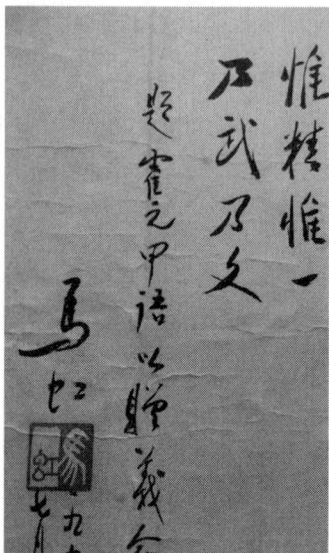

图64　马虹老师题字"惟精惟一，乃武乃文"

　　马虹先生的教学作风是非常严谨的，他平时最不满意的是看到个别学生漫不经心地打拳，他认为要练武就要刻苦去练，要不就别练。他身体力行，一生规规矩矩打拳，先生现虽已是耄耋高龄，每天仍坚持练拳、教拳，其拳式雄风更是让吾辈后学汗颜。记得两年前，先生曾经语重心长地对我讲："你要从三个方面研究这套拳。一是鲜明的形象，二是明白的道理，三是清晰的劲道。你今后一定要从这些方面下功夫，细心地研究她……"先生认为一个人要想在武学上取得一些成绩，首先要具备一定的文化素质、武德修养，另外需要有惟精惟一的信念，要耐得住寂寞，专心致志地研究一门学问。他反对朝三暮四，心浮气躁的作风，他认为学武之人没有文化修养不行，不专一也不行。他认为历史上有成就的武学大家，大多是专一持恒者（图64）。

　　基于这种信念，先生自1972年从学于陈照奎先生后，一生与陈式太极拳为伴，爱她、研究她，几近痴迷。先生对陈式太极拳的研究程度之细之深，在当代中国的太极拳师中可谓屈指可数。

下面我向读者介绍一下先生对如何练好陈式太极拳中"倒卷肱"一式的授课讲话记录，供大家参考。

"倒卷肱"八大要点

"倒卷肱"这个式子与"运手"一样在我们这套拳中属于较难练的式子。下面我讲一下这个式子的八个要点（图65）。

1. 步法

（1）"倒卷肱"是双腿交替退步（倒行步），撤步时，两脚横向距离要保持一肩宽，两个脚尖都要斜向前方，后脚脚尖与前脚脚后跟横向基本在一条线上。另外，前脚在撤步时要走里弧，不要直着向后撤，并且

图65　马虹老师"倒卷肱"拳照

在后撤时前脚掌要擦地而行，最后是顿步出掌（左脚顿步，向前出右掌；右脚顿步，向前发左掌）。

（2）膝部开合，后撤步上边两手开时，重心要偏于前脚。上边开，下边也要开（上边两手臂开，下边是两脚膝开）；上边合，下边也合（上边两手肘合，下边两脚膝合）。另外下边后脚跟与上边前手掌根要说上话（相合之意），即上边出掌，下边后脚顿步发劲。

2. 手法

（1）两手不论开、合都要走弧线。这个拳的要求就是，手脚之运非圆即弧，绝无直来直去之理。注意开时重心偏于前脚，合时重心偏于后脚。

（2）两手臂走合势时，左右手要合在一条直线上，即前手合在胸前，后手合在耳门侧，两手掌根相合。

（3）开时，两手走逆缠，前边左（右）手在左（右）眼左（右）前方；后边右（左）手在右（左）胯外侧。另外两臂要保持半圆（掤圆），前后手虎口要相合。

3. 身法

（1）"倒卷肱"之运行不要光耍胳膊腿。一定要以胸腰带动四肢，腰不动手不发。手开时，胸开、裆开、膝开；手合时，含胸、扣肩、合膝。

（2）螺旋进退，这个拳就是要整体螺旋带动四肢的顺逆缠丝。"开在螺旋中开；合在螺旋中合。"手进是螺旋，脚退也是在走螺旋，手脚进退都要走弧线。

4. 动作步骤

开、合、撤、推。下边是脚向后撤步，上边是前手向前推掌；前手向前推后，两手掌再下按，即两掌先逆后顺，下踏外碾，在原地走一个小圈，然后呼气、放松、身子下沉。

5. 技击含义

"倒卷肱"一式双腿交替退步，含有前踢、后踩、横蹬之作用。左腿管左半边，右腿管右半边，合起来为圆。关键在于虚实要清楚。此式是以退为进的方法，左右倒退向后退步。但退中有进，步退手击。这是脱围避敌，仍能保护自己的方法。如对方推我时，我招架不住，要后退，但退中要有进。退时上边两手臂先合住对方两小臂，然后再推捌对方。近时用肘击，远时用手推打。同时下边可以使脚勾绊对方。还要加上膝的开合劲。如我膝在内，可以用小腿弹他；膝在外，可以运用膝部的叩击作用。双臂肘的一开一合，使用的是双肘弯的截法（也是一种肘拿法）。另外，如果敌人从身后抱我腰，我胸腰一开一合，同时我退步插裆，可以用双肘后击敌人胸肋部，故又称此式为"倒穿心肘"。

6. 眼法

此式眼主要以看前方（敌人）为主，此式不允许看后方。

7. 快慢相间的风格

此式的特点是退要促，进要柔。退步要短，退要沉稳（后撤之脚要擦地而行，顿步出掌）；进要轻灵（两手臂开合，都要走顺逆缠丝劲，都要走弧线，不许直来直去）。

8. 式架沉稳，防止起伏

倒行撤步势架要沉稳，基本保持一样高。不要一会儿起来，一会儿落下。要塌下腰、坐住胯、沉住气（气沉丹田）。

节节贯串，活似车轮

"倒卷肱"一式动作最少做七个，退三步，是单数；一般练习退五步，动作做十三个，动作与退步仍是单数；退到左手与左脚都在左后方时，以接下式。

从动作中要充分体现出周身的节节贯串及以腰部为主、活似车轴的练习要领。

动作一：（1）左手顺缠上升，向上引劲，高度超过头顶，身子下沉，两膝相合，重心偏左。沉右臀翻左臀，左手顺缠时，右拳也要顺缠。

（2）两臂于胸前上下相合，右小臂在上，突出右肘，左小臂在下，右拳变掌，两手心均向下。含胸、吸气、松胯。

（3）向后撤左脚走内弧，左脚后撤时，前脚掌擦地退步，顿步发劲。左脚顿步同时前手（右手）从左腕下（大臂下）向右前方发掌，高与鼻齐。左掌下落于左胯外侧偏前上。两手指斜向前，虎口相对，两臂掤圆。右手向前开时，重心偏前（右侧），前推右掌。此式定式时，左右手再走一个先逆后顺、下踏外碾的小圈，然后呼气、放松、下沉。

动作二：两手分向右前外和左侧后外略逆缠再开一下，上边两手掤开，下边胸开、裆开、膝开。重心偏右前。

动作三：两手横向开走弧线，然后纵向合，两肘合在一条横线上；两手合在一条竖线上，右手掌指斜向前，掌心斜向左，右手合在胸前；左手划弧合在左耳门，踏掌根，手指向右，手心向内。重心偏左后。

注意：开时两臂要掤圆。开时重心再向前移一下，同时两掌再向前后撑开。开时手开、胸开、裆开、膝开。合时含胸、塌腰、合膝。前推手时，前后手都要走弧线，不要走直线。开时劲点在大鱼际，合时劲点在小鱼际。

动作四：右脚跟提起，前脚掌擦地走里弧向右后外撤步，顿步发左掌，左掌推向左前方，高与肩平。右手划至右大腿外侧，两臂掤圆，虎口相对。眼瞻前顾后。重心偏左前。

动作五：此动与动作二相反相同。

动作六：此动练法与动作三相反相同。

动作七：重复动作一的练法（2）、（3）段。

以上所述，仅供参考，如有疏漏或不当之处，应以马虹老师《陈式太极拳体用全书》为准。

练拳要快慢相间

　　太极拳，在一般世人眼里总是慢悠悠、软绵绵的样子，就是在一些太极拳名家的拳论中也常见有这样的提法：练太极拳动作要缓慢，呼吸要均匀，要大松大软，要用意不用力。他们认为，只有这样轻柔缓慢地练，功夫才会上身。多少年来，无数太极学子在这神秘的怪圈里晃荡，可绝大多数人，穷尽毕生精力，也丝毫没有领略到一点当年"杨无敌"杨露禅太极神拳的韵味。时至今日，太极拳可谓风靡九州，且正在向世界发展，可是太极拳轻歌曼舞之风，竟越演越烈。随着时代的变化，现代太极拳已经演变成了武术的另类，她已经逐渐演化成了中老年人健身养生的太极舞操。

　　能让我们感到一点欣慰的是，在今天，社会上公开演练的众多太极拳流派中，陈式老架太极拳还保留着一些传统太极拳的古韵。陈式太极拳是古老的拳种，其他流派的太极拳（如杨式、吴式、武式、孙式）都是在陈式太极拳的基础上发展创新的。陈式太极拳的运动特点是：刚柔相济、开合相隔、快慢相间、顺逆缠丝、动作螺旋、虚实互换、节节贯串、轻沉兼备、松活弹抖。其中快慢相间的练法是陈式太极拳有别于其他太极拳流派的一个突出特点。本文仅就此谈一点自己的认识，供读者参考。

快慢相间地练，历来是太极拳的一个重要特点。据有关资料介绍，1914年前后，在前"北京体育研究社"的年会终了时，在场各武术家乘兴表演，当时在太极拳方面，有杨澄甫和吴鉴泉双演太极拳，他们采用的都是大架子。而且整个表演过程是有快有慢，表演时间是8分钟。据我个人所掌握的资料，杨式、吴式两派门里所练都有快慢相间的拳架，而公开演练的只是侧重于健身的普及架子。

随着社会的变化，人们比较重视太极拳健身功能的发掘，因此，各种太极拳健身套路应运而生。但这些套路的创编者忽略了一个问题，太极拳是意气运动，它要求把意识贯注于动作之中，因此为了不使意神涣散，则动作就要快慢相间，这样才能配合意气的起伏特性，促使注意力得到稳定和神气鼓荡。而对人的心理、生理研究结果表明，要保持长时间的同等强度的注意力而不破坏其稳定性，是不可能的。如我们乘坐长途客车旅行，初时坐在车窗旁观望沿途风景很有兴致，但时间一长就会感到乏味，久之渐感懈怠。所以，要使注意力稳定和神意不涣散，就必须使注意力的强度有高低变化。打太极拳也如此，常见有些一味追求慢打太极拳者反映，一是强度不够，二是没有兴趣感，打来打去常有萎靡不振、提不起精神之感。其实，动作的快慢相间也是人类的一种天然本能，它既是保健所必需，也是技击所不可缺少的。

世界上万事万物都是互相依赖、相互促进的，所谓阴中有阳，阳中有阴，阴阳互孕，阴阳相济。打太极拳也离不开这个道理。古拳论曰："太极者，无极而生，阴阳之母也。""阴不离阳，阳不离阴。阴阳相济，方为懂劲。"中国传统武术历来讲阴阳之道，所谓一阴一阳谓之拳。只侧重阴柔的一面或只侧重阳刚一面都不是完整的太极拳。太极拳快慢相间的练法是顺应人的心理和生理自然特点的。长期这样练习拳架会巩固人类自身生理本能，会强化人体呼吸、消化、循环各系统功能，也会改善人体筋骨肌肉的综合素质，提高健康水平。若想进一步研究推手、散打，那么快慢相间的练法，当是一个拳手必不可少的锻炼程序。因为一个拳手所要具备的精神意识、劲力转换、动作快慢反应、呼吸变换都会在快慢相间的拳架演练中得以锻炼提高，有了这个锻炼过程，你才会在推手、散打中适应瞬息万变的高强度的人体对抗（当然这只是一个方面的锻炼）。

目前在太极拳界对于快慢相间的练法，是有不同认识的。同是练陈式太极拳的人也有不同的理解。有人认为，我打第一遍拳慢点，第二遍快点是快慢相间；也有人认为我初学时慢点，学成后再练快为快慢相间。

马虹先生传陈发科—陈照奎先生一脉相承的陈式老架、大架、低架太极拳则主张一趟拳从头到尾，有快有慢，有起有伏，波浪式前进。具体每个式子的各个组成动作之间，也要有快有慢。发劲快，蓄劲慢。柔化动作一般要慢，刚发动作一般要快，套路中各个式子快慢有不同，有的式子要快（如连珠炮、穿梭等），有的式子则可以缓慢（如懒扎衣、前蹚拗步等），就整个套路而言，前部分慢动作较多，后部分快动作较多；中间二起脚前后有一个高潮；而收尾则慢，做到稳起稳收，并且要求"慢而不呆滞，快而不散乱"。

有些人打拳因为不明白快慢相间的关系，不懂蓄发道理，打拳没有节奏感，缺乏神韵，想快就快，想慢就慢，一套拳打下来费力不小，效果不佳。其实打拳要求做到快慢相间，主要是为了掌握好蓄劲与发劲的关系，一般蓄劲时较慢，而发劲时较快，如"野马分鬃"一式，左手在左膝里侧合时要慢（蓄），而双手展开时（发），较快；"青龙出水"动作四，双臂相合时慢（蓄），右拳右小臂发劲时较快。

快慢相间的原则是折迭处慢，过了转关后，渐渐加快，发力之后再转慢。同时转关时行气要慢，尽头的落点要快。如此打拳，一蓄一发，一吸一呼，一合一开，两者互为其根，可以既有节奏感，又不累，真正做到"汗流而不气喘"，这也是拳术运劲妙诀之一。

　　总之，我们平时打太极拳，在连绵不断的前提下，应当尽量掌握好其快慢相间的节奏，不要轻信那些所谓"练时慢，用时自然快"的谎话。世界上的事总是有因才有果，试想一个百米短跑运动员，平时训练不注重练习加快速度和冲刺，而是一味地练慢跑，那么赛场上他怎么会有超人的成绩呢？同理，一个太极拳练习者平时若没有轻沉、虚实、吞吐、刚柔、快慢、开合的有意训练，那么你的心理、生理素质怎么会适应自身、外界、生活中的突变呢？所以我认为不管是为健身还是为技击，快慢相间的练法，应当是太极拳永远不变的一个重要特点。

鲜为人知的『太极长拳』

　　关于太极长拳，多年来世人其说不一，有人说太极长拳就是太极十三式，有人说十三式是十三式，十三式之外另有一太极长拳。近年见到《杨氏太极长拳》一书，细阅之，此拳是在原有杨氏太极拳套路基础上，增加了一些连接、活步、发力动作，原套路基本架式没有变化。沈寿先生的《太极拳推手问答》一书附录的太极拳械、推手书目辑要中介绍陈微明先生所著《太极剑》一书中有"太极长拳谱"两种，无拳照。又有资料证明陈微明传太极长拳，是在杨式太极长拳原套路五十多式基础上又增加了三十多式创编。

　　据我个人多年的探讨研究，目前社会上虽然演练太极长拳的人不多，但在太极拳的各流派中，确实有多种流派的太极长拳在隐秘传承，这已是不争的事实。江苏的钱惕明先生在《武林》1989 年第 3 期中发表过一篇名为《概述太极长拳之发展》的文章，对当时国内多个流派太极长拳的发展做了较详细的概述。

文中提到了当时国内主要流传着七种风格各异的太极长拳，有：①陈式太极长拳；②王宗岳太极长拳；③杨氏太极长拳；④李景林太极长拳；⑤吴俊山太极长拳；⑥褚桂亭太极长拳；⑦陈微明太极长拳。

我要谈的姚馥春、姜容樵二位前辈所传的太极长拳，即钱先生文中所指的"王宗岳太极长拳"。钱先生在文中肯定了姚、姜二位所传太极长拳，并做了客观介绍。

我从少年时代，就随张兰普老师学拳。20世纪80年代末，老师传我太极长拳（亦名北太极）。

这套太极长拳共八十八个式子，分五个段子，全套动作名称与现在社会上公开流传的太极拳名称完全不一样，演练时讲究虚实互换，快慢相间，刚柔相济，步法灵活，身法多变，有蹿蹦跳跃动作，全套动作打下来要8~10分钟。

曾记得那时老师对我说："这拳（太极长拳）这些年一直没见有人练过，只是50年代在河北邯郸参加一个武术比赛，在场外见到一个三十多岁的人练这套拳。当时我们互相交流了练法，练法基本一致，只是那人练得比我刚一些、发力动作更多一些。几十年过去了，再也没有见到其他练这套拳的人了。"老师一生坚持练拳，掌握多门拳械，到晚年他非常重视练太极长拳。他常说这套拳较之一般太极拳，套路中有快有慢，有刚有柔，身法、腿法、手法变化多，技击含义丰富。另外整个套路安排与现在大家练的几种太极拳也完全不同，在练法上要求走低势，所以练起来是很吃功夫的。

老师跟我说，他这套拳是新中国成立前跟河北省南宫县（现南宫市）的宋真石先生学的，宋老师是跟河北遵化县的姚馥春先生学的。后来我读过一本名为《太极拳讲义》的书（姚馥春、姜容樵编著，天津市古籍书店影印，1988年10月第1版），此书中谈到有关太极长拳的内容与我的老师讲的基本吻合。关于太极长拳，姚、姜二位前辈在书中是这样讲的："清初太极拳专家王宗岳，发明太极长拳，并著拳论，始有长拳十三式之别。考长拳虽亦取法十三式，而其中实包藏龙、蛇、鹤、虎、马、鸡、鹰、熊、凤、猴十形在内也。余与姚君馥春同学太极于友人汤君士林，汤为许占鳌先生之弟子。"（图66~图75）。

书中又言："盖余民元之前经倪成玉君之介绍得识许占鳌先生，许谓斯术确为王宗岳嫡派，因传流甚少，故世人多知有长拳，特不知长拳之何若，至近今所谓长拳者，皆由十三式从而翻之，甲乙颠倒，先后互移，斯与此长拳有别矣。"

在谈到太极长拳之传递关系时书中讲："……陈耕耘之子某，以友谊资格，传定州许占鳌，许占鳌兼习形意拳，为郭云深弟子，占鳌传汤士林、倪成玉等……余与姚君馥春，以友谊关系，皆从汤士林学。"我曾请教过我的老师，他说他练的这套太极长拳确实是从河北遵化姚馥春先生处传下来的，而且他的另外两位老师汪广生、李九如（他们二位都是姚馥春的弟子）也都会练这套太极长拳。我的老师说，太极长拳在遵化一带过去也叫"北太极"，并另有"南太极"之说（指太极长拳另一支南派"杨氏传太极长拳"练法）。

图66　龙形式

图67　蛇形式

图 68 鹤形式

图 69 虎形式

图 70 马形式

图 71 鸡形式

图 72　鹰形式

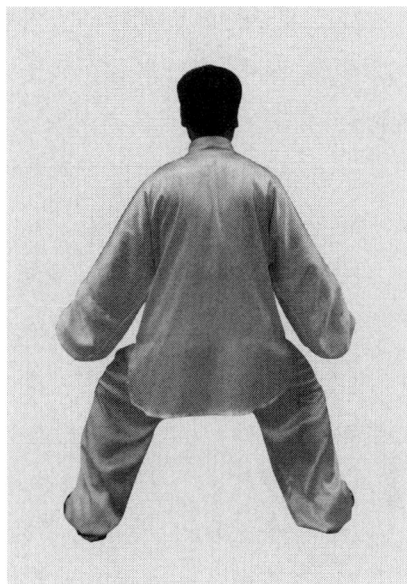

图 73　熊形式

图 74　凤形式

图 75　猴形式

关于太极长拳是谁最早传下来的，它与现在流行的太极拳（如陈式太极拳、杨式太极拳等）是什么样的关系，还需要进一步深入研究探讨。

附　太极长拳谱

1．预备式	2．龙形式	3．落地抬腿稳心掌
4．抬腿奎星式	5．黑虎稳心拳	6．进步穿梭跨虎
7．探拳抹腰车轮掌	8．进步探爪虎扑式	9．逍遥化手倒撵猴
10．左蹬脚	11．上下步探拳	12．狮子大张嘴
13．左蹬脚	14．抽身换式	15．黑虎稳心拳
16．上步探拳	17．凤凰旋窝单跨虎	18．披身
19．黑虎稳心拳	20．两个搂膝探爪	21．退步龙形跨虎
22．披身	23．黑虎稳心拳	24．三个搂膝探爪
25．退步披身	26．金龙探爪	27．退步披身
28．进步金龙探爪	29．双飞燕双插花	30．转身摆莲探爪
31．卧虎式	32．进步左右探爪	33．提膝奎星式
34．黑虎稳心拳	35．两个搂膝探爪	36．逍遥退步跨虎
37．披身	38．黑虎稳心拳	39．三个搂膝探爪
40．逍遥披身	41．进步金龙探爪	42．倒退步披身
43．进步龙形探爪	44．双弹腿	45．探爪虎卧式
46．进步左右探爪	47．猛虎倒入洞	48．炮拳避裆
49．右蹬脚	50．飞轮拳	51．狮子大张嘴
52．左右蹬脚	53．披身	54．进步龙形探爪
55．飞弹腿	56．转身箭步探拳	57．披身
58．进步金龙探爪	59．退步披身	60．进步金龙探爪
61．双弹腿	62．探爪虎卧式	63．进步探爪
64．提膝奎星式	65．黑虎稳心拳	66．两个搂膝探爪
67．逍遥退步跨虎	68．下式披身	69．黑虎稳心拳

70．三个搂膝探爪　71．退步披身　72．狮子大张嘴

73．右蹬脚　74．右拳穿袖　75．探爪勾子（单风贯耳）

76．卧虎式　77．左右探爪　78．上步提膝奎星式

79．黑虎稳心拳　80．两个搂膝探爪　81．逍遥退步跨虎

82．下式披身　83．黑虎稳心拳　84．三个搂膝探爪

85．狮子大张嘴　86．左蹬脚　87．抽身换式

88．上步金龙滚　89．收式

意念也是力

关于什么是太极拳的意念，在打拳时怎样掌握这个意念，历来太极拳家都有精辟的论述。例如"势势存心揆用意""意气君来骨肉臣""先在心，后在身"（武禹襄语），"始而意动，继而劲动""刻刻留意，挨到何处，心要用在何处"（李亦畬语），"走架打手着着留意"。先贤上述若干有关用意的拳论，说明太极拳是非常重视用意的拳。

但也有人讲打太极拳，要用意不用力。马虹老师认为这种讲法用词不准确，他认为意念也是一种力。打拳应该是：用意不用拙力。他认为意拳宗师王芗斋先生讲得很准确、清楚，王先生说："意即力也""用意即用力"。这种讲法，马老师认为比某些太极拳"名家"讲得还明白、透彻、干脆。他常对我们说，我的老师陈照奎先生曾言："天下哪有不用力的武术？"他说：练太极拳要求放松，注重用意，是让你通过练拳逐步去掉自身的僵劲，慢慢练出活劲，即有弹性的劲（内劲）。积柔成刚，刚柔相济方为太极。

　　我在平时教拳时，也常常碰到一些学生提出打太极拳时如何使意念与呼吸配合、意念与劲力配合等问题。这时如果单独讲一些古拳论给他听，对一般学生效果不佳。我觉得我的师父马虹先生下面的一段有关意念的论述，比较精炼、清楚、明了。介绍给读者，或许对一些朋友打太极拳有借鉴意义（有关"意念"问题深层次论述，马老师有专文阐述，请读者参阅《陈式太极拳拳理阐微》一书）。

　　马老师说："什么是意念？你打拳时对每一招一式，都应明白其中的技击含义，明白了技击含义，才能进一步知晓该式该动的劲法、劲路、劲点。这样你才能知道怎么用劲。这个拳式是开劲、是合劲；是蓄是发；是拿是打，这些关于拳式用劲的意念要贯彻到整个行拳走架之中。另外，明白了劲法还不够，还要配合呼吸，原则是出劲要呼，收劲、蓄劲要吸，但不是绝对的。打拳时呼吸问题是一个很复杂的问题，也是一个非常重要的问题，它关系到你练拳的质量和你身体的健康。"这个问题不是一两句话能说得清的问题，有关呼吸深层次的论述，读者若有兴趣，也可参阅马虹老师《陈式太极拳拳理阐微》一书，其中"周天开合论"一篇，专谈太极拳的呼吸问题。

　　再有，用劲之时还要配合胸、腰、胯的转动。比如：陈式太极拳一路（83式）"双震脚"一式动作四，右虚步两手下按时，一定要塌腰松胯带动两手臂下按呼气，这才是整体劲。其实，这套拳（指陈式老架太极拳一、二路）每一定式之停顿，都应有这种意念和形体的反映。

　　再如：一路拳"玉女穿梭"一式第二动左独立式，双手做双挒劲时，一定要先开左胸，这样可以加大双手横挒的力度。就是柔运化的式子，你的意念也不要丢掉。比如：一路拳"中盘"一式第六动，双手腕臂在胸前相合后，两手心左上右下双手分挒开，此动虽然是慢动作，但是你头脑中一定要有两手慢慢撕开东西的意念（此动要求：沉稳缓慢，舒展大方，凝重而不呆滞)。

以上所述意念与拳式相合的例子很多，我们打拳时，应当是力争把这种练法贯彻到整个套路中。我认为只有长期坚持这样打拳，积功日久，功夫才能上身。

松沉

　　练习太极拳首要解决的问题是"放松"功夫，这已是古人、今人从实践中逐渐认识到的问题。关于"放松"一题，古人、今人都有精辟的论述，古拳论曰："筋骨要松，皮毛要攻，节节贯串，虚灵在中。"陈照奎先生讲："打拳要放松，要百分之百地放松，要松到手指肚。"我的恩师马虹先生在他的《论放松》一文中，对练太极拳如何放松，更有详尽的阐述。马老师指出：（练太极拳）锻炼放松的途径，一是在身法中正的基础上求松，二是从慢中求松，三是从动作缠绕之中求松，四是从关键部位入手，寻求节节放松，五是在下盘稳固的基础上求放松。这些都是指导我们练好太极拳的纲领性理论。下面我仅就个人在练拳、教拳过程中的一些具体感悟谈些点滴体会。

　　首先我要讲，练好太极拳注重放松，这并不仅仅是初学者应该注意的问题，就是练拳多年的人，也应当时时注意这个问题。因为功夫是逐日积累的，要知道练一天有一天的放松功夫，练一月有一月的放松功夫，练一年有一年的放松功夫，练十年有十年的放松功夫，就是说一个练拳人的放松功夫是随着练拳的时日延长成正比加深的。

我们知道"放松"练法是太极拳各流派练功的一个独特方法，是太极拳的一个基本功。可以说太极拳的一切功夫都是从放松练法中出来的，也可以说，一个人的太极拳功夫如何，是完全可以从他的放松功夫深浅上反映出来的。因此，我认为"放松"是太极拳练习者一生的课题。

从伸筋拔骨上下功夫

拳论曰："筋骨要松，皮毛要攻，节节贯串，虚灵在中。"陈鑫公言："沿路缠绵，静运无慌，肌肤骨节，处处张开。"先贤明确指明了放松，首要是松筋骨，全身三盘九节十八球处处松开。打拳要松柔静运，每一式每一动都要有意识地做到。拳式开合要对拉拔长，做到有上就有下（向上发劲，下边松沉）；有前就有后（前去之中必有后撑）；有左就有右（左发右塌或右发左塌）。

我们在打拳时要有意识地注意每一动作的螺旋转动，要求在立身中正、全身放松的前提下，注重身体整体螺旋带动四肢的顺逆缠丝，在上是旋腕转臂；在下是旋踝转膝；在中是旋腰转脊。实践证明这种螺旋形式的旋转，可以使全身在上下、左右、前后、内外各个不同角度，加大筋膜、骨节、皮肉的收缩拉长。从外形看小动、微动，在内却是翻江倒海、气血腾然。这样经过长期精心修炼，你的筋骨皮肉就能逐渐练长练柔，这样肯定有利于体内气血运行的通畅，有助于内劲的增长，从而会大大加快拳艺的提高。

从拳式细节上加深功夫

我们说练传统太极拳主要是从两个方面下功夫的，一是外形动作的操练，二是内气（内劲）的修炼。古人认为外形是虚为阴，内气（内劲）是实为阳。外形的动力是内气，内气是辅助外形的，即拳论云：一阴一阳谓之拳。实践证明要练好外形、内气的功夫，一定要从"放松"上下功夫。而真正能练好这松沉功夫也是非常不容易的，学者应倍加重视。

传统陈式老架、大架太极拳一路83个式子，360多个动作，传统的练法是，要求练习者每做一个拳式要在意念引导下，在呼吸配合下，行拳做到舒松自然，丝毫不用拙劲，意到气到，动作轻灵，毫无滞涩。在这式式运化中，要做到式式相连，势断意不断，意断神不断。这个意是什么？就是时刻意识到内里的意气劲如何合理地配合协调好外形动作的千变万化，而在这复杂的变化之中，要求习练者始终保持形松、意紧、气实、神旺之状态。特别是在各式转接之处更要有意识地松沉。

这里需要特别指出，什么是真正的"松沉"？我认为应当是，在内没有一点杂念，筋骨皮肉高质量地松开，在外拳架结构规范合理，没有丝毫抽扯扭捏之形，在全身放松的前提下，有意识地再加大上下各支撑点的放松力度。如：陈式太极拳一路第5式"单鞭"接第6式"金刚捣碓"，就是在单鞭定式已放松的基础上，再有意识地进一步加大上边两肩、肘、腕，下边两胯、膝、踝的放松力度，然后再从容地走下式，松到什么程度呢？要使各关节骨缝有拉开之感，功夫到时习者常会听到筋骨有咯咯作响之声，身上皮肉有沉沉下坠之感。

再如："铺地锦"第3动做左仆步接"上步七星"，在上右步前身体再往下沉一沉，然后再长身上右步，这就是马虹老师常讲的"松之再松，沉之再沉"的低架子练功方法。这样练的结果是能加快你筋骨拉长练柔的时间。这样的练法是同现代长拳的练法有区别的，常见到一些练长拳的人，腰腿功夫很好，可是若让他练太极拳，他那腰腿功夫就是用不上，原因就是其腰胯松不下来。我们有些人练太极拳不容易上功夫，其不得要领之处，就是不重视真正在拳式的松沉上下大功夫、下苦功夫。我是说，不是在几个式子上下功夫，而是要在这几十个式子，几百个动作上认认真真地下功夫。可以把打一趟太极拳视作一篇文章；把每一个拳式看作文章中的一个一个句子，句子之间是有标点符号的，朗读文章要有感情，读文章整体要有抑扬顿挫。打拳也是一个道理，每一动作都要做到有的放矢，力求做到：以心行气，以气运身，无微不到，行气如九曲珠，节节贯串。打拳时每个式子大小动作停顿时，就像文章中的标点符号一样，都要或长或短地停顿一下（势断意不断），每一次停顿都要下意识地做到松沉，做到对拉拔长，打拳时一定要自始至终坐住胯，塌下腰，沉住气，全身要百分之百地放松，要松到手脚梢节处。而做这些完全是用意，不要用拙力，在意则活，在力则滞，这样才能练出"浑身柔软似无骨，忽然发出都是手"的太极功夫。

"松沉"功夫在实作交手中也非常重要。比如，两人推手对方一出手你肩就上拱，腰也挺起来了，身体整个成了一个硬板。拳家讲：打实不打虚，你僵硬了，那只能挨打了。同样在散打中，借力发力，引进落空，黏走引化这些战术的运用，都需要有松沉功夫做基础才能有效地实施。

式式讲松沉，习者可在练习中细心体悟。这里讲的松沉不是指身体整体下沉，而是用意松开筋骨，但要注意不要松懈，要注意对称劲的对拉拔长。如此练习日久，练习者会感到身体愈加轻灵，呼吸愈加顺畅，精神愈加洒脱。而拳则是越打越轻松，越打越有韵味。这些感受只有在精神、身体高质量放松的前提下才能够感悟到。

拳论曰：身犹动，心贵静。心静才能做到体松，还要配合好呼吸，呼吸通畅动作才能流畅。练好松沉功夫，首先要有规矩的拳架做基础，要清楚拳式劲道，拳法之妙在于运劲，具体地说要弄清拳式每一式劲力运行的起点、路线、施力点、着力点（落点）变化的规律和要领以及力源等，还要搞清每一动作的技击含义。弄清了这些方面的内涵你才会因时、因势而做出拳式劲力、呼吸、用意之反应，因为练拳要求"一动无有不动，一静无有不静"。

松沉功夫是与练习者整体动作息息相关的，比如，练太极拳大家都说要用腰劲，可我们观察众多练习者真正能做到这一点的并不是很多，常见一些练习者在打拳时，胸腰前后、左右随意乱晃，自以为很潇洒，自以为是在用腰劲打拳，其实不然，这种打法充其量给人的印象只能是浮躁、飘忽而已。我认为打拳真正用上腰劲应当是重内不重外，以内为主，以外为辅，应当是每一动都要先做到：意领、身松、气催、劲行。动则先气沉丹田或丹田内转，上边肩胸放松，下边腰胯放松，身体下沉，这一沉完全是在意念的引导下，下意识的松沉，身体上下各关节（特别是腰胯关节）的骨节间松开，筋膜张开，同时气劲下行到涌泉穴，稍顿脚底用意使气劲逆行而上达于腰间丹田之中，使丹田内气鼓荡，同时胸腰呈螺旋状微动并带动四肢的顺逆缠丝。

　　总之，练习太极拳如抓住了"松沉"这一关键环节，加上朝夕苦练，那么假以时日一定会收到事半功倍的效果。

行气如九曲珠

练习太极拳的人，都知道气法对练好拳至关重要，太极拳对养生的作用主要在于养气。俗话讲："外练筋骨皮，内练一口气"，凡是练太极拳，无论是练套路，还是练推手，如何使气法适应拳架、推手的动作，太极拳前辈们做过许多精辟的论述。但他们的拳论大都言简意赅，概念抽象，一般不易理解，特别是对初学太极拳者更有一定难度。如"十三势行功要解"曰：立身中正安舒，支撑八面，行气如九曲珠，无微不到，所谓"气遍身躯不少滞"。此古拳论历来被后人推崇，但后人所论其说不一，尤其对"行气如九曲珠"一语不甚深解，下面我想就个人练拳教拳体会谈一点自己的感悟。

认识太极拳的"气"

气在人体里看不见，摸不到，但我们确实能感觉到它的存在。气在人体占有重要地位，可以说人体中处处都有气的运行。用中医的理论讲，气是促进血液在人体内循环的动力。气与血是相互依存的，气为阳，血为阴，气为血运行的动力，血为气的物质基础，故中医学称之为"气为血之帅，血为气之母，气行则血行，气滞则血瘀。气病可及于血，血病可累及气"。气血运行主要是沿着经络运行的，气血的运行与内脏的关系也十分密切，脏腑发生病变可以直接影响气血的运行，而气血运行失常也可以影响脏腑功能发生病变。因此运动对气血运行的调理就显得非常重要了。而动作轻柔舒展、呼吸深长均匀的太极拳，正是现代人愿意接受的一项促进身心健康的运动项目。

在先人的太极拳理论中对气的论述很多，如"十三势行功心解"曰："以心行气，务令沉着，乃能收敛入骨；以气运身，务令顺遂，乃能便利从心""气宜直养而无害，劲宜曲蓄而有余"。"十三总势说略"曰："气宜鼓荡，神宜内敛。""十三势行功歌"："刻刻留意在腰间，腹内松净气腾然"，等等，说的都是气的重要性。

有人写文章说，内家拳法注重"气"的锻炼，实际上是掉进了"气"的误区。我认为这可能是他的一种误解，如果你把内家拳家所论之"气"当成呼吸氧气和人体固有的力气，其概念与内家拳家所论之气自然不同了。其实太极拳中所说的"气"，一方面概括了中医学中的"正气""元气""经络之气""真气"等物质的气，另一方面还包含有武术、气功中说的"内劲""内功"等功能的气，这两种气的相互作用，共同组成了太极拳中所说的太极内气（内劲）。太极拳练习者通过足够时间的合理训练，在速度、力量、耐力、灵敏、柔韧等身体素质方面都会得到全面的提高，从而也会使太极拳内气自然充盛，同时在练拳时把这种意气揉入拳式动作之内，即可产生防病养生及御敌防身的效果。

太极拳之运气法

谈到太极拳的运气，必先涉及太极拳的呼吸。练太极拳初级阶段的呼吸，纯任自然，以顺遂为准，不必强求与动作合拍。呼吸方法主要是鼻吸鼻呼，但练到一定程度，就要进一步研究呼吸的运用了。"十三势行功心解"曰："能呼吸然后能灵活。"就是说呼吸与动作要努力做到合拍，该呼就呼，该吸就吸。一般在走架中，蓄劲时吸，发劲时呼；提升时吸，沉降时呼；开时吸，合时呼，拳式运转时可以调气加短促呼吸。总之，在行拳走架及推手中，动作变化复杂，有时呼吸又很难与动作合拍，这时运气的功夫就显得非常重要了。

1. "松"是前提

在行拳走架及推手中要想使自己的"气"畅行无阻，首先一条是要做到身体的放松，拳论曰："筋骨要松，皮毛要攻，节节贯串，虚灵在中。"这里强调了练太极拳要求身体从上到下，从里到外一定要放松，不能松就不能柔，不能柔就不能灵活。不能松，劲就会僵，气就会滞，气劲僵滞就不能做到一气贯通、劲力完整、变化灵活。不能做到放松，推手时就容易产生僵劲、顶劲；不能做到放松，听劲就不灵，不知变化，易为人所制。所以历来太极拳家把放松作为练好太极拳的第一要求。过去拳家练拳都尽量选择一个幽静没有干扰的场地，这是创造一个放松的环境，上场打拳先要洗心涤虑，平心静气，这是创造一个放松的心态。陈照奎先生曾经说过："太极拳全过程都要松下来，要沉下来，要百分之百地放松，同时，周身节节都要松下来，要松到手指肚。"有了松有了静，头脑清晰，心平气和，兴趣盎然，在这种状态下打拳，自然是行云流水，动作流畅，神采自现了。

"节节贯串"就是强调动作由形整而劲整，把人体的四肢和躯干视为三节，三节之中各节又可分为三节，节节再分。运动时由下而上，或由上而下，顺节序而动，就能达到"整"字诀的要求。如能做到这一点，那么虚灵就会自在其中了。这里需要指出的是，所有外面的动作，要由内劲（内气）带动，所谓内不动外不动，以气运身，内气鼓荡，外形饱满，身体上下每个关节都要在意识的指挥下，一节节松开运转，如同一串珠子在抖动、在转动。初学太极拳者，从外形上往往动作不协调，顾了手，顾不了脚；顾了上顾不了下。动作不到位，式子不连贯，气力不足，这些都是不能一气贯通的具体表现。待练到一定时日，慢慢掌握了太极拳的运动、运气规律，就会气劲顺遂，动作也就连贯了。所谓"行气如九曲珠，无微不到""气遍身躯不少滞"，但这串珠子是用一根线串着的，线不断，气劲顺遂；线断了珠子就会散落。这根线就是内气。

2．"意"是主导

太极拳讲究用意不用拙力，对初学者虽然有一定的困难，但也不是不可理解。练拳时可以从"假想"入手，练习意气的感知。比如我们以陈式太极拳"斜行拗步"第5动为例，左弓步右手前推时，你可以假设前方有一个人，你用右掌推他，前推之劲的大小，你自己可以掌握，前推之时要意注丹田，并使真气徐徐贯入丹田，此时小腹部隆起，命门同时向后膨胀，并且带脉一圈也要随之向四周膨胀，这时你可以假想丹田之气沉到海底，然后抄尾椎上升到脊背，然后从脊背到大椎到肩到肘到掌，然后从内劳宫穴透出气来。这种假想初学时很渺茫，但练习时间长了，就能运用自如了。

关于意念"假想"，其实在武术其他门派中也有同样类似的练法，如大成拳的七步功法中的站桩和试力两步功法，就非常强调意念调控与精神假借的训练。如其桩法中讲意念的"头如线吊""双手抱球""手按水中漂木"，等等。这些意念活动的目的，主要为帮助初学者以抽象思维方式来正确地掌握姿势，体会力量，抑制杂念，放松入静。

太极拳的运气和气功家的运气有所不同，一般气功家练气是意念专注一点，而太极拳练的是活劲，气由意导，所谓"以意行气，以气运身""心为令，气为旗，神为主帅，身为驱使"。气为形体的动力，气行之内，体形之于外，表里一致，是为完整。每一动，唯手先着力，随即松开，尤须贯串一气。始而意动，即为劲动，转接要一线串成。行拳时要求气贯四梢，勿使有断续处。"行气如九曲珠，无微不到""气遍身躯不少滞"，九曲珠孔，不碍气的运行，这串珠子在意念的指挥下，可松可紧，紧时是一个整体，松时亦可发挥单珠的作用，但也离不开整体配合，所谓线不能断（此处线即意气也）。可以假想把全身四肢各个关节视为可转动的珠子，全身上下三盘九节十八球（珠），处处可转。就中国传统文化来看，以"九"字组词的事物可谓多矣，线拉紧了，十八个珠子是一串，线松了，每个珠子可以自己随意转动。先人把这串珠子的线寓为意气，其意是深刻的。

实践证明太极拳的整个修炼过程完全应以意气为主导，行气走架时全身放松，要用意引导气之运行，内气鼓荡，外形饱满，全身皮毛与大自然之气相互鼓荡，人在气中，气在人中，呈现出一种天人合一的融溶自然之情景。常见一些练太极拳之人举手投足毫无定向、漫不经心，这种练法玩玩可以，于练太极功夫相差甚远，而那些自恃有一点拙力之人，打拳推手全靠一身僵力拼老本，如此练功久而久之，入不敷出，支出过甚，伤身伤气，耗时伤神实无益处。

太极拳是生命之学，它既练身又练心，既重形又重意，性命双修，整个修炼过程以意为主导，以丹田为核心。杨澄甫公云："气能入丹田，丹田为气的总机关，由此分运四肢百骸，以周流全身。"太极拳一定要把腰劲（丹田劲）练出来，腰劲出不来，不管你怎么动都是"单摆浮搁"。有些人拳架外形练的也不错了，可是细品其味，总觉得淡了许多。观其打拳，臂摇膀晃，扭腰摆胯，总是扭扭捏捏，感觉别扭不雅。其原因就是腰劲没有练出来，一动不是拱肩架肘就是腰胯乱晃。其病必于腰劲（丹田功夫）求之。陈发科公曰："内不动，外不动，腰不动，手不发。"陈照奎先生讲："丹田内转，一切拳式动作都要结合丹田带动。"腰是枢纽，丹田是气之源，是核心。拳论中所云：一动无有不动。其"一"者，腰也、丹田也。所以太极拳各种劲力的运用，关键在腰部（丹田）牵动着全身上下的各个关节，腰部发劲时，丹田之气一部分上升，内气由海底抄尾闾经夹脊、玉枕、三关连成一线，以腰部为核心，上肢之劲出于脊背，由肩而肘到手。丹田之气另一部分下沉由胯到膝至涌泉穴，然后通过脚蹬地其劲反弹，由脚而腿而腰复归丹田。

3. "气"之运行

太极拳在内讲气，在外讲功力。气是劲的动力，劲是气的外在表现。

"拳法之妙在于运劲"，实际上就是运气，它们是相辅相成的，互为表里。

　　初学太极拳者在走架、推手时，是很难把气力融成一体随意随气而发劲的。他们行拳走架往往手是手劲，脚是脚劲，很多动作是"单摆浮搁"，顾此失彼，不能做到"一动无有不动，一静无有不静"，不能做到每动手到位、脚到位、身到位、眼神到位，从上到下，从里到外形成太极整体劲。前面已经谈到，太极拳的气劲是按节循序而行的，气行之源在腰部（丹田），每发劲前身体先要放松，气沉丹田，然后吸气提肛收腹，丹田之气从海底抄尾闾上翻入命门为蓄劲。发劲时呼气，命门之气前翻入丹田（形成一小周天），拳论所谓"内有海水波浪翻，外有珍珠倒卷帘"。此行气之法，初时渺茫，时间久之亦能掌握。功夫到一定程度，腰部（丹田）之气始终是饱满的。呼吸运气，体现在内就是气沉丹田和丹田内转，也就是腰部的螺旋鼓荡。做到了这些，在行拳走架和推手时，才能随意收发自如，从而发挥劲力之威。陈鑫公曰："出肾入肾是真诀。"丹田是气之源、劲力发动机，出劲入劲都离不开腰部（丹田）的枢纽作用。如果把全身看成是一串珠子，那么腰关节这颗珠子的作用非常之大，它能起到承上启下的作用。

　　以陈式老架太极拳一路，掩手肱捶一式第5动之发劲过程为例分析，我们对其运动规律或有所悟。这一动是左弓步打右拳，而其发劲并不是只简单地打出右拳而已，发劲时其下是右脚蹬地，其上是头部百会穴领劲不丢，同时右膝里扣，腰左转，左肘后称，丹田内转，从而用腰的螺旋劲抖发出右臂拳。此动左脚为支撑点，右脚为施力点，腰（丹田）为枢纽，丹田内劲出脊背，通过肩臂达于右拳。这种协调周身力量而发于一点的运动方法，必须是以全身放松为前提，以意念为主导，节节放松，一气贯通方可达到。这种以点带面整体作战的运气运劲方法，在太极拳的行拳走架中体现得淋漓尽致。

　　太极拳是形体运动，更是意气运动。从传统的角度讲，太极拳更注意身心、意气的修炼，孟子曰：我善养吾浩然之气。太极拳修炼的正是这种"正气"，有了这种正气，修炼者的精神生活就有一种质的升华，我想这恐怕也是现代千千万万人追求探索太极拳奥秘的一个重要原因吧。

细节出功夫

现在以太极拳作为健身娱乐的人很多。在城市里，打太极拳已经成为一种时尚。打太极拳的人虽然很多，但是真正懂太极拳、练出高水平的人不是很多。应当说学会一套太极拳，并不是什么难事，可是要想吃透它，能够练出高水平，却不是一件容易的事。太极拳是一门科学，要学好这门学问，没有明师指导，不下几年甚至几十年的苦功夫，是很难登上大雅之堂的。

从难从严从细

太极拳的要领很多，如：虚领顶劲，立身中正，含胸塌腰，沉肩坠肘，松胯屈膝，气沉丹田，全身放松……又如行拳走架要求做到：快慢相间，轻沉兼备，虚实互换，刚柔相济，松活弹抖，等等。以上这些要领都是练好太极拳的基本方法，本文主要是想侧重谈一下打好太极拳的细节问题。老子曾经说过："天下难事必作于易，天下大事必作于细。"细节决定成败。我们要想打好太极拳，也应当有这样的理念。

师父马虹先生教我们练拳时，要求我们首先做到：从难从严从细。一招一式都要搞清楚弄明白，认真去做，绝不允许有一点马虎。他常说："练拳要练明白拳，不练糊涂拳。"打太极拳要掌握的要领很多，但是最主要的应当从弄清拳理入手，知道太极拳是以易经的太极阴阳学说为理论依据的缘由。静之则合，动之则分，动则螺旋，凡动则以身体的螺旋带动四肢的顺逆缠丝，讲究整体作战。可以说太极拳的每一动，处处内含太极阴阳变化之理。陈鑫公说："太极拳缠丝法也。打太极拳须明缠丝劲，不明此，即不明拳。"太极拳的螺旋缠丝法是以圆的形式体现的，有人说太极拳是圆形运动，其实这个圆是由无数个点和无数条弧线组成的。我们在走架时要特别注意这些点和弧线的变化，这些点线变化是非常细微的。如陈式太极拳一路（83式）第三式"懒扎衣"第6动定式，由前动身体右转螺旋下沉，右手掌由逆缠翻转向右前上外掤，略变顺缠，劲运到中指肚。此处右手先由左至右走弧线，然后右手掌再由逆变顺的微动（发下塌外碾劲），实际上就是右手臂由一条弧线运化成点的过程。此动最后一下，看似简单，其实此处每一点都内含太极阴阳变化之理。此处右掌的"下塌外碾"之劲虽不明显，却暗含了太极拳"极小亦圈"、浑身无处不太极的特点。

有人打拳不拘小节，对手形的把握很随便。经常看到有些人打拳时握拳不像拳，出掌不像掌。有人出掌五指散开像钢叉，有的又像京剧里的兰花指。历来太极拳家都非常重视手形，以及手形的变化和作用。"每一举动，其运化在胸，表现在手，主宰于腰，形之于手。"手指松散则表明神散、力散。太极拳的手形主要包括：掌、拳、勾。掌：要求凹拢掌。即大拇指、大鱼际都有向里与小指相合之意，手指松松地合拢，虎口要圆。掌有顺缠与逆缠的变化。顺缠时，小指领劲大指合，突出小鱼际；逆缠时则相反。另外，将式则掌心凹拢，前手顺缠时中指、食指、无名指可以扬指后翻。按式则要扬指突出掌跟，拿式则应五指向掌心虚虚合住，等等。上述变化要注意气贯到中指肚，即陈鑫公讲的"中指劲到，余指劲也到"。

拳：四指卷拢，大指扣到中指中节，拳虚握，拳心要虚，但外形又不能散，即外紧内松。拳发劲时，腕不能软，但也不能过硬，要有松活弹抖之劲。勾：呈下折腕，五指捏拢，不许散。勾手有手掌解脱，以及擒拿、刁腕、腕背击人等技击含义。马虹先生传拳非常重视学生对手形的掌握，他常严肃地对我们说："你打拳连手形都把握不好，这个拳你怎么会打好呢？"

陈式太极拳是古老的传统拳种，除了其特有的健身养生功效外，它的技击内涵相当丰富。其行拳走架讲究劲走三节，三节互用。如《孙子兵法》所云："击首尾相应，击尾首相应，击中首尾相应。"陈式太极拳一路83式、二路（炮捶）71式，共600多个动作，每个动作都有丰富的散打技法内涵。马虹先生常说："打拳一定要有敌情观念，打拳无人似有人，你一出手、出腿要有三节劲。出手要先想到走肩、肘再出手；出腿，也要先想到胯打、膝击、腿蹬、脚踢、插裆，等等，这要形成规律。"例如"白鹤亮翅"一式动作4，当右手向右上方捋开走上弧线时，这个动作包括：①右腿提膝插裆（也可以走脚蹬劲），上体加大掤劲；②右肩靠劲；③右肘击劲；④右臂捌劲；⑤右胯靠劲；⑥右手下塌外碾劲（也可以发劲）。这样的例子在整个拳套中比比皆是。

打拳要有节奏感

马虹先生传我们的传统陈式太极拳，非常重视拳式的节奏。记得有一次先生给我改拳时，看我打完一路拳对我说："你这拳打得老是一个速度，平淡如水，这样打拳缺少气势，没有神韵。我们这个拳讲究轻沉兼备、快慢相间、刚柔相济，不像某些太极拳一味地求慢、求速度均匀；又不同于某些拳术一味求快、求动作迅猛。"马虹先生传我们的这套拳架（一路83式），主张从头到尾有快有慢、有高潮，波浪式前进。每个式子的各个组成动作之间，也有快慢。

发劲快，蓄劲慢；柔化动作一般要慢，刚发动作一般要快、要脆，不发则已，一发则如电闪雷鸣，发整体劲，松活弹抖。如"双震脚""玉女穿梭"等。有的式子则较缓慢，如"懒扎衣""前蹚拗步"等。整个套路前部慢动作较多，后部快动作较多，中间"二起脚"前后有一个高潮，而收尾又慢，做到稳起稳收。并且要求"慢不呆滞，快不散乱"。快慢都要走螺旋缠丝劲。

我们通过这种快慢相间的练法体会到：久练会感到内劲（内气）充足，神怡气爽，而且越练兴趣越浓，以致乐不知疲（图76、图77）。

图 76　在焦作跟马虹老师练拳

图 77　练完拳后与马
虹老师合影

尊重传统

目前，国内外越来越多的朋友认识到马虹先生传的这套拳（陈式太极拳一路 83 式、二路 71 式），动作细腻，劲路清晰，节奏明快。马虹先生曾经多次对我们讲："我们对陈照奎公传下的这套传统拳的拳谱、拳架子一定要保持它的原汁原味，不要轻易改变。要老老实实按照传统拳谱练习，不要随意改变套路中大小动作，不要自作聪明，不要把某些套路中不合理的动作糅进来，一定要保持传统拳的固有风格。"他常说："我奉劝大家要老老实实继承先人传下的这套拳的种种规矩，拳的外形不能乱变，动作不能乱改，对它的内涵的理解、挖掘、认识，要逐渐加深、逐步提高，这才是修炼传统拳的正确方向。"另外，先生还教导我们：练拳不要仅仅满足于学会一两套拳架子，一定要坚持"从难从严过细"的原则，越是难练的复杂的动作，越要认真按拳谱要求，按老师教导去刻苦地练。坚持打低架子，倒换虚实（重心）先裆走下弧。打拳不要走过场，每天要给自己定计划，出课题。每一遍拳都不放过；每一个拳式动作都要搞清其劲路、劲点、变化、技击含义、速度快慢、方向角度、来龙去脉，一定要挨个把它吃透、弄明白。边学、边练、边悟，这样练久了，功夫肯定可以练到身上，肯定可以收到健体、护身、怡情之效。

缠丝劲

陈式太极拳在行拳走架中的螺旋缠丝劲，在运化之中突然爆发的惊弹劲，等等，都是其他流派太极拳没有或表现不明显的。

陈式太极拳真正在社会上得以普及，毕竟只是20世纪80年代的事。现在虽然社会上喜爱练习陈式太极拳的群众逐渐多了，但是能真正掌握陈式太极拳的练功窍要，打出一套风格鲜明的传统陈式太极拳的人，并不多见。

古传太极拳是以技击为主的。1958年人民体育出版社出版了一本《太极拳九诀八十一注解》，是杨式太极拳第二代传人杨班侯所传，由吴孟侠编著的，书中所述九个诀讲的全是太极拳的技击用法。其中第一章第二节太极拳五个要领原文"（一）六合劲"，是这样写的："拧裹、钻翻、螺旋、崩炸、惊弹、抖搬。"如能对此诀加以深入研究，便可加深对古传太极拳技击的认识。

我的师父马虹先生曾多次嘱咐，要练好太极拳，就要明白太极拳阴阳之理，把握整体观，掌握螺旋缠丝的运作方法。他常讲，太极知两仪，动则分阴阳，手足要缠丝，整体来发劲，内外要相合。他曾写信嘱咐我："松静、沉稳、螺旋、整体，是练好陈式太极拳的四大要素，缺一不可。"

前辈名师的教导，是他们多年练拳的切身体验，借鉴他们的经验会使我们后学之人少走很多弯路。但是要想把前辈老师的宝贵经验变成自己的东西，关键在于平时的勤奋操练。只有细心揣摩，在练中悟，在悟中求，才能有所提高。

陈式太极拳是技击性非常强的内功拳。说它技击性强，一个显著特点是它在运化之中突然爆发的惊弹劲，它的发劲之猛、之迅捷、之浑厚，在我国众多传统拳术中也是比较罕见的。所以，我们要打好陈式太极拳，一定要研究和掌握如何发好太极拳惊弹劲，探讨如何掌握好这一重要技术环节。

我认为，要想发好陈式太极拳的惊弹劲，应当从以下四个方面加强锻炼。

一要练好拳架，二要练好单式操手，三要练好功力训练，四要练好推手。下面我简要地阐述一点个人认识，仅供朋友们参考。

练好拳架

练好拳架是发好太极拳惊弹劲的基本功。它也是培养内功、提高修炼者综合素质的最后途径。可以肯定地讲，没有扎实过硬的拳架功夫，是不会发出高质量太极拳惊弹劲的。陈式太极拳的套路练习是由松入柔的，首先走架要心平气和，不急不躁，按照规矩慢慢调气、找劲。初练时主要以锻炼缠丝劲为主，以练习发劲为辅。缠丝劲是黏化、牵动、进逼对手的核心。通过缠丝劲的锻炼，能逐渐产生一种似柔非柔、似刚非刚，极为沉重而又极为灵活善变的内劲。可以说，缠丝劲是陈式太极拳的灵魂，陈式太极拳中的任何劲都是在螺旋缠丝劲的基础上运转变化的。所以陈鑫公有"打太极拳须明缠丝劲，缠丝者，运中气之法门也，不明此，即不明拳"之说。

有了柔化、缠丝劲的基础，还要进一步研究发劲的技术。练习陈式太极拳套路和推手，如果不懂发劲，你所练的套路充其量也只是一种另类的体操，谈不上传统武术功夫。而要能在套路和推手的锻炼中瞬间发出整体旋转的爆发劲，最重要的是掌握太极内功的修炼。我认为，传统陈式太极拳第一路（83式），是一套非常好的内功修炼拳，如果能在老师指导下勤奋地修炼三年五载，身体上、精神气质上定会出现意想不到和超乎常人的良好状态。

内功的修炼，要从呼吸入手。陈式太极拳行功走架，初始呼吸以自然呼吸为主，这个阶段主要练一个"顺"字。即走架劲要顺，呼吸气要顺，外形上不能抽扯，内里不要憋气，一切要顺其自然。有了一定基础后，就要进一步研究拳式动作与呼吸的合理、协调的有机配合。这时练拳（陈式太极拳）应以丹田呼吸（气沉丹田与丹田内转相结合）为主，以胸呼吸（肺呼吸）为辅。吸气时小腹内收，膈肌上升，丹田气上行聚于胃部，胃部自然隆起（练功有素者，酷似有一口小锅扣在中脘），胸廓自然扩张，肺活量加大。呼气时小腹外凸，膈肌下降，聚于胃部之内气下沉至丹田，胃部与胸廓自然平复。加之腰肾的左旋右转，内气也沿着带脉左右转圈，周身缠丝旋转皆与丹田内转相合，陈式太极拳的呼吸是气沉丹田与丹田内转相结合的。

太极拳是内功拳，它的表现形式是既重形又重意。走架时既重外又重内，以外带内，以内催外，内外结合，整体运作。它练的是外柔内刚的功夫，通过多种形式不断变化的螺旋缠丝，以及独特的丹田内功锻炼，逐渐打通任督二脉，继而练通带、冲二脉，直至全身经络畅通，气血周流，循环不已，这样就为日后练出冷、脆、刚、疾且又浑厚无比的爆发劲打下了坚实的基础。

陈式太极拳的惊弹劲，是在全身放松的前提下，精气神、肩腰胯、手腿足，内外高度协调，通过身体螺旋转动，带动手臂（脚腿）的缠丝运转而发出的瞬间整体爆发劲。在整个发劲过程中，要求全身百分之百地放松，只有在最后接触对方之瞬间才骤然发力。常见一些人打拳，每当发力前早早就较上劲了，胳膊就像一根棍子一样捅了出去，这样发力既无弹性也无力量。还有一些人在发力时手臂乱颤，自以为这样发出的劲就是弹抖劲。试想仅以一臂之力，无论你怎么抖，不也只是局部小力吗？还有一些人发力前身体乱晃，以为这就是腰裆发力了，这样做即使外行看了也会觉得可笑。有的人甚至因内气不足而腰胯乱抖，抖得自己腹内肠子疼，连拳都打不成了。这些拳友都是没有掌握好发太极拳惊弹劲的窍要。太极惊弹劲发力窍要是：气沉丹田降至涌泉，力从足跟生，行之于腿，丹田抖动，脊背发劲，形于稍节。其前提是：全身放松，身体中正，瞬间爆发，内外相合，浑然一体。

以"掩手肱捶"为例，这个式子共五个动作，正确的练习方法是：发力前，前四个动作都是柔化运转，意念和肢体都处于放松状态，而在第五动发劲前要吸气，可发声助力。发劲后，肩胯、肘膝、手脚关节略放松。另外在发劲时，前腿一定要撑住劲，后脚跟要蹬上劲，气要沉到丹田，头要顶，裆要提，腰要塌，胯要坐，身要直，劲要疾，力要实，意要紧，神要聚。此势可以用来单式操练，连环发劲（图78）。掌握了以上要领，依此类推，一通皆通。

图78　演练掩手肱捶

另外还需要说明的是，如果作为一般健身养生活动，那么练习陈式太极拳可不必研究发力，只要按照陈式太极拳的一般要领去练即可。如果是对推手、散手有兴趣，行拳走架中的发力运作就一定要认真去练。因为在走架中发力是有特殊锻炼意义的，一是可以摸索和掌握在走架时由柔化到刚发瞬间的变化感觉，久之可以练出意识和筋骨皮肉以及内劲的感应能力；二是在走架中发力可以无所顾忌、尽情发挥，久练可以增加体能，提高发劲质量。总之，陈式太极拳的拳架练习，主要是锻炼行气、运劲、螺旋缠绕、柔化刚发功夫。功深后能达到即化即发、挨着何处便从何处击的收发自如功夫，而这种功夫可使修炼者体内产生一种似柔非柔、似刚非刚，极为沉重又极为灵活善变的内劲。有了这种内劲，操练者自然会感觉自身精满、气足、力实、神旺，打起拳来总觉得有一种使不完的劲。

单式训练是推手、散手的基础

单式训练实质上是推手、散手发劲的锻炼。如果着眼于护身交手，就必须进行单式训练。这也是中国传统武术各门派为提高散手功力采取的传统操练手段之一。

陈式太极拳的特点是快慢相间、轻沉兼备、虚实互换、刚柔相济、松活弹抖。它的两套拳中有很多式子都是可以发力的。但是由于套路有其演练的特点，不可能在操练中一味发力，如果那样练肯定会给身体带来伤害。所以，太极拳家历来都是抽出拳套中一些有特点的式子单独操练，主要是练习各种发劲，增加意气力、手脚身的内外协调配合能力，提高瞬间发出整体爆发力的水平。先人的经验是"掌拳肘和腕，肩腰胯膝脚，上下九节劲，节节腰中发"。我们可以参照先人的经验，结合自身实际，多揣摩、多练习，这样长功会更快些。

单式数量可多可少，甚至可以着重对几个自己最擅长、最熟悉的招式反复练习。马虹先生传给我们四十多个太极拳单式，他强调练习这些单式时，定步、活步都要练，原则是发劲不要脱离太极劲。

功力训练不可少

功力训练是提高太极拳惊弹劲质量的有效功法之一。陈式太极拳的功力训练内容有百把气功桩、缠丝杠、太极尺、太极球、抖大杆子等，而其中抖大杆子是快速提高操练者腰裆劲，增长手臂、腿足力量的重要功法。

　　大杆子要选重的，最好是长 4 米左右的大白蜡杆子，后把要涨手，杆子要有韧性，用力一抖杆子自己能颤。初练时不易控制杆子，慢慢能控制了，能随杆子的颤劲带动身上的劲，功夫也就逐渐上身了。我们练习抖大杆子，求的就是大杆子的这个活劲（图 79）。

图 79　练习抖大杆子

　　大杆子的练法一般有单操法和套路两种。单操法是以披、崩、抖、撩、斜刺、横扫等几个单式为主，可加大力度反复操练，以此作为大杆子套路的辅助功。套路练习是陈式太极十三杆，以十三个动作组成，没有舞花动作，在练习时一招一式不能走形，主要练习沾、缠、绞、拦、披、崩、拖、挂、横、扎、抖、架、挑等杆法。练习时要求裆圆步稳，腰转臂缠，以内功缠绕杆子，身体突然发力。常练大杆子对增长内劲，加大裆、腰、臂之爆发力，提高、锻炼耐力及强度有独特功效。

推手应从实战出发

　　推手发劲也是陈式太极拳的一个特点。练习推手如果不研究如何发劲，而只是一味地柔化、缠绕，那就有点像双人舞的味道了。我们在行拳走架、单式操练和功力训练中，体悟到了爆发太极惊弹劲的整体感觉，并且经过一定时日的锻炼有了一定的功力，但这还不够，这毕竟只是操练者自己的感觉，与实战中使用起来还有一定差别。因为走架、单式训练时发力大多是定位的，尽管有时是移位的，但那也只是配以简单的步法，况且在日常操练时，我们的精神和身体是相对放松的，没有任何外来压力，故能发放自如，而与人交手实战时，双方往往都处于动态，你练的那个劲并不见得能用得上。通过推手发劲的进一步锻炼，我们可以更深层次体悟到与对方交手实战时用招、变式、柔化刚发的实际感悟，经过这一环节的锻炼，自己的筋骨皮肉会高度灵敏，听化蓄发功夫会更加成熟。到了这个阶段，太极惊弹劲的发放会更有威力，也会更有随意性、突发性。

　　学好与掌握好太极惊弹劲，在推手、散手实战中能提高战胜对方的概率。但是任何事物都有它的两重性，能发好太极惊弹劲，是一个拳手太极功夫达到一定程度的具体体现，但是得了此劲（功），不可以多发、乱发。发劲本身是一种消耗，太极拳以养生为主，练习太极拳不仅要会练，更要会养，修炼太极拳还是以练气、练松静、练好缠丝劲、以柔求刚为要旨，这才是修炼太极拳高层次功夫的正确途径。

缠丝杠操练法

太极拳是一个系统工程，仅就一般的锻炼程序而言，太极拳功夫是要经过拳架、器械、单操、功力训练、推手、散打等一系列的锻炼过程才会有所成就。

我的老师马虹先生在传授我们陈式太极拳套路同时，还系统地传授了我们内容丰富的太极拳功力训练法，如太极尺、太极球、太极大杆、缠丝杠、旋大缸等功法。下面我结合个人练功体会，向大家介绍一下马虹老师传授的缠丝杠的锻炼方法。练缠丝杠可增加腰腿功力，增加内劲，长期练习尤其能增长臂力，加大缠丝劲力度，提高推手、散打的功力。

1. 制作缠丝杠

准备一根长一二米、直径 5 厘米的铁杠（不锈钢管最好），两头车好内丝，再车两个带外丝的铁帽，分别拧在铁管的两端，根据个人力道情况向管内灌入沙子或铅块等重物，可根据个人情况逐渐加量。也可以选择一根适合自己的铁棒或小车轴类的物件作为缠丝杠用。

2．缠丝杠的练习法

（1）先站好步子，如左腿在前，右腿在后，站好半弓半马步，两腿劲力一般为前四后六之分。要求：虚领顶劲，松肩坠肘，含胸塌腰，松胯屈膝，气沉丹田，脚趾抓地。然后右手握举铁杠后端，手心向下，虎口向前，铁杠中部放在左小臂之上，左手为掌，手心向下，此为预备式（图80）。然后身微右转，重心后移，同时，用腰劲带动右臂微逆缠向后拽，同时左臂随之向右顺

图 80　缠丝杠练习一

缠，吸气。目视左前方（图81）。然后身微左转用腰劲带动下肢，左腿前弓右腿后蹬，此时两脚要有下蹬地的意念；右手随身前运向前（左）送杠，同时左小臂托杠逆缠向前送杠，呼气；目视左前方（图82）。

图 81　缠丝杠练习二

图 82　缠丝杠练习三

（2）随着功力的增长，可以逐渐把铁杠的大部分重量放在前臂上，用大小臂的顺逆缠丝交替锻炼掤劲。练习时可以左右倒换步子和左右手臂轮换架托铁杠。如此日久臂力增长非常显著。

3. 注意事项

（1）练习缠丝杠功要与练习太极拳架紧密结合，以练拳架为主，在练好拳架的基础上再练此功，效果会更好。

（2）在每次练此功前，最好先练几分钟内养功以求先疏通全身经络，如马礼堂先生所传"动静八法功"就挺好。

（3）练缠丝杠功一定要按循序渐进的原则，要根据个人的实际情况掌握运动量，贵在坚持。

大杆子单操法

　　陈式太极大杆，又称陈式太极大枪（大杆子加上铁枪头即为枪），杆子多采用四米左右、尾部较粗（满把或涨把）的白蜡杆制成。太极大杆分套路（十三杆）练习和单练两种方式。本文主要向读者介绍我的恩师马虹先生传授的陈式太极大杆单练法中的几个主要招式，供同道朋友参考。

1. 抖杆法

　　（1）两手持杆侧身而立，左脚略向前，脚尖前顺；右脚在后，脚尖外撇45°，重心偏右。右手握紧杆子尾端，手心向下，左手握杆中后部，手心斜向上，把要松活，杆梢向前，高与胸齐。目视前方（图83）。

　　（2）左脚向前上一大步成左弓步，同时两手心向上托杆前刺，杆梢高与胸齐，劲贯杆头。目视杆前（图84）。

　　（3）在上动前刺后，身体快速右转，重心速右移成半马步。右手紧握杆尾部，随之将杆旋转抽回，手心向下；左手先活后紧，使杆子产生一种颤抖力。目视杆头（图85）。

　　要求：扎杆时，胯要坐住，上身不可向前扑，重心前移时后脚要蹬地，用臂力、腕力托杆前刺，劲力要顺达。后抖时呼气，松胯塌腰，气

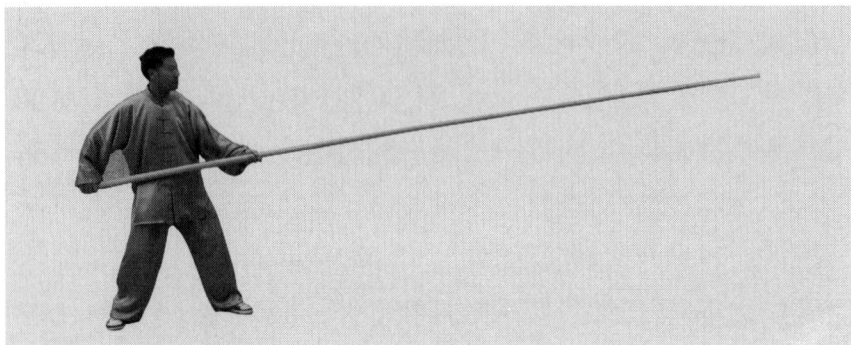

图83　抖杆法（1）

图84　抖杆法（2）

图85　抖杆法（3）

沉丹田，裆、腰、臂周身合力，内外相合。到力点时（力达杆梢），像汽车刹车一样，整体一致而又有弹力。扎杆、抽杆都基本保持中平。

2．披杆法

（1）同抖杆法动作（1）（参阅图83）。

（2）左脚向前上一大步成左弓步，同时两手持杆向左上方划挑。吸气，劲要松柔。目视杆头（图86）。

（3）向左上方划挑后，身体快速右转，重心速右移，同时两手持杆合力外缠向右下方劈杆，力达杆梢。目视杆头（图87）。

要求：向左上方划杆，劲要松柔；向右下方劈杆要快速转身、呼气发力。要结合腰裆劲，劲由脊发，合于两臂，缠于杆梢，松挑抖臂。

图86　披杆法（2）

图87　披杆法（3）

3. 崩杆法

（1）同抖杆法动作（1）（参阅图83）。

（2）左脚向前上一大步成左弓步，稍停，重心略向右移，同时两手持杆合力右缠下披，劲要松柔。目视杆头（图88）。

（3）接上式，两脚不动，身体突然左转，重心左移，同时两手持杆合力里缠向左后方上崩，力达杆梢。目视杆头（图89）。

要求：向右缠下披为蓄劲，左转身要迅速，结合腰裆劲，呼气发力，劲由脊发，合于两臂，缠于杆梢。

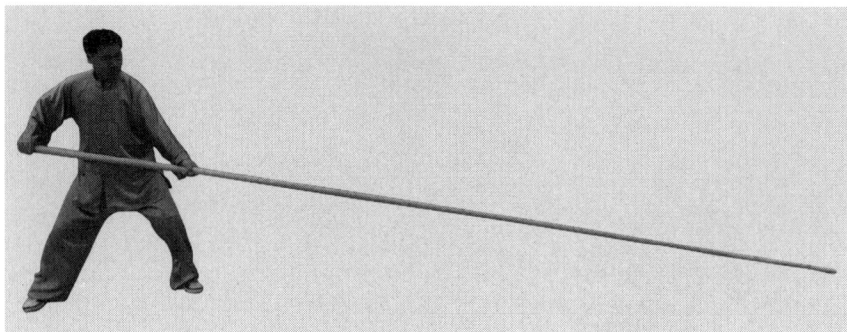

图88　崩杆法（2）

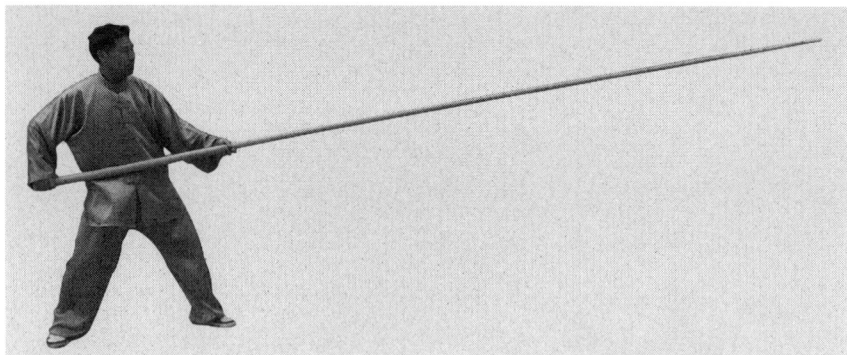

图89　崩杆法（3）

4. 斜上刺

（1）同抖杆法动作（1）（参阅图83）。

（2）左脚向前上一步，右脚跟进半步（磋步），也可以不跟步，重心偏前。同时两手持杆，左手心向上，右手心向下，先向右后略下划杆，然后再向上、向左前方内旋顺杆发力，有上刺之劲。目视杆头（图90、图91）。

要求：两手持杆向右后划杆是蓄劲，后脚跟步助力，进步斜上刺是在蓄劲基础上，发力一抖使劲送达杆头。注意要上下协调一致。

图90　斜上刺（2）

图91　斜上刺（3）

5. 横扫杆（横扫眉）

（1）同抖杆法动作（1）。（参阅图83）

（2）左脚向前上一大步成左弓步，同时两手托杆向前扎中平枪。目视扎杆方向（图92）。

（3）接上动，扎杆后身体右转，重心略右移成半马步，结合裆腰劲，用缠法将杆突然向回抽，在回抽瞬间刹住劲，右手将杆尾部略向前推，使杆头有向左后横打之力。目视杆头（图93）。

要求：此动主要是结合裆腰劲，配合两臂力，使扎杆、横扫、击打一气呵成，完全是由内气（丹田）带动。

注意：

（1）以上练法均为左式，练习时以左右式轮换为宜，左右式动作要求相同，换式时只是变换一下方向、角度而已。

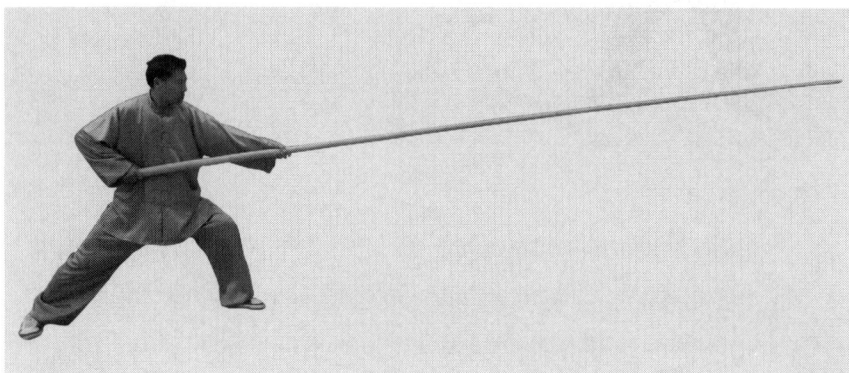

图92　横扫杆（2）

图93　横扫杆（3）

（2）练习陈式太极大杆，要有一定的拳术基础。练习时要求内劲饱满，裆圆步稳，腰旋臂缠，以内劲缠绕杆子，发力要有爆发劲。

（3）练习太极大杆前，要先热身，首先要把周身各关节活动开，然后练习一套内功法，如马虹先生传授的百把气功桩或马礼堂先生的"动静八法"皆可，如果能先打上一套太极拳再练习抖大杆子其效果会更佳，目的都是使周身气血得以运行畅通。

（4）练习太极大杆要循序渐进，切不可一日曝十日寒。初练时可一式从几次起步，然后逐步加量，次数多少以每次练功后不感到疲劳为准。大杆子功不见得每日必练，但一定要经常练习，过去练武人讲：早练拳，晚练功。各家功法虽然很多，但作为太极门的辅助功法，大杆子功可为首选之功。

太极球功

太极球功法是太极门练习内功、增加功力的一种辅助功法。由于师承关系不同，太极门各流派所传太极球功法多有不同，如有放球于石槽中的推揉研磨法，有球贴墙壁的揉动法；也有运球于身手中的旋动法等。本文所介绍的太极球功法，是一代太极拳宗师陈照奎先生当年秘传给我的恩师马虹先生的陈式太极拳系列辅助功法之一。自恩师传我太极球功法后，我坚持常年操练，并请人特制了一个30斤重的大理石球，平时结合太极拳套路练习，拳球结合，相辅相成。经过多年实践，感到自身内气充盈，身腰力厚，下盘稳固，受益匪浅。

下面介绍的太极球功练习法，就是我在马虹先生亲授功法的基础上，根据自己多年练功体悟加以整理的。

1. 太极球制作与规格

（1）制作太极球用料比较广泛，一般可采用铁、石、硬木，或用旧篮球、足球灌满细沙、铁沙即可。

（2）太极球的重量一般视练习者的功力而定。一般是先用轻球后用重球，逐渐增加球重。球的重量一般可掌握在 20~50 斤。不要急功近利。

2．太极球功法

（1）太极球预备式：两脚平行站立，相距略大于肩宽。头项正直，虚领顶劲，齿合唇闭，两眼向前平视。立身中正，含胸塌腰，沉肩坠肘，松胯屈膝，两臂自然下垂，两手指轻贴在腿两侧。精神内敛，全身放松，呼吸自然，意存丹田（图 94）。

（2）太极抱球：双腿屈膝下蹲，两手抱球起立，球贴腹部，呼吸自然，蓄劲丹田，气降涌泉，百会领起，顶劲不丢，蓄而待发（图 95）。

（3）左转乾坤：两手抱球，球贴腹部，由丹田处从右向左旋转 8~12圈，蓄劲（吸气）；球贴丹田，体重偏于右腿，再发劲（呼气），球向外离腹部约 20 厘米，体重偏于左腿（图 96）。

图 94　太极球预备式

图 95　太极抱球

（4）右转乾坤：动作同"左转乾坤"，唯方向相反。

练习此式主要体会由外面的球带动丹田内气，以丹田内劲催动外面的球旋转，内含虚实、刚柔太极变化之理（图97）。

（5）左白猿献果：两手抱球，呼吸自然，蓄劲丹田。左脚向左前方上一步，随之重心前移，用丹田内气催动太极球向左前方击发，呼气。上动不停，两手收球，向下旋转回至腹部，吸气，随之重心后移，此为一次。如此可连续发放8~12次（图98）。

（6）右白猿献果：动作同"左白猿献果"，唯方向相反。

练习此式，主要体悟以丹田为核心收发随意的自然之功。久练此功，会感到丹田内气充盈，会自然产生丹田自弹之力（图99）。

（7）霸王举顶：两脚开立，与肩同宽，平心静气，意守丹田。稍停，下蹲，两手抱球于腹部而起。稍停，两手托球极力向上举起过顶，呼气，然后收球缓缓回落于腹部，吸气。如此向上连续托举8~12次（图100）。

图96　左转乾坤

注意：托球上举时，两脚要有向下蹬劲，利用反弹之力，结合腰劲、臂力、手掌力，整体发力托球向上操练。此式大有霸王力托千斤之势。常练此式，可增加操练者两臂膀、手掌及腰腿功力。

（8）海底捞珠：两脚开立，与肩同宽，放球于两脚前，平心静气，意守丹田。稍停，双脚原地不动，双腿不弯曲，向前俯身。两手向下抱球，随着向上直腰，两手抱球于腹部，吸气。稍停，再俯身向前，两手抱球伸臂向下放球（球不落地），呼气，然后再直腰收球于

图 97　右转乾坤

图 98　左白猿献果

图 99　右白猿献果

图 100　霸王举顶

图 101　海底捞珠

腹部。一放一收为一次，如此往返操练 8~12 次（图 101）。

（9）宝珠入穴：两脚开立成马步，两手抱球贴于腹部丹田，运气蓄劲于丹田，稍停，以丹田内劲（气）催动太极球向前上方滚动，吸气。然后向下旋转收球于腹部，呼气。一发一收为一次，连续击发 8~12 次（图 102）。

（10）左狮子滚球：面对墙壁半马步站立，左手托球轻贴墙壁，右手叉腰，先以左手托球从右向左顺缠揉动太极球 8~12 次，然后再从左向右逆缠揉动 8~12 次（图 103）。

图 102　宝珠入穴

图 103　左狮子滚球

图 104　收式一　　　　　　　　　图 105　收式二

"右狮子滚球"与左式动作相同，唯左右手相反。

注意：左右揉动太极球时，球接触墙壁之处不要移动太大，尽量在一个点滚动。手揉动球时，腰胯要随之转动，多利用腰裆劲，要以腰裆、丹田之内劲催动手臂运球于墙壁之上。另外，半马步要尽量放低一点，气沉丹田，两脚抓地，要肩松、肘坠、劲到手指。

常操练此式，可交替锻炼双手的螺旋、托力、按力、推力及腰力、腕力、臂力、下盘桩功等。其中，以增强手指的抓力和手掌的托举、揉推力量最为有效。

（11）收式：两脚开立，与肩同宽，双手收球于腹部，立身中正，虚领顶劲，含胸塌腰，平心静气，两眼平视前方，全身放松，意守丹田。稍停，两腿屈膝下蹲，双手将球放至脚前，然后起身收式还原（图 104、图 105）。

3. 注意事项

（1）练习太极球要有一定的太极拳基础，待拳套熟练后，自我感觉丹田内气比较充盈，腰裆及下盘桩功有了一定功力后，方可操练太极球功。

（2）练习太极球前，要先做好准备活动。首先要将周身各关节（肩、肘、腕、腰、胯、膝、踝及颈部）活动开。另外，练功前最好站一会儿浑元桩，时间不需太长，目的是找一下气存丹田以及气运周身的感觉。

（3）太极球比较重，操练时一定要注意安全，要按上述要领去做（先用轻球，逐步加重），不要蛮练。练功时要选择静室或僻静的庭院，以免人声嘈杂影响练功。

（4）以上介绍的各式功法，可一次都练，也可根据个人情况选其中两三个式子反复多练。总之，练之则内功逐增，只要勤于操练，细心揣摩，日久必有所得。

太极尺功

陈式太极拳一代太极拳宗师陈照奎先生不但拳架规范、推手、擒拿技艺高超，他生前还特别重视太极拳各种辅助功法的锻炼、传授。他传下的太极尺功法，就是其中一项锻炼太极内功的有效方法之一。我跟随陈照奎先生的高徒马虹老师学艺多年，学得太极尺功法。

1．制作要求

准备一根长 30~33 厘米，直径约手腕粗的圆形硬木棒，手握棒时稍有空隙即可。

2．太极尺练习法

（1）第一种练习法（采捌法）：练习者马步站好，两手在胸前横握太极尺，两手要握在尺的两端，手心向外，两臂前伸适度。要求松肩坠肘，塌腰松胯，马步架子要低，两臂屈伸于胸前。

运作时，左手走下弧顺缠，右手走上弧向前下采肘（近似拳架中"护心捶"的劲法）到腹前中线。反

之右手走下弧顺缠，左手走上弧向
前下走采肘。要求一手（上手）劲
大，一手（下手）劲小。用腰旋转
带动肩、肘、腕、胯动转起来，一
动无有不动，注意上下各关节的协
调，腰要活，不要光耍胳膊肘；腕
要活，肩要活，肘不要上架；开左
胸采右肘，开右胸采左肘，向下走
采劲时呼气。不要拱肩架肘，上身
要中正，顶劲不丢，不要前仆撅臀
（图 106~ 图 108）。

图 106　采捯法一

图 107　采捯法二

图 108　采捯法三

（2）第二种练习法（绞截法）：马步站立，两手于胸前横握太极尺，
手握太极尺两端，手心向上，稍停，右手逆缠向裆前拧转，同时左手顺
缠向上托劲，高与腹齐（用的是近似"击地捶"的劲法），左右手来回倒

换劲练习，拧下去时呼气，气沉丹田，二阴放松，还原时吸气，二阴收提（图109~图111）。

要求：练习时马步桩尽量放低，不论左缠和右缠，身法都要中正，顶劲不丢，松紧、虚实劲力变化要自然顺遂，不用拙力。动时以腰为枢纽，一动百动，肩、肘、手、胯要协调配合，内外合一。

（3）第三种练习法（鼓荡法）：马步站立，两手握尺在胸前，一手在上，一手在下，虎口均向上，紧握太极尺中部（手要握紧）。稍停，两手握紧太极尺逆缠，向前推出，同时呼气，并带动命门往后撑，丹田向前鼓荡。手握太极尺向前推时要徐

图 109　绞截法一

图 110　绞截法二

图 111　绞截法三

徐而进（两手握尺要紧中有松，松紧适度），两臂掤圆，全身要有向外的膨胀感，太极尺收回时吸气，同时收腹、提肛。太极尺收至胸前约 20 厘米处，收时要缓缓而回。逆缠推出，顺缠收回，如此往复推收为一回（图 112~ 图 114）。

　　要求：立身中正，马步桩要低，推收太极尺要有意念，精神专注。此功主要锻炼双手的抓推力、腕力、肘力、臂力乃至腰裆劲、周身的圆活力。

图 112　鼓荡法一

图 113　鼓荡法二

图 114　鼓荡法三

保护膝关节

　　练习太极拳时，膝关节始终处于半蹲位的静力性支撑，此时膝关节的稳定性主要靠股四头肌和髌骨来维持。

　　打一套传统的太极拳，少则用几分钟，多则十几分钟，在此期间两腿承重力总是相互转换的，全身重量一般要由一条腿负担，在重力转换时膝关节的活动量最大。膝关节要随着两腿的运动方向而不停地运转。

　　太极拳的运动特点是柔中寓刚、刚中有柔、似柔非柔、似刚非刚，打拳时表面看来不用力，实则每招每式都蕴劲于内，而每一式、劲的实施，都要通过下盘从脚及腿及腰及肩臂、手的动转实现。膝关节在动作过程中所表现的顺缠、逆缠、扣膝、挺膝等动作，无一不在时刻加大膝关节的承受力。

　　传统陈式太极拳保留了很多震脚发力、蹿蹦跳跃动作，这些技术动作的完成，需要膝关节韧带和肌腱

这样做就能
保护膝关节

具备良好的灵活性和柔韧性。

太极拳是一种不能急于求成的功夫，尤其是对初习者来说，一定要在明师的指导下，按照科学的练功方法循序渐进地练习。如果急于求成，盲目加大运动量或不按科学的方法去练，那么很容易造成身体的伤害，特别是容易造成膝关节的损伤，下面就练习太极拳如何保护膝关节谈点个人看法。

从人体解剖学看，组成膝关节的骨骼、肌肉、韧带主要有股骨下端、胫骨上端、髌骨、股四头肌腱、髌韧带、后十字韧带、半月板、前十字韧带和关节软骨等。通过解剖分析，我们了解到膝关节全靠韧带、肌髋与关节软骨来维持膝关节的稳定性，当我们处于练拳状态时，由于膝关节的活动量加大，稍有闪失极易造成膝关节的急慢性损伤。

膝关节是全身最大最复杂的关节，主要的功能是负重行走，能在屈 140°、伸 10° 的范围内做屈伸运动，在太极拳运动中，弓、马、仆、虚、歇各种步型，二起脚、旋风脚、玉女穿梭等各种跳跃动作，以及最简单的蹬踢动作都可以使膝关节受到很大的杠杆应力或冲击力，因此膝部受损伤的机会很多。

长时间超量单一的练习或不规范、不科学的练功方式，很容易导致髌骨软骨病的发生，得了这种病，练拳者会发现自己膝痛、膝软无力。起初练拳时并无明显症状，即使出现酸痛，稍稍放高练拳架势，酸痛就会消失，以后逐渐加重，练拳时痛，甚至上下楼梯、上下汽车也痛，休息后减轻，但恢复大运动量时，症状仍会重复出现并加重。

预防"太极膝"

1. 加强膝关节能力的锻炼

加强膝关节能力的锻炼，首要是加强股四头肌的锻炼。有关专家认为这是目前预防髌骨软骨病的有效方法。通常采用传统的站桩法，主要是浑元桩。具体的要求和做法是：练习者双脚横向分开站立，两脚距离同肩宽，足尖朝前，两腿略下蹲，下蹲时膝关节保持在130°左右高位半蹲状态（练功日久，根据个人情况蹲位可适当下调，但下蹲时两膝头不能超过两脚尖）。两手从两侧提至胸前，两手指相对，中间距离约30厘米；两手心向里，与胸间距离30厘米左右，两手高不过肩，低不过胸；头正颈直身体放松，两肩松沉，肘下坠，重心后坐，屈膝松胯，塌腰拔背，足趾与后脚跟微微抓地，涌泉穴要虚空，气沉丹田，两眼平视前方。每次站桩时间因人而异，可以从每次5分钟逐步增加到20~30分钟，每天练习1~2次，练完后要缓缓伸膝，起立还原，起身不要用力过急过猛。此功主要是使练功者活力、调息、换劲，增加腿膝部关节力量。

　　另外，有条件的年轻人也可以做一做蹲杠铃等负重运动，提高腰腿部力量。

2. 循序渐进，合理掌握运动量

　　一套太极拳打下来，少则几分钟，多则十几分钟，许多动作如马步、弓步、虚步、独立步使膝关节长时间处于半蹲位状态，对于初学太极拳者来讲，这样成套的练法，肯定使膝部负荷过重，故膝部筋骨极易受损。因此，我认为初学者最好是先练单式（先人就是这样练的），然后是单式组合即分段练习，难度大的式子要加倍单独练习。太极拳是一门艺术，艺术创作似乎依循这样一个规律，越是复杂的越是要"删繁就简"。因为任何事物都是从最简单的、最原始的阶段起步的。由浅入深，好比作家作画，要一笔一笔地往画纸上画，逐渐使画面丰富鲜活起来。练太极拳也应如此，这样经过一段时间的练习，动作熟练了，腿部力量增强了，可以逐渐把练过的式子串起来练，这样练的好处是减少了因技术动作不熟练、不合理和腿部力量不强而造成的膝关节损伤。

　　另外，对一些常年坚持练太极拳的人来讲，每天的运动量也要有合理的安排，不要高兴了就多练几遍，不高兴就少练几遍，要根据个人的身体情况制订一套合理的锻炼计划。太极拳练的是功夫，着急不行，盲目瞎练更不行，练功要讲科学，要循序渐进，逐步提高。只有练习方法对头了，才会收到强身健体的效果。

3. 练法科学，动作规范

练好太极拳首先要讲规矩。初学一定要按规矩练，一举手一投足都要合乎拳理要求，不要随意比画。流行于世的各流派传统太极拳，经过前人几百年的研习、传承，实践证明前辈的练法是科学的。练拳必须按要领去练，否则就会出偏差。比如对腰的要求，练太极拳特别强调走腰劲，拳论曰："刻刻留意在腰隙""主宰于腰"。杨式太极拳嫡系传人杨振基先生讲得更具体："练太极拳，必须以练腰为主。练拳一切动作要靠腰带动，腰带、腰拉、腰转、腰脚手。"练拳如何做到腰带动手脚呢？他以"单鞭"一式为例说："打完'揽雀尾'的按式动作后，身先向后坐，重心移到左脚，手不上下动，随身后移，右脚尖离地翘起，然后腰带着手和右脚一起向左转动。"这是腰脚手一起转。右脚尖只起上抬的作用，不起转的作用。转身时，不应该转动实腿的脚尖，否则便是硬拧实腿，硬拧时间长了会损伤膝关节。不能做到腰带手脚转，那么在虚实上也是分不清的。

马虹先生讲："要把腰不动、手不发的要领体现在拳式大小动作之中，不论大小动作都要从腰部起动。"他们为什么都特别强调练拳要用腰劲呢？我想一是为了练出周身一体的整劲，另外一个原因是在下盘稳固的基础上，利用腰胯的灵活转动减少膝踝关节的损伤。太极拳运动要求每一动都要以腰为主宰，带动四肢朝着一个方向动，向一个方向使劲，腰胯四肢不能各走各的劲。具体地说一般膝关节转动时要和脚尖朝着一个方向。如马虹先生传陈式太极拳一路（83式）"上步七星"一式时强调了两点：一是右脚上步前，左腿要顺缠外转，左脚尖要外摆；二是右脚向前上步时，左脚要踏实重心前移，后脚随身进步。如果左腿不顺缠，左脚不外摆你就硬上步，就会强扭左膝，很容易使膝关节损伤。传统太极拳对膝部动作要求非常严格，如马步、弓蹬步（弓腿）的膝盖都不能超过同腿的脚尖，如果超过了脚尖就会形成跪膝，而跪膝会使膝关节气血阻滞，导致筋骨受损。

另外，练太极拳讲究虚与实的转换。这种虚与实的不断转换对掌握身体平衡、劲力的蓄发，特别是下盘腿部着力的松与紧非常重要。如果我们练拳不明白腿部力量的虚实互换，动作做不到位，那么两腿膝关节就得不到休息，行拳时两腿的筋骨肌肉总是处于紧绷状态，这样子打拳一定会很累，时间长了膝关节肯定会劳损。

4. 做好有针对性的准备活动

马虹先生曾经说过："为了保护和锻炼膝关节，打拳之前必须要认真做顺逆旋揉膝盖，进行涮腰、压腿、靠腿、踢腿等准备活动。这种下肢和腰部的预备活动时间，一般要超过打一套拳的时间。"

根据人体的生理特点，在进行正式练拳前，肌体要有一个"进入工作状态"的准备阶段，因此练拳前的准备活动是非常重要的。太极拳的准备活动有其特殊性，通常是把准备活动和基本功训练糅合在一起。练习者在练套路前往往将压腿、踢腿、腰部活动等作为练拳前的准备活动。一般顺序是先从上到下的做颈、肩、腕、腰、胯、膝、踝等各关节的活动，然后做涮腰、压腿、靠腿、踢腿等动作。动作要求轻柔缓慢，踢腿要求先慢后快。武谚曰："练拳不遛腿，如同冒失鬼；打拳不活腰，到老艺不高。"说明练拳前的准备活动是必不可少的。

5. 选择适宜的练拳场地

太极拳是传统武术中的一个拳种，传统武术中的许多运动形式如弓、马、仆、虚、歇，以及踢、蹬、踹、里合、外摆、前后扫腿等各种步型、腿法在太极拳中都有。因此，练拳者必须注意选择在较平整的草地或泥土地上进行练习，不宜在水泥地和石板地上练拳，以免发劲、震脚时传递外力，造成膝踝骨损伤。

总之，练太极拳如何保护好膝关节，是一个很值得研究的问题，它直接影响到我们的身体健康，影响我们的运动寿命。保护好膝关节，使我们的拳艺与身心修炼同时得到提高，这是我们广大练太极拳的朋友共同的心愿。

推手实作

推手入门与窍要

教学生推手时，常常有一些学生提出想让我多教一些推手的招式，他们对我说，多学一些招式，在与人推手时就会增加取胜的概率。我想这可能是大多数初学者的普遍想法吧。我认为，这样的想法并不完全正确，推手多学一些招式固然重要，但是最重要的取胜窍要并不是招式，而是明白劲道，掌握劲道，熟练巧妙地运用劲道。"拳法之妙在于运劲"，打拳讲劲道，推手同样如此。

推手的基础

初学推手最好有一定的练习太极拳的基础，因为打拳的基本素质要求如立身中正、虚领顶劲、松肩坠肘、松胯塌腰、气沉丹田、脚趾抓地等，这些对于练习推手同样重要。不练拳也能推手，但到一定水平，技术上就不会有更大的提高了。

初学推手应当从挽花开始（包括单挽花、双挽花），然后练习合步推手（定步）、顺步推手（一进一退），而后是大捋，最后练习活步推手（乱采花）。这里特别强调一下，初学者一定不要忽略挽花和合步推手，任何技艺的学习都应当是循序渐进的。单挽花、合步推手（图115）看

图 115　合步推手

似简单，但是要推好也并不容易。初学时对此要用点功夫，这对体悟毫毛肌肤的感知，对以后进一步深入研究推手技巧、提高技艺都大有好处。

掌握好以下几种推手方法，是研究推手的必经之路，即：掤、捋、挤、按、采、挒、肘、靠、进、退、顾、盼、定，所谓太极十三势。这是太极拳的技法总纲。打拳如此，学推手也离不开这些，推手中不管招式怎么变化，其基本原则离不开这十三式，学者可在实践中逐渐悟通。

要想学好推手，最好事先选择一个明白推手的老师，在老师的指导下，按规矩学习推手的要领和技巧。千万不要与同样不太懂推手的人瞎推，那样只能是白费功夫。常见有一些推了多年的人只会打轮，你问他什么是掤、捋、挤、按……他根本不懂。请老师指教，他会带你按固定的规矩逐步学习，以掌握太极十三势的用法。这就是"无规矩立规矩"。到此就算初步学会了太极推手的基本方法了。

但是仅掌握了基本方法还不行，还要有本钱，本钱是什么？是力量。陈照奎先生讲："推手力量占七分，技巧占三分。"他还说，"身体强壮，打拳、推手必胜人一筹。"推手的胜者永远属于实力和智慧高度统一的拳手。要想让自己取得足够的实力，最好的锻炼方法是多打拳和进行功力训练。纵观陈式太极拳发展到今天的三百多年历史，陈家代代出高手，

原因何在？其实最重要的奥秘就是一个"练"字，陈家有句名言"拳打万遍，其理自通"。推手最重要的基本功是要有"内劲"，而这内劲的取得，最好的训练途径就是行拳走架。

太极拳讲究以心行气，以气运身，行气如九曲珠，无微不到。太极拳的发力，无外乎两种：一是发长劲，二是发短劲（寸劲、爆发劲）。不管你是发长劲还是发短劲，都要有"内劲"做后盾，这好比炮仗要想炸得响、崩得高，首先炮仗里要有足够的燃药，没有燃药的炮仗，那只是个没用的空壳。同样，我们打拳、推手如没有内劲做援，不管你外形上胸腰怎么晃荡，手臂怎么比画，那也是"单摆浮搁"，与推手、实战无益。太极拳的发力是以气催形（这个气就是内劲）。推手中不管你是螺旋缠绕，还是突发弹抖，都要以内劲为源。内不动，外不发，以内催外，刚柔相济，松活弹抖，这是陈式太极拳推手的重要特点。所以练好拳架也是为推手打下坚实的基础。另外在练好拳架功夫的基础上，有条件的拳手还应该增加一些功力训练，我的老师马虹先生传了很多功力训练方法，如：百把气功桩、拧太极尺、缠丝杠练习、太极球练习，特别是抖大杆子。抖大杆子是锻炼腰裆劲和臂膀力的最佳选择，一个有功夫的拳师，他身边总是有一根太极大杆子伴随其一生。

学会推手方法，增加了功力，还不能说会成为高手，因为进一步还要学会"懂劲"。

推手的窍要是"懂劲"

推手的窍要不在招式，在懂劲。拳论曰："由招熟而渐悟懂劲。"打拳是这样，推手也如此。推手和打拳有相同之处，更有不同之点。打拳是自己运作，自己找劲，你拳打得再好，如果没有推手的实践，那么与人一交手，胜负立现。因为你打拳没有对手施加的压力，你凭空想得再好，也只是纸上谈兵，不是真打实作。推手是实作，是近似散打的交手战，在对方的压力下，你的精神、实力、技巧都要经得住考验，才能战胜对手。所以老师常讲："推手是拳架的试金石，只要一推手，你平时打拳的毛病就会暴露无遗！"

那么要掌握什么样的功夫，才能在紧张激烈的推手对抗中战胜对手呢？一个拳手在有了前面多种形式推手方法的锻炼后，进一步就要研究在掌握了十三势基础上的劲道变化，使这十三势不仅仅是十三势，而是千变万化的招式（劲道变化），要取得这样的功夫，首先得学会懂劲，懂劲是太极拳推手中的关键问题。所谓懂劲就是在双方交手相互缠绕中能够瞬间识别出（感知）对方劲道的虚实、刚柔、快慢、方向、落点以及可能的变化，并且能够把握好节奏时机，使引、化、拿、发恰到好处，从而克敌制胜。懂劲，是建立在听劲的基础上的，能听出彼劲，才能懂劲。听劲是千变万化的，全凭毫毛肌肤的神经感知判断，实非易练之功。故在未练听劲之前，应先练沾黏劲，若不懂沾黏劲，则不能听劲，不能听劲，则不能懂劲。练好听劲也并非做不到，关键是要严格按照"沾、黏、连、随"这一推手"四字诀"去做，而且在与人推手时要做到：平心静气，全身放松，内外相合，螺旋缠绕，连绵不断，周身关节处处张开，不能有丝毫拙劲。只有这样长期锻炼下去，才能逐步使周身神经日感敏锐，从而达到微感灵知地步。推手最忌讳精神紧张，精神紧张必然导致气血上浮，周身肌肉僵硬，这样听劲不真，判断不准，反应迟钝，与人交手必然失败。初学者常与比自己技术好的人推手，要虚心学习，不要争强好胜，这样反复练习，细心揣摩，虽然一时难以做好，但是经过一定时日之苦练，一定会逐步悟到懂劲之功。

有了听劲、懂劲功夫，也就无所谓什么招式了。其实推手就是那么一顺一逆的过程，只不过看掌握劲道、把握时机的技巧如何。劲道对了，与人搭手无所谓手臂在里环、外环、在上在下、在前在后了，"手心向上、向下都打人"（陈照奎先生语）。到了这个阶段无论身体哪个部位一经与人接触，就会敏锐地觉察到对方劲道的来龙去脉、轻重虚实、刚柔顺逆、纵横方圆、左右高低等变化，并沾着对方使之不能逃脱，在得机得势的条件下，顺人之势，化人之劲，借人之力，还力于人，使自己在运动中始终居于主动地位。其实高手与人推手，手臂一搭胜负只在一吸一呼、一开一合的瞬间。显然这不是一般人所能做到的，但只要我们刻苦练功，勤于思考，这样的功夫也一定会练到身上的。

有志于学习者，只要循规蹈矩，不急不躁，踏踏实实，朝夕苦练，细心揣摩，用功日久，定会豁然贯通，臻于神明。

行步游身推手法

推手与练拳相辅相成

据《陈式太极拳志》记载，河南温县陈家沟的第九世陈王廷，于明末清初创造太极拳的同时，还创造了陈式太极拳双人推手法。双人推手以沾、黏、连、随、掤、捋、挤、按、采、挒、肘、靠为中心内容，以螺旋缠绕为运动方式，锻炼大脑反应和皮肤触觉的灵敏性，综合了传统武术踢、打、摔、拿、跌等技巧，并且有所发展。比如拿法，陈式太极拳不单纯是拿人的关节，而是着重拿人的劲路，这就高于一般的武术拿法。陈王廷创造的太极推手方法，技击性非常强，它的最大优点是取代了过去武术界一些门派假想性、象征性的对打练习，并且解决了实习场地、护具和散打服装等问题，避免或减少了较技双方易出伤害事故的问题，成为随时随地两人可以搭手练习的运动。这种练习，对发展体力、耐力、速度、灵敏度和提高太极拳用劲技巧都是行之有效的。通过三百多年的传承，太极拳推手与太极拳一样，越来越受到广大太极拳爱好者的喜爱。

陈式太极拳在传承中，较多地保留了古朴的传统练法，延续了技击性较强的风格特点，在历代传人中出现了较多的技击高手。同时，太极拳推手方法也在不断发展完善。此技传到第十八世陈照奎先生时，已发展到十余种推手方法，其中包括单挽花（单手平圆推法、单手立圆推法）、双挽花（一顺一逆、双顺双逆）、合步推手（四正法）、顺步推手（四隅法）、大捋、活步推手（进一退一、进三退三）、圆形推手、散推、乱采花（花脚步）等。学习太极拳推手应当有一定的拳架功夫，要有深厚的内功（内气），要初步掌握太极拳特有的螺旋缠丝劲。通过推手不但可以检验拳式姿势的正确与否，还可以将拳架中所学到的各种招式运用到推手之中，在与对方推手较技中，逐渐体悟太极拳掤、捋、挤、按、采、挒、肘、靠，舍己从人，随机应变，引进落空，借力打人，在上述基础上，巧妙地把传统武术中抓、拿、摔、打、跌诸技熔为一炉，内外兼练，提高散打实战能力。

在多年对太极推手的学习实践中，我个人认为，我们现在学习掌握的推手方法虽然已经很多了，但在步法运用上，还不够完善、灵活。比如，进一退一、进三退三，只是直进直退，有些死板；圆形推手虽然在步法上有些改进，但是由于步法、手法的程式化太重，仍显得不够自然流畅；就是被门内人非常看重的乱采花推手，虽然从步法、手法变化上有较大突破，但放得还不是很开，不能在双方推手较技中充分发挥出太极拳黏走柔化、不丢不顶、灵活多变、顺势借力、引进落空、借力打人的独特技术风格。

通过多年的太极拳推手学习与实践，我常想怎样才能使太极拳推手从相对静止（定步或略有动作的推手方式）状态走向真正的活步推手，即真正地随心所欲地变化步法、随心所欲地变化手法（招式），使太极拳特有的螺旋缠丝、沾黏连随、随机应变、借力打人的技艺在活步推手中得以淋漓尽致地发挥。其实这也是前辈大师们所追求提倡的练法。陈照奎公生前就曾告诫他的弟子们："推手要多练活步推手。"

后来我慢慢想到，太极拳推手的宗旨是什么？太极拳推手是作为拳架到散打实作的一个过渡，是太极散打前的重要预演，是对习拳者手、眼、身、法、步诸项技艺的实践检验。也可以说太极拳推手，是进入散打实作前的军事演习。在这个演习过程中，所有要用到未来战场上的各种轻重武器（各种招法），都要拿出来试用一下。所以有"推手是检验拳架的试金石"之说。散打是什么？散打是拳场、擂台上敌我双方实力、技巧的斗智斗勇，是分毫不让的决斗。散打是要调动参与者，从心智到体能、搏杀技术以及精神状态的最大能量的投入，只有勇敢面对、敢于拼搏者，才会战胜对手取得最后胜利。

简而言之，出于最后散打实作的要求，必须创造出一种最接近散打又不脱离太极拳技战术使用原则的最佳推手方法。

结合实战练推手

先贤们传下来的多种推手方法，由简入繁，步步深入，从内功修炼到招法运用，丰富多彩。所以我们要做的事情很简单，就是在先人的基础上，略加充实，把内家拳用于散打实作，即行之有效地将一些步法揉进太极拳推手之中，如直行步、斜行步、弧形步、走圈步、龙形步、摆扣步，等等。这些步法在内家拳对敌交手中非常实用、成效显著。而今天太极拳推手所缺少的就是这些灵活多变的步法。有了这个理念，我对太极拳推手做了进一步的充实改进。

首先，打好拳架基础，系统学习传统陈式太极拳一路（83式）、陈式太极拳二路（炮捶71式），最好在学习2~3年后（根据个人学习情况），再系统学习推手。没有拳架基础，则难懂缠丝劲，没有拳架基础，更难以把太极拳"以意行气，以气运身；内气不动，外形寂然不动，外形随气而动；以内气催动外形，上下相随，连绵不断"的独特练功方法运用到推手之中。

其次，认真学习先贤总结的各种推手方法。主要掌握单推手、双推手（四正、四隅）、大捋、散推、乱采花推手方法。通过这些推手方法的锻炼，熟练应用太极拳的各种缠丝劲，体会沾、黏、连、随的技巧；掌握不丢不顶的火候；提高听化蓄发的能力。

再次，系统学习内家拳的各种实用步法，重点掌握直行步、连环步、斜行步、弧形步、走圈步、蛇形步、摆扣步等重要步法之运用。

最后，掌握了上述传统太极拳主要推手技法后，开始进入行步游身推手的实作阶段。

（1）学习行步游身推手，首先由老师讲明要领，然后由老师带领学生实际操练。初习时动作要慢，方法要简单，由一人领练，一人相随。初习时先不求变化，应一种步法一种招式地去练，慢慢增加内容。

（2）慢慢加快速度，有慢有快，有快有慢。增加方向角度的变化，领练者有意识地向四面八方各个角落引领随练者，通过不同速度、不同方向角度的变化，体悟（心意、肌肤的感知）对方的手法、身法、步法变化；慢慢体会沾、黏、连、随之劲。

（3）在步法、身法变化，沾黏连随诸劲有了一定基础后，逐步增加手法变化。习练太极拳推手要遵循沾黏连随四字诀，在不丢不顶上求功夫。行步游身推手方法还要增加一个训练内容，就是在一个人领练时，随时有意识地将手臂离开对方，然后再变换另一种手法（招式）继续搭手领带，锻炼对方的应变能力。这种练习改变以往推手中只能双方搭手不能脱离的机械形式，这时的手法可快可慢，可刚可柔，但是要手离意不离，势断神不断。就是双手沾黏连随的意识流已延伸到手臂之外，有一种自然的灵动感。

（4）锻炼发力。太极行步游身推手训练到一定阶段，领练之人可以在不同方向角度，运用太极拳顺人之势、借人之力的原则，向对方发招放劲（不是打是放），由慢到快，由快而变，快慢相间，刚柔相济。对方接手（接招）时，也要尽可能利用步法、身法的游化与手法的缠绕、吸化引带而破之，而不是像有些拳种那样接手一味生磕硬碰、生拉硬拽。

（5）当老师引领学生到一定火候，学习者基本适应了手脚、身法的各种变化时，就要改变一边倒的练习（即只是一人领一人随）方法了，这时就要双方任意轮换变化，随时变换角色，在不停息的游身走转中相互体味对方的变化。此时步法可快可慢，身随步转，手随身变。但不管怎么变，都不能离开太极推手沾、黏、连、随的原则。双方在彼此攻防黏走柔化的过程中，于不丢不顶之中讨消息。

陈式太极拳行步游身推手法，是在总结前人经验的基础上，吸收了内家拳的诸多实用步法、身法加以整理创编的。此技主要作用有两点：一是进一步提高了太极拳推手的实用性，二是为普通练功者提供了一个活泼生动的健身方法。在手法运用上，不是简单地双方搭手缠绕，而是不拘一格地运用各种手法、身法、步法之变化，可以随心所欲、灵活变化。如可以单手相搭缠绕、推放，也可以双手掤、捋、采、拿，还可以肘击、肩靠、胯打，甚至可以膝击、脚蹬。但是这些手脚招式的攻防变化，都必须在游身走转之中进行，都是在太极拳敌进我退、敌退我进、黏走柔化、顺势而发的原则下进行，绝无半点生拉硬拽、蛮打乱扯的动作发生。经过这样一种形式的推手锻炼，可以为今后进入散打实作打下良好的基础。

太极拳推手必须首要考虑到它的实用性，其次是它的娱乐性。所以太极拳行步游身推手法，不仅技击性强，也是一项非常适合广大太极拳爱好者健身娱乐的体育运动项目。如果只为健身养生而练，仅以走转游身变化为主即可，在手法上多注重肢体缠绕变化，不发劲，柔化缠绵，双方默契配合，一领一随，形影相随。由于练习者不停地走转，手法、身法、步法不停地变化，从内到外，从躯体到四肢末梢，都得以运动，"动则谷气得消，血脉流通，病不得生"（《华佗传》）。只要能持之以恒地刻苦锻炼，不管男女老幼，都能收到防病健身、丰富生活、愉悦身心和延年益寿的效果。

散打实作

　　我认为我们研究太极拳，首先要正确对待先贤传下的太极拳理论。先人的太极拳理论对指导我们后学之人学习研究太极拳，起到了非常重要的作用，功不可没。但是我们应当认识到，先贤的太极拳理论大多是抽象的，可以说这些理论对于指导走架、推手是有比较直观的指导意义的，可是，如果硬要用来指导散打实作，那就很显牵强附会了。

　　先人直接用于指导技击之道的太极拳理论，我们目前只能从陈家沟所传《拳经总歌》和《用武要言》中略见一斑。正是因为我们现在能见到的太极拳理论多重于修炼太极拳套路和推手，所以后人大多陷入了日复一日，年复一年，一代一代人刻苦盘架子的怪圈，把"拳打万遍其理自现""太极十年不出门"奉为至理名言。不可否认，长期坚持认真走架、推手，从中体悟太极拳的劲道、感觉、内气……是非常重要的。但是要想得到太极拳散打的技击真功夫，仅靠走架、推手显然是不够的。要知道我们现在练的拳架，一般都是大架子（武式、孙式除外），大架子是功夫架，是为了培养操练者取得速度、力量、灵敏度、耐力、柔韧性等综合素质而编排的拳套。这种大架子拳套用于自己练功、改善个人素质是可以的，但是这些拳架的手法、步法、身法都不能直接用于散打实战之中。尤其是拳架中的各种步法，在散打中大多根本用不上。

另外现在有些太极拳练习者，在走架中很少练发力。拳术之道一阴一阳，成天在那里慢悠悠地摸鱼，怎么能够在瞬息万变的激烈搏斗中施展各种手法、步法、身法呢？所以我们说，那种太极拳练时慢、用时快的论调是骗人的。

再有，长期以来，研究太极拳的人，大多把推手当作太极散打，他们认为推手就是散打，会推手就能与人散打较技，我们说这种认识也是完全错误的。应当说太极推手的创造，是先贤在拳术改革中的一个伟大创举，其使比武较技双方不用带护具，也能放心大胆地进行交手试技。虽然古传太极推手较之今人的推手内涵较为丰富，包括有靠、摔、拿、跌、绊、放等技法，但是那也只能是属于推手范围，不能说是真正意义上的散打实战。

古传太极拳是一个技击性非常强的拳种。这可以从陈家沟所传《拳经总歌》和《用武要言》以及杨班侯先生传《太极拳九诀》中得到证实。可是在近半个多世纪的传承中，太极技击术濒临失传。

练用一体，练为用

实事求是地说，太极拳的练功程序：盘架子、单操、功力训练、推手、散打实作，是很合理、很科学的。但现在的太极拳师传到推手一节就完了。这只能说明：要么他保守不传，要么他根本不懂散打。那么我们要研究太极拳散打，就要在以上练功程序中注入新的内涵，如平时盘架子必须要多练发力，以锻炼柔化刚发的能力。练拳要有节奏，要快慢相间，刚柔相济。要多练活步拳套。另外在推手中不光是练化，更要练向对方发劲，长劲、短劲都要练，以惊弹爆发劲为佳，以锻炼沾实即发的打击能力为目的。要多练散推，还要多练活步推手，并加以摔、拿、跌、绊、打（放）的技法。而单操和功力训练也要注重练习发各种劲力的功夫。只有具备了以上这些基本功夫，才能够为下一步进行散打实战创造有利条件。

太极散打有其修炼方式和规律。千里之行始于足下，下面我仅就太极拳散打的几个具体锻炼方法，谈一点个人的体悟。

1. 内功锻炼

太极拳是内功拳，太极技击术是以内气（内劲）为修炼之本，以易经太极阴阳为理，以古代兵法奇正相生为据的搏击术。太极技击术首修内功，太极拳家修炼内功的具体方法主要是盘架子。前贤有言："研究此道者，须经过一定之程序与相当之时日，虽然良师之指导，好友之切磋，固不可少，而最紧要者，是在逐日自身之锻炼，否则谈论终日，思慕经年，一朝交手，空洞无物，依然是门外汉，未有逐日功夫。"（杨澄甫语）太极拳盘架子，不但是锻炼习者手眼身法步外功的重要手段，更是修炼精气神内功的主要途径。

太极拳在走架时，讲究立身中正、松肩坠肘、含胸塌腰、松胯屈膝、气沉丹田，以身体的螺旋转动带动四肢的顺逆缠丝。以螺旋缠丝法运中气于全身，使之气血充盈，精气饱满，内劲浑厚。太极拳就是气功。太极拳家修炼的功法很多，但是修炼的核心是"内气"（内劲）。拳论曰："内劲一发，而周身之筋脉骨节，无不随之，外之所形，皆由中之所发，故曰内劲。"

现在的大多数太极拳师教人练拳或不讲气法，或只讲"气沉丹田"和"丹田内转"，不全面。气要"沉"，也要"提"，光讲"沉"不讲"提"不全面。太极拳是提放术，提的是什么？是气。拳论曰："吸为合，为蓄；呼为开，为放。盖吸则自然提得起，亦擎得人起；呼则自然沉得下亦放得人出。此是以意运气，非以力使气也！"（李亦畬《五字诀》），这里讲的吸、呼之法，就是古传太极拳提放之术。太极拳修炼者，只有熟练掌握了这一提放之术，才能"内外转徐徐（缠皆内向外）中气贯脊中。"大家知道太极拳的发力要点是：根于脚，行于腿，主宰于腰，发于脊，形于手。所谓"力由脊发""中气贯脊中"，是以意吸（提）气至脊背，以气催力而发之。所以我认为掌握正确的太极拳内功修炼之法，是修炼太极技击术的最重要的功夫。陈照奎先生曾言："没功夫，技巧也是空的，功夫不出，什么技巧也不顶用，关键是出功夫。"太极内功是最重要的基础功夫。修得此功既可强身壮体，又能御敌防身。诚如拳经曰："精养灵根气养神，养功养道养天真，丹田练就长命宝，万两黄金不与人。"

2. 手法训练

传统拳术攻防之道讲求手法招式，即"手技"的运用，而讲"手技"比较早而又细致的，则是拳书《易筋经·贯气诀·论手篇》。篇中说："手之用法，则有九则。直出直回，一也；仰上攉挑，二也；俯下沉栽，三也；外勾、外摆，四也；内勾、包搂，五也；斜攉右上，六也；斜劈左下，七也；斜领左上，八也；斜摔右下，九也。四正四隅，兼以直冲中路，又合于九宫也。"

上述是以右手法而论九手，左手与右手的动作相同，其命名也是相同。若简化这九手的名称，则成：上攉挑、下栽捶、斜领手、斜摔手、斜攉手、斜劈手、外勾手（外摆手）、内勾手（包搂手、内摆手）、直拳（又名"中宫手"）（图116）。

图116　九宫手示意图

以上九宫手，左右两手合计为十八手，是最基本、最简练的攻防手法，其中任何一手都可以用于攻击和防守，初习者应精熟这九个手法的练习和应用。前贤云："手技要精"，而这九个手法的练习，就给手技精熟打下了坚实的基础。以后各种攻防招法的组合运用，无不是以此"九宫手"为基本手法组合而成。以上九宫手的技法是由马国兴老师整理传

授的，较详细的练习方法，可参阅马国兴老师刊在《武魂》2001 年第 1
期的专文——《拳术攻防之道初级入门"九宫手"的习练》。

这"九宫手"在实际操练时可先练定步，熟练后再练活步。配合步
法，从单式一招一式入手，再到单手连用，两手连续施用，直到两手连
续攻防任意组合招式运用，都有一定的训练规则可循。我之所以向习练
太极拳的朋友介绍这"九宫手"技法，是因为我认为这是有意学练拳术
攻防之道的最好入门途径。也许有朋友会说，太极拳的手法是掤、捋、
挤、按、采、挒、肘、靠、进、退、顾、盼、定。没错，这八法五步是
太极拳的典型技法。但太极之术也不仅仅就这几手呀！若细研究，前面
介绍的"九宫手"其实也完全都包含在太极拳的技法之中，读者自己可
以慢慢揣摩。我们一定要明白一个道理，练拳者，特别是研究拳术攻防
之道者，千万莫要有门户之见，要有"拿来"思想，不管你是哪门哪派
的东西，只要好，适合自己，那么只管拿来，为我所用，这才是正确的
习武之道。

3. 步法训练

灵活机动的步法训练，是研究拳术攻防之道的重要一环。各门各派
拳家对此道历来都是非常重视的。实事求是地说，在近代太极拳的传承
中，太极门在技击实用步法运用上是落后的。有一得就有一失，多年来
太极门人在平时练功中，把大量的时间耗在盘架子、推手上。不可否认，
在螺旋缠绕、听化蓄发诸劲的运用上，太极拳确属技高一筹。但是在运
用下盘步法、腿法功夫上，太极拳从理论到实践都是苍白的。我的恩师
张兰普先生在 20 世纪 80 年代初曾对我说："太极拳腰劲好，但它的步法
不灵活，不适宜散打实战。"老一辈武术家在研究拳术攻防之道中，从实
际出发，博采众家之长，补己之短，总结了很多简练实用、适合实战的
步法。我的师父传给我的各种步法有：直行步、三角步、四正步、四隅
步、弧形步、七星步、阴阳鱼步、八卦步、九宫步，等等。实践证明以
上这些步法在散打实战中非常实用。关于"九宫步"的练习方法，参见
前文"九宫步"。

4. 身法训练

身法功夫在太极散打中尤为重要。身法所得较手法、步法相对较难，因为它不像手法、步法、腿法那样直观，有章可循，很大程度上，身法所得靠个人悟性之高低。在先人的理论中，有如下所述："至于身法，原无一定，无定有定，在人自用，横竖颠倒，立坐卧挺，前俯后仰，奇正相生，回旋倚侧，攒跃皆中（皆有中气收效，宰乎其中），千变万化，难绘其形。"（陈鑫语）我认为身法之锻炼与应用离不开其与手法和步法的协调配合，但运用手法、步法之时，尤以身法为本，前贤说得好，"中气在身""内不动外不动""腰不动手不发"，手足之动全在胸腰之运化。

关于具体操练，我认为一是要在前面所讲的"九宫步"练习时多注意转宫时左旋右转的操练，其时要注意用腰身的转体变化锻炼自己的身法。二是在初习散打阶段，多跟师父操练，在师父的领手、喂手中注意手眼身法步的协调变化，尽快"涮"出身法。

攻防有道

太极拳修炼者与人交手较技时，在神、意、气、劲、术几方面要注意的问题。

与人交手较技心神必须专一，万不可心神散乱。否则气必散漫，气若散漫，必导致手忙脚乱，身无定法，易被人所乘。

与人交手眼要贼（毒）。眼要始终专注对方，光兼四射，眼要有一种威慑力。不管你能否战胜对手，首先你的气势要压住对方，技可以输，气势不可以输。拳论曰："精神提得起，则无迟重之虞，所谓腹内松净气腾然也。"

与人交手较技意识要敏锐。"身虽动，心贵静，刻刻留意方有所得。"太极拳是既讲用意也讲用力的拳术，太极技击术就是研究如何把这个力运用得更巧妙的技术。

与人交手较技，不管是接手，还是断手，我意要始终在对方身上。

一旦与对方身体接触，一定要黏住对方，同时气要敷盖彼身。外虽轻柔，内意已入其髓。"要随人所动，随屈就伸，不丢不顶，勿自伸缩，彼有力，我亦有力，我力在先；彼无力，我亦无力，我意仍在先。要刻刻留意，挨何处心要在何处，须向不丢不顶中讨消息。"总之拳是死的，人是活的，所谓"运用之妙，存乎一心也"。

太极拳是内功拳，其技既重内又重外，主张以内催外，以外带内，内外相合，整体发力。与人较技要松静沉着，虚其胸，实其腹，以固下盘之根。

与人交手较技最忌心浮气躁、动无章法。特别是步法一定要轻灵稳重，不管对方是蹿蹦跳跃，还是盘旋走转，都不要管他，他转他的，你走你的，所谓："看人如蒿草，打人如走路"，心神若定，胜似闲庭信步。不管临场怎样变化莫测，也要按太极拳法之原则应敌对阵：手不乱，步不乱，身法不乱，心定神怡，泰然处之，要有大将风度。

研究太极拳的攻防之道，就要懂得太极拳之特有的"太极劲"。太极拳是外柔内刚劲，并极具伸缩性（弹簧劲）。与人交手较技要善于黏接对手，不但双手，要能全身各处都能黏住对方。由黏而听，由听而化，由化而走，破坏对方重心，使其重心倾斜不稳，以造成我顺人背之势，我即顺其势借其力而拿放（打）之。

太极拳是一个劲道内涵极其丰富的拳种。据研究，太极拳的主要劲道至少有二十五个之多。但如果用在与人交手较技中，最具有杀伤力的当属惊弹爆发力。这种力来源于修炼者自身深厚的内功，交手之际一旦被此力击中，轻者被弹出，重者五脏震损。在与人交手较技时，要保持全身放松状态，己劲要含蓄轻柔，力不出尖，当我之手臂（或其他部位）与对方黏接时，要善于听劲，顺势黏化对方之来劲，一旦对方走背，我以步法、身法顺之，此时若触点沾实对手，不论何处，即可以迅雷不及掩耳之势，我之手臂由屈而伸，后脚蹬地，丹田抖动，突出惊弹之力，击敌于惊恐无备之瞬间，若运用得当，弹崩对方于丈外，并不难矣。

初学太极技击术，以固定招式反复演习。"没有规矩不成方圆"，基本招法是初学者进入散打之门的必由之路。前面讲的"九宫手""九宫步"及"掤、捋、挤、按、采、挒、肘、靠、进、退、顾、盼、定"八门五步等都是我们要掌握的主要技法。其用掌、指、拳、腕、肘、肩、腰、胯、臀、膝、脚处处皆能击人。其劲开、合、提、沉、长、截、卷、钻、冷、断、寸各劲均能攻人。经过一定时日的训练，可进入脱规矩阶段。即训练时将所学的基本招法灵活运用，随意组合。这样再经过一个阶段，练习者再把过去所学的固定招式打破分解，没有固定招式，完全根据临场变化而接招进招。

太极技击术的基本原则是：与人交手不尚拙力，善用巧力，随屈就伸，逆来顺应，趁人之势，借人之力，一切顺势而变，在变的前提下，寓守为攻，时时处处追求得机得势，劲路使用中以惊弹劲、螺旋劲、弹簧劲和接劲、截劲见长。

临战交手中，敌我双方各有各的特点和打法，事先谁也无法预测对方如何出手和接招。"拳打两不知"，战机瞬息万变，什么样的情况都可能发生。太极技击术与人交手，不强求别人用什么招法，不管别人用什么打法，不论你是拳击、跆拳道、摔跤、自由搏击，还是硬拖乱扯、胡抓乱打，都能从容应对，有效化解，让对方失去自我，处处被动，无法施展拳脚，为我所制。

初习太极技击术，要由慢而快，由熟而精（巧），由精而绝（神）。久之能使操练者自然而然地养成迅猛、敏捷、果敢、豪气的风格。一旦出手，能在瞬间释放出强大无比的内部能量。

与人交手较技不能随便搭手，搭手就有，能打就打，不能打就变。打不是一手就有，真正交手没那么容易，常常是变化几手才有机会，总之是"见子说话""招自心出"，有机会不要放过。

与人交手切记步法不要乱，一步一步走，要稳；不要乱走大步，要迈（蹚）小步；不要急奔乱跳，要用三角步、弧形步、八卦步、摆扣步、滑行步等科学步法。绕着对方走，不要向远走。不能慌，不管对方怎么打，你心里要稳，"他打他的，你打你的"。要把气沉住，沉到脚底，得机即发（打），发人要脆（干净利索），不能拖泥带水。

与人交手较技要懂得接外打外，接内打内；接外打内，接内打外。上下、左右、前后、声东击西、指上打下、吞吐、开合、虚实、刚柔，战法灵活、兵不厌诈。若与对方手腕有接触，要缠着对方走，不要慌，手臂在缠绕中变化寻机会。下边步子不要走远，转身时不要向远走，就在对方周围绕着走，这样机会多。"打人如拥抱，打人如亲嘴"，即是此意，远了打不了人。至于对方身高、身矮、力大、力小、技战术如何，那更需要在交手初始审时度势，蓄意窥探，所以太极拳讲究以静制动，后发先至。总之，交手之初不可盲动，要知己知彼，才能稳操胜券。

最后想说的是，太极拳是一门高深的学问。我们对太极技击术的研究，也只是在探讨之中。太极拳发展到今天，其内涵已远远超出了太极拳本身原有之含义，所以对它的研究很难顾其全貌。但有一点，我们研究太极拳的目的应当是有益于人民健康，所以我想说，我们研究太极技击术者不要成天老想着找人去争斗，也不要老想着上擂台去争什么霸，时代不同了，练武的宗旨主要还是强身健体、防身自卫。今天我们研究太极技击术之目的，只不过是寓武于乐的另一种形式而已。兵法云："兵者不战而胜，方为兵家最高境界。"我想这也应当是一个研究传统武术大家的最高境界吧。

八卦篇

张鸿庆传『龙形八卦掌』

　　张鸿庆的形意拳在津门享有盛誉，可是少有人知道他的八卦掌更是一绝。我的有关形意拳文章在《武魂》上连续发表后，受到各地一些热爱形意拳的朋友重视，不少朋友来信与我交流形意拳艺，对于大家的真挚情感我表示感谢。但也有人说张鸿庆没教过龙形八卦掌。我这里要说的是，张鸿庆没教过龙形八卦掌，不等于张鸿庆不会龙形八卦掌。张鸿庆在彼处没教过龙形八卦掌，不能说张鸿庆在此处也没教过龙形八卦掌。事实上从张鸿庆到现在已经经历了四代人，代代都在秘传着龙形八卦掌。

　　张鸿庆的龙形八卦掌受教于李存义，李存义是刘奇兰的弟子，同时他也受过郭云深和董海川的传授。据传董海川传艺与同是内家拳的形意拳、太极拳不同。形意拳、太极拳有固定套路，虽然流派不同，但其套路基本框架和基本法则没有太大的差异。八卦掌却不同，据传当年董海川教拳只传基本掌法和拳术原则，其他的东西全靠学生感悟和自由发挥。这或许就是自董海川以后，八卦门一代一代流派繁多，拳法各异的由来吧。

李存义在向董海川学习八卦掌之前已是形意拳高手，他得此艺后，自有自己的见识和理解。李存义一生授徒无数，出名者也不乏其人，黄柏年就是其中一位佼佼者。黄柏年得了李存义龙形八卦掌的真传，后来还写了《龙形八卦掌》。此书在社会上流传很广，但此书编写比较简单，书中所介绍的三十二掌是以假设对方如何进攻，我如何破解对方招式来讲其用法的。与其说是一套八卦掌法，不如说是单式用法、组合招法演练更为贴切。黄柏年前辈此书虽然对后学之人研究龙形八卦掌有重要价值，但要想按书索引学会练好先生所传，我想实在不易。所以黄柏年先生虽然有书流传，但至今能完整演练先生此掌的后人并不是很多。

现在社会上流传的八卦掌以"龙形八卦掌"冠名者居多，这并不奇怪，因为八卦掌亦名游身八卦掌、八卦连环掌，也有称之为"龙形八卦掌"的。"所谓龙形者，盖因是拳练至最深处，绝似龙蛇飞舞，行藏之态。"（黄柏年语）"余幼年从李存义先生游习形意八卦，少得门径，壮年从军赖此以教将士。回忆先生以龙形八卦掌示余，由单图而起至回身掌止，贵为入门基础……嗣将八掌连成一气，分走八门，每门八掌，共化六十四掌，有一定之形，无一定之势，是为法之变常则有迹可寻。"（黄柏年语）通过以上这段黄柏年先生的自言，我们可以看出黄柏年先生的龙形八卦掌是在其师李存义所传龙形八卦掌之基础上加以发挥而创编的。

张鸿庆传的"龙形八卦掌"基本保持了李存义初传的古朴风格。动作极其简练，但每一招每一式你都能明显地感悟出那或明或暗的技击精粹。我们这一系是张鸿庆传汉沽褚广发，褚广发传汉沽吴桂忠老师等少数几个弟子的（另外褚老师生前还传了汉沽另外个别拳师，因为不是同系，不便细论）。

近日见到有人写文章说，天津汉沽宁河一带所传习的龙形八卦掌均属黄柏年所传的龙形八卦掌套路，对此论我不敢苟同，关于宁河一系所传龙形八卦掌之渊源，我没有交流过，不清楚其来龙去脉，故没有发言权。这里仅就汉沽褚广发先生所传一系说明一下，此系所传龙形八卦掌绝不是黄柏年先生所传的龙形八卦掌套路。

对照我们所练张鸿庆传龙形八卦掌与黄柏年传龙形八卦掌套路，可谓大相径庭（有黄柏年先生所著《龙形八卦掌》一书为证）。张鸿庆、黄柏年两位前辈虽同属李存义先生之传，同得李存义先生八卦掌之真传，但他们后来各有所悟，各有所得，进而各自创出了不同风格的"龙形八卦掌"套路。

两大亮点

张鸿庆传"龙形八卦掌"与社会上流传的常见八卦掌套路有明显不同。我们常见的八卦掌大多是固守八卦走圈步，每个招式都要刻意围绕在一个固定圆圈的周围而运动。而这套龙形八卦掌既不限于走圈步，也不是直来直往，相对看来，其八卦掌步法非常灵活，套路中穿插有三角步、七星步、龙形步、连环步、蹉步、摆扣步、走圈步等多种步法。它不走固定圆圈，而是直行斜绕，纵横交错，前后左右，四面八方，身随步转，手随身变，龙腾虎跃，气势磅礴，一片神行。整个套路都体现出龙之灵性。步法灵活，身手敏捷，刚柔相济，节奏分明，动作优美，协调一致，纵横连贯，一气呵成。

这套龙形八卦掌的创编，应该说是跟李存义的从武生涯有直接关系的。李存义精通多门拳技，又在战场上经历过生死拼杀。他的这套龙形八卦掌技击性强，动作简单实用，并且突出地显现出八卦掌擅于群战的特长。

这套龙形八卦掌有两个最大亮点，一是从鹞子钻天到刘海戏蟾。其中抽身换影、黄鹰打旋是一个小高潮。抽身换影是八卦门擅用的身法，其变幻莫测的身法加上灵活的步法转换，在实战中常常会使对手防不胜防，失之瞬间。另一个高潮是从盘身化手到金刚通背掌。其中包括行步脑前摘盔、行步脑后摘盔、行步切掌、金龙合口、童子鸳鸯腿、状元腿、龙形腿、摔盖掌、双峰贯耳、金刚通背连环掌。盘身化手是这套掌法的画龙点睛之笔。其式左右盘旋，身旋手绕，身手步完美地结合，犹如龙盘玉柱、凤舞霞空，观之真好似一幅流动的画，一首无言的诗，给人一种美的享受。而金龙合口、化手腾空、童子鸳鸯腿、左右蹬脚及金刚通背掌更是把这套掌法推向了高潮。金龙合口似游龙探掌神鬼莫测，化手腾空童子鸳鸯腿犹如神龙游空平地惊雷，而左右蹬脚又似苍龙摆尾狂风扫荡，最后的金刚通背掌更是掌风呼啸，连环出手，勇猛刚烈，其势无阻（图117）。

图117　金刚通背掌

　　要想学好练好此套龙形八卦掌，应当先熟习八卦掌的基本功。最好先练好八卦走圈步，再进一步练习龙形步、三角步、七星步等基本步法。然后再练习一套较为简单的八卦掌套路，如老八掌、先天八卦掌等。这样再学习龙形八卦掌也就容易多了。

　　吴桂忠老师曾对我说，为了增加龙形八卦掌的功力，褚老师还教过他们少数几个弟子一套练习铁砂掌的功法。遗憾的是正当他们几个师兄弟劲头十足地日夜操练用功之时，"文革"开始了。不久褚老师来到汉沽，见到他的几个弟子正在操练铁砂掌功，老人家很生气地对他们说："你们几个以后不要练这个功了，我过去教你们的东西够你们用的了，练这个没什么用，练成了打死人是要偿命的。"后来吴老师对我说，可能是老人家在"文革"初受到了冲击，褚老师怕以后弟子们出了事受连累，所以不让他们再练铁砂掌了。

　　吴老师说褚老师受过多名高人传授指点，功夫极好。他特别反对练武之人无事声张，人前显露。他总说练武是练给自己的，不是练给别人看的。吴老师说由于"文革"和唐山大地震的影响，褚老师有不少好东西没有传下来，比如活皮功、夜战武侯刀，等等，非常可惜。

最后要说的是张鸿庆传龙形八卦掌，传到今天仍然能基本保持原汁原味，很不容易。我想这与本门的门规很有关系。多年来本门老师教学生有一条规矩：自己练功，不许张扬。二十五年前我跟吴老师学了这套掌法，谨遵师命，二十五年来一次也没有在公开场合练过这套掌法，所以连跟我多年的学生都不知道我会龙形八卦掌。上辈老师都视此艺为本门压箱底的宝贝，轻易不显露于人。

本人无德无能，就是有一个傻认真劲。我的几位老师也是极喜欢我的执着、韧劲。当年我跟马虹先生学习陈式太极拳，一学就是十年。也是因为对陈式太极拳的深入研究，使我加深了对张鸿庆传形意拳的认识，这两种拳实在是有异曲同工之妙。应该说陈式太极拳使我的精神气质、灵性感应都有了明显提高，形意拳的内功、爆发力增加了我的功力，而龙形八卦掌则是大大提高了我的身形步法的协调变化能力。

附　龙形八卦掌谱

1．预备式	2．青龙探爪	3．懒龙卧道
4．摔盖掌	5．转身摔盖掌	6．鹞子钻天
7．上步摔盖掌	8．龙形探爪	9．蛰龙升起
10．潜龙下降	11．回头望月	12．转身双峰贯耳
13．进步横推掌	14．白蛇吐信	15．飞燕抄水
16．叶底藏花	17．鸿雁出群	18．行步
19．摔盖掌	20．龙形腿（右）	21．落步摔掌
22．转身盘步	23．龙形腿（左）	24．落步摔掌
25．上步披掌	26．转身白猿献果	27．大鹏展翅
28．行步	29．鹞子钻天	30．白蛇缠身
31．左行步穿掌	32．右行步穿掌	33．左行步穿掌

34．抽身换影　　35．黄鹰打旋　　36．白鹤亮翅

37．大鹏展翅　　38．叶底藏花　　39．鸿雁出群

40．行步　　　　41．摔盖掌　　　42．龙形腿（右）

43．落步摔掌　　44．转身盘步　　45．右龙形腿

46．落步摔掌　　47．上步掖掌　　48．转身白猿献果

49．大鹏展翅　　50．行步　　　　51．行步乌龙缠身

52．行步脑前摘盔　53．行步脑后摘盔　54．上步白蛇吐信

55．反身脑前摘盔　56．旋身脑后摘盔　57．上步切掌

58．转身右金龙合口　59．左金龙合口　　60．右金龙合口

61．转身左右化手　62．童子鸳鸯腿　　63．转身盘步

64．状元腿　　　65．转身盘步　　　66．左龙形腿

67．落步摔掌　　68．上步盖掌　　　69．转身双峰贯耳

70．转身推窗望月　71．转身　右独立合掌（金刚通背掌）

72．落步横切掌（特形掌）　　　　73．换影收式

龙形掌

　　我研习张鸿庆先生传形意拳已有二十余年，这些年主要是跟褚广发在汉沽的弟子吴桂忠老师学习。近两年我有机会接触了一些芦台、潘庄镇、廊坊等地的同门朋友，通过交流，他们又向我披露说，张鸿庆先生当年曾在家乡潘庄传授过一套龙形掌，并介绍说这套掌法以形意拳为基础，吸收了八卦掌一些步法和技法，套路短小精悍，演练起来既美观又流畅，富于表演和观赏性，又内涵多种实用技法。听了同门朋友们的介绍，我当时并没有在意，我想是不是他们把褚老师传的龙形八卦掌当成龙形掌了。后来经过深入探讨，觉得可能不是一回事。再后来我又有机会认识了现住河北廊坊的张鸿庆亲传后人张国才老师，张国才老师听说我是汉沽多年演习张鸿庆传形意拳的传人很高兴，毫不保留地向我传授了张鸿庆当年在潘庄老家亲传的龙形掌。学了这套掌法，我才搞清楚褚广发老师传的龙形八卦掌和这套龙形掌并不是一回事。

张国才老师在传我龙形掌时对我说："当年张鸿庆先生在宁河潘庄老家传了两个系列套路，一个是形意连环系列，另一个是龙行系列。这两个系列都是张先生这支形意拳流派门内所传的独特拳械系列练法。当年张鸿庆老先生传的是一套东西，你如今学了这套掌法，以后有这套掌法为基础，再学什么刀、枪、剑、棍就都能参照演练了。"后来张国才老师又传给我一套龙形双钩法，张国才

图118　龙形掌

老师说："这套钩法也是以龙形掌为基础，龙形双钩你会练了，以后你再练其他双器械，如双钺、双刀、双剑、双戟、双枪等也就很容易了。套路基本一样，其中的技法变化，你自己稍用脑子就会悟透的，这就叫一通百通。"由此我想到当年编创龙形掌的前辈是何等聪明智慧之人。武术门一般练习，大多是拳套是拳套，器械是器械。一个套路能用多种器械演练的着实少见（图118、图119）。

过去常听一些拳师讲：拳学会了，器械自然就会了，器械不过是手臂的延伸而已。我认为这话其实并不全面，拳学会了，说明你已具备了练习武术的一些基本功，并不能代表你同样会演练其他各种器械。要知道拳术有拳术的技法，器械也有器械的演练技法，两者并不完全一样，应该说各有特点。我后来总结，为什么我能经张国才老师的点拨后，很容易悟出龙形双剑、双刀、双钺、双戟、双枪及双铲等双器械的练法呢？那是因为我过去练过这些器械，懂得这些器械的共同特点和不同的技法要求。现在有了龙形掌这个合适的拳套框架，不用费大事就能依法演练出各自不同风格的器械套路了。这就如尚云祥大师讲的那话："全会则精。"练的东西多了，掌握了拳术和器械的运动规律和相关技法，自然就能融会贯通了。

图119　龙形双戟

放下门户之见

我是个好刨根寻底的人，学了张鸿庆的龙形掌，我很高兴，可也添了新的困惑，一是褚老师当年跟张鸿庆先生学艺多年，为什么他老人家一直没传龙形系列这套东西，是他老人家生前没学，还是学了没传？如果说学了没传，应当不大可能，因为他老人家辞世时已经是八十多岁高龄了，如果想传早就应该传于后人了。另一个困惑是最近我发现汉沽地区另一支形意门流派传人（宁河县张景富先生的传人），有人会练"龙形掌"。经过交流，我惊奇地发现我跟张国才老师学的龙形掌与这派所传的"龙形掌"整套动作一模一样，不过他们这支只会"龙形掌"套路，其他龙形系列的各种器械则一点不晓。另据这位传人讲，他们这支几代人都把这个龙形掌视为本门最重要的拳套在门中秘传，从来不对外人传授。

截止到目前，我还不清楚，宁河、汉沽地区形意门中所传"龙形掌"源自何人。奇怪的是在汉沽形意门几支流派中，张鸿庆的传人，却无人会练张鸿庆传的龙形掌系列，他们只练张鸿庆传的"龙形八卦掌"，而张先生家乡潘庄的传人却不会练这套"龙形八卦掌"。而不是张鸿庆传人的另一流派中却传承着张鸿庆传的"龙形掌"。目前在张鸿庆先生的家乡宁河潘庄镇完整地传承着张鸿庆传的龙形系列拳械套路。这件事给我以很大启发，我们学习研究传统武术的民间习武人，要多沟通交流，互相学习，取长补短。不要老是抱着别人的东西都不行，只有自己的东西永远最好的想法，只有放下门户之见，多交流互相学习，才能互有提高，才能更好地促进中华传统武术的健康发展。

附　龙形掌谱

1．预备式	2．三体式	3．掩肘拗步右平拳
4．转身摔掌	5．连环穿掌	6．转身摔盖掌
7．斩截	8．转身双合掌	9．上步分掌
10．行步	11．上步摔盖掌	12．右蹬脚
13．转身左蹬脚	14．上步捋带	15．行步
16．上步三穿掌	17．背身掌	18．龙形步（右）
19．龙形步（左）	20．龙形步（右）	21．上步穿掌
22．换影	23．连环穿掌	24．行步
25．上步三穿掌	26．背身掌	27．龙形步（右）
28．龙形步（左）	29．龙形步（右）	30．上步穿掌
31．换影	32．连环穿掌	33．转身摔掌
34．斩截	35．转身双合掌	36．上步分掌
37．行步	38．上步摔盖掌	39．右蹬脚
40．转身左蹬脚	41．上步捋带	42．掩肘拗步右平拳
43．换影收式		

八卦单操步

一种八卦步，多种操练法

看了《武魂》2003 年第 3 期中吴岳先生的《八卦穿掌练法》一文，感触颇深，我认为此文介绍的功法看似简单，但却实用，此为古法，不花哨，是八卦掌的传统练法。今借吴君话题，也把我所知道的八卦穿掌有关练法向读者介绍一二。

关于八卦穿掌的练法，在我的家乡，有很多喜欢散打的八卦掌拳师经常练习。他们并不轻易传人，对外只教八卦掌走圈步（八卦步）和八卦掌套路。过去老师教我们练习八卦穿掌，都是与各种步法相结合。记得还是在三十年前，我第一次学到的八卦穿掌和单操功，就是直趟进步穿掌法。

练时双脚并立，两手臂自然下垂，目视前方，然后左脚向前上一步成左虚步，同时右掌成仰掌从左小臂下向前穿出，左掌从下向上向右划至右小臂内侧，然后上右步穿左掌，如此左右轮换进步穿掌。直趟进步穿掌，顺步、拗步均可，当你不想继续往前走时，随时可以回身，回身后用"白蛇缠身"式，也可以用前穿手臂外旋掩肘，后手背身穿手，回身时前脚内扣转身，后脚外摆，然后上步穿掌。当然熟练时也可用抽身换影等多种方法回身。练习此功，可根据个人情况，时间可长可短，速度可慢可快，架式可高可低。不想练时，走到原起点处变式回身上步穿掌，然后后脚上步与前脚并立，两手于胸前下按至腹前，即可起身收式。

要点：此法要求是两脚直线前进，一步一穿掌，穿掌时后手从前手上穿下穿均可，向前进步走顺步，拗步都行。穿掌要求松肩坠肘，两臂放松，穿掌之劲要顺、活、柔。行步要求松胯塌腰、气沉丹田、步若趟泥。

配合八卦穿掌的初习步法，还有斜行步（三角步）、龙形步、走圈步……

斜行步（三角步），练时双足并立，两手臂自然下垂，眼平视前方。左脚向左前方上步成左虚步，同时左手手心向下，从下向上向右划至右胸前，同时右掌从下向上向前成仰掌从左小臂下穿出，左掌护于右小臂内侧，目视右手前；上式不停，右脚经左脚内侧向右前方走弧线上步成右虚步，同时左掌成仰掌从右小臂下向前穿出，右掌内旋成俯掌收于左小臂内侧。依此左右轮换上步向前穿掌。若不想继续向前进步，可改退步穿掌，退到起点处，若不想继续即可收式，收式同前直趟收式。

要点：（1）此功不论前进后退，后脚上步都要沿前脚内侧走弧线向斜上方进步，上步时必须贴近前脚踝骨里侧摩擦而过，不要将脚提得过高或过宽。

（2）向后退行时要后脚先退，然后再退前脚，退步要向斜后方撤步。

（3）退步到原起点，若想继续向前行进，要先上前脚（半步），然后再上后脚。

（4）斜行步（三角步）穿掌，主要是练手法与步法的配合。练此功也有多种方法，如：可以下边步法不变，上边手法可用云手进退；也可以上步用扒手（即：左手心向内沿胸前向上穿手至口前，然后手掌内旋手心向外，以拇指领劲向外拦截至左额外侧，右手护于胸前，手心斜向上。两手随上步循环向前向外走拦截手）。退步时可用掩肘式（虎洗脸）。

龙形步，预备式同上。起式左脚向左前方上一步，同时右掌成仰掌向前穿出，左掌成俯掌划至右小臂内侧，然后右脚向左脚前上一步，左脚再向右脚前上一步，然后身略右转，右脚向右前方上一步，同时左手变仰掌从右小臂下向前穿出，右掌变俯掌收至左小臂内侧。目视左手前，此为左式。上式不停，左脚向右脚前上一步，右脚向左脚前上一步，然后身略左转，左脚向左前方上一步，同时右手变仰掌向前穿出，左掌变俯掌收至右小臂内侧，此为右式。往下依此左右式交替练习。回身收式均同直趟穿掌式。

要点：（1）行步时除起式先走一个左虚步右穿掌外，紧接着即行三步一穿掌，左右式轮换而行，中间不可停顿。

（2）向前行步要沿弧形线路前进。

（3）其他要点同直趟穿掌法。

走圈操法

走圈，是在练好八卦步的基础上，进一步操练八卦技击实战步法的基本功。练习方法分单人操练和双人操练两种方式。

1. 单人走圈操练法

双足并立站于圈外一侧，两手臂自然下垂，目视前方。然后左脚向前上一步，两手掌心向上向前托起，左手在前，右手在左肘内侧，左手指高与眉齐，目视左指前。两脚不动，身略左转，同时两手臂内旋，左手成竖掌，掌心向圆心，右掌成俯掌按于左肘内侧，目视左手前。然后上右步，沿圆圈行走八卦步（图120）。

要点：（1）整体要求是走圆圈，但此圈可大可小，随你意行。

（2）若要回身，可扣步转身走"叶底藏花"式，然后走"鸿雁出群"，上步穿掌继续行走。

（3）练习熟练后，回身时也可以走"抽身换影"，如：当走左旋，左脚在前，左手在前面向圆心时欲变式，先扣右脚向左转身，左脚外摆，同时右掌仰掌从左小臂下向前穿出（圆心方向），左俯掌划于右肘内侧，然后右脚向左脚前上步扣脚成倒八字。身略左转，同时右掌从右侧向头后绕向左侧额前，拇指外侧向下，上身随之向左扭转，两足不动，左掌同时从身前经腹部屈肘绕向身后，掌背贴身，拇指外侧向上（乌龙缠身）。头左转，眼看

图 120　八卦走圈步

左肘。然后身继续左转，同时左脚向右脚后退一步，上式不停，身继续左转面向圆心，同时右脚以脚跟为轴脚尖内扣，左脚外摆，随左转身右掌仰掌从左小臂下向前（圆心）穿出，左掌从身后划至右小臂内侧。此式为右式。练习时可左右式随意变化。

（4）回身变式不管怎样变化，意念、面向前方、前穿之掌一定要始终对着"圆心点"的假设敌人。

以上所述为单人操练法，本文主要介绍双人走圈操练法。

关于直趟穿掌二人对操法，如同吴岳先生所介绍的方法，读者可参阅《武魂》2003 年第 3 期所载。该法主要是锻炼一人进招一人接招，直进直退或斜进斜退，只是不要回身。通过该法锻炼，可提高习者手脚的上下协调配合能力，并可锻炼交手实战之胆力和眼力。

2. 双人走圈操练法

甲乙二人相向而立，相距两臂远，然后同时身向左转 45°，左脚向左前方上步，同时左掌向上向右胸前划成俯掌、右掌从左小臂向前穿出

成仰掌，指向对手，目视对方。然后二人上右步行步走圈。走过数圈后，一方转身变式，另一方随之亦拧腰转胯扣步回身变式。如此反复操练，练习时双方前伸之手臂可互相搭手，亦可不搭。搭与不搭，意念始终意在对方。关于变向，初时可以一方为主，一方随之。熟练后，两人可任意一方变向，另一方随之。另外若双方搭手练习，亦可以互相练习听劲功夫，若一方要变招换式，彼方可根据接触点的微弱变化，预知其意，后发先至。

此法练习熟练后，可作为八卦掌散打实战的锻炼方法。双方可将平日所学八卦拳术的招式随意应用。练习时可一方进攻一方防守，互相喂手，然后双方随意出招变式。练习此法，初时双方可以有意选定一些常用的单操手法，结合步法、身法对操对练。经过一定时日功法熟练了，可不拘成法，根据对方的出招，随意接招变式。要知实战之时绝无定法可谈。若按死法，反而手法呆拙，以致浑身僵滞。此法锻炼的目的就是提高习者手眼身法步、神意气力功的全面协调能力，向身法自然空灵、出招变式随心所欲的更高境界求之。

另外需要说明的是，练习此法最忌持力猛打、死缠乱打。此法并非实战，练习时一定要讲究双方配合，练习时要遵循先慢后快的原则，还要注意进攻时，对要害部位出手，一定要有掐手，不要任意而行，以避免伤害。练习此法时若能吸收太极拳散推中的技法原理，于功更有益。即操练时不论双方是合手还是断手，都要求做到势断意不断，若近身之时将太极拳的沾黏劲、缠丝劲运用其中，可谓妙哉。

初习此法时，最好先请有经验的老师带练，由老师说手、领手、喂手，有一定基础后，再与同伴组对练习，进步会更快一些。

以上这些八卦穿掌与各种步法结合的练习，虽然都很简单易学，但这些方法确是八卦掌应用于散打的基本功法。八卦掌是以掌法和步法的变换转行为中心的拳术，其运动特点之一就是一个"走"字，"走"意谓"活""变"。这种身手步、上中下三盘密切配合的锻炼方法，若能经常练习，不但能健身怡情，更能提高喜欢研究八卦掌散打的朋友的拳技。

长刀一托势如虹

郭孟申传艺张兰普

郭孟申，字子平（1890—1973），河北省固安县人，国家级武术裁判。郭孟申 12 岁随乡里表亲刘宝珍学八卦掌、八卦刀等八卦门拳艺。刘宝珍，河北省固安县东红寺村人，自幼习武，擅戳脚，功力深厚，后得八卦掌大师董海川和李振清二人传授，刘宝珍获二位大师真传后，融合两师之刀术精华，结合自己所学，发展演变成具有独特风格的刘派八卦门之"八卦刀"术的表演套路。

郭孟申在得到刘宝珍八卦刀真传后，经十几年的刻苦修炼，武艺日臻成熟，26 岁那年走出家门去新城县拜马玉堂为师学习形意拳。30 岁时在南京向杨澄甫请教杨氏太极拳。郭孟申艺成后，曾在南京广收门徒，当时有"郭快手"之美誉（图 121）。

抗战时期，郭先生受朋友之邀曾入川在成都、重庆等地传授形意拳、八卦掌等拳械功夫，为成都一地的武术事业发展做出了贡献，至今成都一带还有郭先生的传人在从事武术活动。

图 121　郭孟申先生像

郭孟申晚年以教拳为乐，大约在 20 世纪 50 年代后期、60 年代初期，他在河北省唐山地区教过一些弟子，其中唐山赵各庄矿的张兰普是郭孟申先生晚年比较器重的一位弟子。张兰普八岁习武，后经多位名师指教，在 20 世纪 50 年代已是当地一位颇有名气的拳师，但当他接触了郭先生后，深感自己功夫相差甚远，因此虚心求教，真诚邀请郭先生住到家里专门请教。据我的师兄张子荣（张兰普老师的三子）讲："当年父亲请郭师爷来家教拳，父亲和郭师爷俩人吃住在一个房间，这个房间不让任何人进去，郭师爷吃饭、喝茶都是父亲亲自端送，不许别人插手，郭师爷住的那间房门平时总是关着的，根本不让别人进去。那时郭师爷一来就是一个月，就听他们爷儿俩在屋里说话，但谁也看不见他们在里边儿干什么。"

我是 1967 年开始去张兰普老师家学拳，我记得郭师爷住的那间房是张老师家唐山大地震前的工房，当时那片房叫"南工房"，房子都是用当地出的石头垒的，张老师家单独住一个小院，院内有三间正房，两间小屋。三间正房是典型中国北方房型，中间是厨房，两边是寝室，那时郭师爷每次来就和张老师住一间正房。郭师爷我没见到，但当时张老师家屋里墙上挂着很多前辈们的照片，有郭孟申、马文奎、宋真石、汪广生等许多河北省一带知名武术家。郭师爷身材魁梧，身穿中山装，眼睛很亮，特别是他的两道眼眉很重很长，给我的印象很深。在另一张照片中我看到宋真石师爷身材瘦长，穿着一件棉长袍，站在大家中间，给人一种仙风道骨的感觉。可惜，这些珍贵的老照片，在"文革"中都让师母一把火给烧了。

后来听张老师讲，接触郭先生后，郭先生把他过去练的杨式太极拳和形意拳都重新做了修改，主要是在练法上提出了许多新的要求。后来郭先生把自己用一生心血研习创编的八卦散手掌、八卦刀绝技也传给了他。张老师说，自己有幸认识郭先生，要感谢当时在河北省体委工作的马文奎老师。马老师主要是练摔跤的，是国家级摔跤裁判（民国时期，马文奎曾在南京中央国术馆任摔跤教练）。20 世纪 50 年代在河北省的一次武术比赛中，马文奎看了张老师的武术表演，很欣赏。在马文奎前辈的引荐下，张老师拜识了郭先生。张老师说他的形意拳也得益于郭先生的传授。过去的练法，郭先生看后说："你练得太刚，逢刚必折，你这样练，时间久了会出事的。"张老师说："其实那时我已经练出了毛病。由于自己的形意拳练的不得法，脚下用劲过猛，以致一度练得两只脚的脚后跟都肿了，脚不敢沾地。后来得到郭先生调教，理顺了气血，治好了脚病。以后按照郭先生所传练法一路打下来，再也没有犯什么腿脚病，直到晚年也仍然可以打形意拳。"张老师的形意拳功夫，后来也得到了郭先生的认可。据子荣师兄讲，郭师爷晚年曾对他的后人讲过，他百年后，后人要找形意拳的东西，可去唐山赵各庄矿找张兰普。

长刀一托势如虹

　　20 世纪 90 年代初，张兰普老师将郭师爷的八卦散手掌和八卦刀传给了我，他老人家还特意送给我一把八卦刀，刀重 7 斤多。后来我自己又在浙江省龙泉镇订做了一口用于表演的八卦刀，其刀身长3 尺，刀柄长 1 尺 2 寸，刀重 4 斤多（图 122）。

图 122　八卦刀

郭孟申先生传的这套八卦刀，内容丰富，风格独特，动作优美，演练这套八卦刀，需要有八卦掌的深厚基础，并有一定的内家功底，内气、腰腿、手臂都要经过一定时间的刻苦锻炼。这套八卦刀主要以八卦掌步法为主，含摆扣步、弧形步、八卦步、斜行步、直行步、连环步等。演练时要求做到以腰为轴，以意行气，以气催肩，以肩催刀，以刀领身，身械结合，身随步转，刀随身变，上下相随，内外相合，神意相连，劲力饱满，一气呵成，气势如虹（图123）。

图 123　托刀式

主要刀法有穿、刺、劈、扫、撩、挂、云、折、钻、挑、吊、按、截、切、推、裹、点等。其要领基本同于一般刀法，只是演练风格有异。

郭孟申先生传的这套八卦刀，有很强的健身效果，功深者只要长刀一托，内气稍沉，行步走来，顿觉有一股内气从脚底涌上来。随着步行，身随刀转，气血亦随之在体内涓涓流动，慢慢贯通于五脏六腑四肢百骸之中。这套八卦刀套路虽然演练起来只需一分钟，但若能长期坚持练习，慢慢会感觉有气运全身、神清气爽、精气倍增之感，久之，练习者之气质、神态与常人大不一样。

附　郭孟申传八卦刀谱

1．预备式	2．吊刀式	3．叶底藏花
4．托球式	5．托球行步	6．行步叶底藏花
7．托球式	8．窥刀式	9．风卷残云
10．上步捧刀	11．窥刀式	12．转身行步探刀

13．窥刀式　　　14．盘步抹刀　　　15．猛虎坐洞

16．举火烧天　　　17．回身弓步按刀　　18．托球式

19．行步左右撩刀　20．上步窥刀式　　21．转身行步探刀

22．上步窥刀式　　23．盘步抹刀　　　24．猛虎坐洞

25．力劈华山　　　26．白蛇出洞　　　27．上步分刀

28．凤凰点头　　　29．鹞子入林　　　30．行步挥刀

31．上步窥刀式　　32．盘步抹刀　　　33．猛虎坐洞

34．举火烧天　　　35．窥刀式　　　　36．转身行步带刀

37．转身行步托球　38．盘步云刀　　　39．凤凰点头

40．转身行步探刀　41．窥刀式　　　　42．盘步云刀

43．青龙入海　　　44．收式

龙形八卦剑

　　1990 年农历正月初二的早晨，我推开平台上的窗户向楼下一看，啊！外边一片白茫，厚厚的白雪覆盖了大地。听说夜里下了大雪，我爱人问我："外边雪这么大，你还去唐山吗？"我说："去！二十多年了，年年过春节都要去唐山看望师父，今年虽然外边下了大雪，给师父拜年还是要去的。"说完我匆匆准备了一下就下了楼，我要赶早晨 7 点多的火车。从我家到汉沽火车站还有七八里的路。下了楼我踏着一尺多深的白雪，步行向车站走去。经过一个多小时的步行，我走到了火车站，在这里我与胞弟义胜会了面，7 点多我们登上去唐山古冶站的列车。那是一趟现在早已淘汰的绿皮硬座客车，这趟客车开得慢得很，见站就停，140 里路开了近四个小时。中午时分列车终于到了古冶车站，下了火车我们急忙往汽车站赶，因为从古冶到赵各庄还有约十八里地的路程。因为下了大雪，汽车很紧张，我们又等了一个多小时，才坐上去师父家的汽车。中午一点多我们终于到了师父家。师父师母全家人都在等着我们兄弟，因为事先通过电话，师父知道我们今天一定会到的。进了屋，桌上早已摆好饭菜。虽然一路奔波受冻，但是进得师父家像到了自己家一样，感到温暖亲切（图124、图125）。

自从1967年我开始跟师父学拳以来，往后每年春节我都要到师父家看望两位老人。师父也是一样，每到春节他老

图124　和胞弟邵义胜（右）与张兰普老师合影

人家都把家里最好的年货准备好，专等我们去才拿出让大家共享。与师父同住一幢楼的邻居老大姐曾对我说："每到过年前几天，你师父总是楼

图125　与张兰普老师及家人合影

上楼下走来走去，嘴里不停地念叨'汉沽该来人啦'。你师父对你们真是太有感情了！"

跟师学剑

这次我和胞弟在师父家住了两天，每天除了听师父谈论一些武林旧事外，我们还走访了一些师兄弟。就是在这次，师父还抽空向我传授了一套"龙形八卦剑"。因为外边到处是雪，这趟剑是师父在屋里向我传授的。记得当时师父和我各拿一根小木棍当剑用，师父边说边比画，我跟在师父身边学记。因为我过去练过八卦掌、八卦刀，再学这套八卦剑，相对来说就比较容易了。

这套八卦剑的特点主要是步法活，步型、步法变化多。龙形八卦剑虽然剑式动作不是很多，但是对步型、步法的要求很严谨规范。虽然演练时步绕身转，剑身飞舞，但快而不乱。变化虽多，却步法稳健，剑法清晰。轻灵中不失浑厚，沉稳中不失敏捷。其中步型有弓步、马步、仆步、虚步、歇步、丁步、独立步等，主要步法有直行步、弧形步、走圈步、龙形步、摆扣步、倒插步、蹉步等。

"龙形八卦剑"的突出特点是整个演练过程中突出一个"行"字。这套剑从起式到收式，整个演练过程都是在走势中进行的。步不停，剑不停，身随步转，剑随身变。身剑合一，如龙似蛇，一片神行。

对于习武人来说，拳术是学习器械的基础，所以对于初习者来讲，要练好八卦剑，应当先学练一套八卦掌，有了拳术基础，再学习八卦剑，就容易多了。而当练熟了这套龙形八卦剑，对理解八卦掌以走转为主、随走随转、随转随变的特点也会有更深一步的体悟。

这次师父传授给我这套八卦剑，我非常珍惜，以后又经过师父几次调教，我对此剑又逐步有了更深的领悟。这些年来，我学过很多剑法，如少林剑、太极剑、武当剑、形意剑，但我尤其珍爱这套八卦剑，感觉演练这趟剑如行云流水，非常舒畅。每次演练时，都会感到筋骨舒展，

图 126　演练龙行八卦剑

气血通顺，心情也格外畅快（图 126）。

后来师父跟我说，50 年代时，一次在邯郸参加河北省武术比赛期间，他遇到一位参赛的老先生，他们同住一室，闲时常见老先生拿一根筷子比画剑法。师父向人家请教，老先生和师父很投脾气，就向师父传了这套剑法。大赛过后，又将剑谱寄给了师父。师父得了这套剑法，一直很珍惜，经常演练。记得师父曾多次对我说："练武之人，不能故步自封，要虚心好学，年轻时一定要多学、多练、多听、多看、多悟。年轻时要博学多记，到老时由博返约。要有自己的东西，这样才能立得住。"师父的话，我一直铭记在心，几十年来我经常走出家门，拜名师，访高友，没有门户之见，虚心向名师高友求教，得以使自己的武学知识和技艺不断丰富提高。

真传一句话

师父在晚年得过一次中风，虽然经过治疗很快得以康复，但是过去很多珍贵的传统武术功法、套路，都记忆模糊了。所幸的是这套龙形八卦剑，他老人家却没有忘记。老人家还对我说，这套龙形八卦剑，你想过没有也可以用刀来练。一句话点醒梦中人。其实这是多么简单的一件事儿呀！但他老人家不讲，我可能一辈子也不会往这方面去想。当然不是什么剑套都可以改用刀去演练的。可这套龙形八卦剑则完全可以用刀来练。演练时甚至步法、步型、身法完全不用改变原有的路数，仅仅要微微调整变化的是剑法与刀法的技法区别而已（很简单，但是也要有练过刀的基础）。

这扇窗打开后，我的心里就敞亮多了。后来经师父指点，原来师父传的很多拳械套路都能一套多用。如师父传的"六合大铲""六合枪"可以用"方天画戟"来演练，"圆空双铲"可以改用"双枪""双戟"来演练，而"散练八卦掌"也可以用"双钺"来演练……

现在有不少习武之人，东西学的不多，练的水平也有限，却老想着自己编点东西装门面。可我老觉得先人给我们留下的东西太多太宝贵了。不论是套路编排，功法训练，文化底蕴，技术内涵，还是养生健身经验，这些都足以让我们一生学之不尽，用之不穷啊！

附　龙形八卦掌剑谱

1．太子站江边	2．仙人担衣	3．狮子望球
4．青龙吐芯	5．仙人指路	6．犀牛望月
7．乌龙入洞	8．大蟒翻身	9．怀中抱月
10．仙人指路	11．古树盘根	12．老龙返身
13．左转身抹剑	14．左弓步刺剑	15．马步平抹剑
16．扭步勾挂	17．乌龙摆尾	18．乌龙出洞
19．霸王拉弓	20．懒龙卧道	21．乌龙绞柱
22．倒劈华山	23．乌龙摆尾	24．大鹏展翅
25．右行步	26．上三步撩阴剑	27．倒行步
28．倒劈华山	29．青龙出水	30．叶底藏花

31．大鹏展翅　　　32．右行步　　　　33．鹞子翻身

34．大鹏展翅　　　35．右行步　　　　36．朝天一炷香

37．大蟒翻身　　　38．白蛇吐信　　　39．迎风展翅

40．乌龙撩云　　　41．乌龙吐雾　　　42．乌龙摆尾

43．乌龙撩云　　　44．怪蟒回头　　　45．玉女穿针

46．横扫千军　　　47．猛虎归山　　　48．太子站江边

结束语

　　辛苦数年，《会练会养得真功》一书几易其稿，今天终于尘埃落定，可以交付于出版社了。有君要问，你已年近七旬，何以还要如此辛苦地写这么一本 20 万字的武术专辑呢?

　　我的回答是：回眸自己走过的路，我这一生只干了两件事。一是踏踏实实地工作，二是认认真真地打拳。现在退休了，我的工作已经画上了圆满的句号。我九岁习武打拳，到如今我还在打拳。

　　古人云：烈士暮年，壮心不已。但是，冬去春来，生老病死，是自然规律，谁也抗拒不了。我知道我也有打不动拳的那一天，所以我还要再干一件事，我要把各位前辈老师教我的东西整理出来，把自己一生习武练功的经验体会写出来，留给后人。有用没用，让后人评说吧。

　　如果本书的出版，能对读者诸君有些许借鉴和启示，我会感到由衷的欣慰。

邵义会

2019 年 1 月

人文·武术精品书系

北京科学技术出版社

武学名家典籍丛书

杨澄甫武学辑注 《太极拳使用法》《太极拳体用全书》	杨澄甫 著 邵奇青 校注
孙禄堂武学集注 《形意拳学》《八卦拳学》《太极拳学》 《八卦剑学》《拳意述真》	孙禄堂 著 孙婉容 校注
陈微明武学辑注 《太极拳术》《太极剑》《太极答问》	陈微明 著 二水居士 校注
薛颠武学辑注 《形意拳术讲义上编》《形意拳术讲义下编》 《象形拳法真诠》《灵空禅师点穴秘诀》	薛颠 著 王银辉 校注
陈鑫陈氏太极拳图说（配光盘）	陈鑫著 陈东山 陈晓龙 陈向武 校注
李存义武学辑注 《岳氏意拳五行精义》 《岳氏意拳十二形精义》《三十六剑谱》	李存义 著 阎伯群 李洪钟 校注
董英杰太极拳释义	董英杰 著 杨志英 校注
刘殿琛形意拳术抉微	刘殿琛 著 王银辉 校注
李剑秋形意拳术	李剑秋 著 王银辉 校注
许禹生武学辑注 《太极拳势图解》 《陈氏太极拳第五路·少林十二式》	许禹生 著 唐才良 校注
张占魁形意武术教科书	张占魁著 王银辉 吴占良 校注

武学古籍新注丛书

王宗岳太极拳论	李亦畬著 二水居士 校注
太极功源流支派论	宋书铭著 二水居士 校注
太极法说	二水居士 校注
手战之道	赵晔 沈一贯 唐顺之 何良臣 戚继光 黄百家 黄宗羲著 王小兵 校注

百家功夫丛书

张策传杨班侯太极拳 108 式（配光盘）	张喆 著　韩宝顺 整理
河南心意六合拳（配光盘）	李洳波 李建鹏 著
形意八卦拳	贾保寿 著　武大伟 整理
王映海传戴氏心意拳精要（配光盘）	王映海 口述　王喜成 主编
张鸿庆传形意拳练用法释秘	邵义会 著
华岳心意六合八法拳	张长信 著
戴氏心意拳功理秘技	王毅 编著
传统吴氏太极拳入门诀要（配光盘）	张全亮 著
吴式太极拳八法（配光盘）	张全亮 马永兰 著
拳疗百病——39 式杨氏养生太极拳（配光盘）	戈金刚 戈美蒇 著
尚济形意拳练法打法实践	马保国 马晓阳 著
非视觉太极——太极拳劲意图解	万周迎 著
轻敲太极门——太极拳理法与势法	万周迎 著
冯志强混元太极拳 48 式	冯志强 编著　冯秀芳 冯秀茜 助编
刘晚苍传内家功夫与手抄老谱	刘晚苍 刘光鼎 刘培俊 著
赵堡太极拳拳理拳法秘笈	王海洲 著
京东程式八卦掌	奎恩凤 著
功夫架——太极拳实用训练	朱利尧 著
道宗九宫八卦拳	杨树藩 著
三十七式太极拳劲意直指	张耀忠 张林 厉勇 著

民间武学藏本丛书

守洞尘技	崔虎刚 校注
通背拳	崔虎刚 校注
心一拳术	李泰慧 著　崔虎刚 校注
少林论郭氏八翻拳	崔虎刚 校注
拳谱志三	崔虎刚 校注
少林秘诀	崔虎刚 校注
拳法总论	崔虎刚 校注
少林拳法总论	崔虎刚 校注
母子拳	崔虎刚 校注
绘像罗汉短打	崔虎刚 校注
六合拳谱	崔虎刚 校注

拳道薪传丛书

三爷刘晚苍——刘晚苍武功传习录	刘源正 李培刚 编著
乐传太极与行功	乐匋 原著 钟海明 马若愚 编著
慰苍先生金仁霖太极传心录	金仁霖 著
中道皇皇——梅墨生太极拳理念与心法	梅墨生 著
杨振基传太极拳内功心法	胡贯涛 著
卢式心意拳传习录	余江 编著
习练太极拳之见闻与体悟	陈惠良 著
廉让堂太极拳传谱精解	李志红等 编著
武当叶氏太极拳	叶绍东 何基洪 蔡光復 著
功夫上手——传统内功太极拳拳学笔记	陈耀庭 著 霍用灵 整理

编辑推荐

张鸿庆传形意拳练用法释秘
　　　　　定价：69 元
邵义会 著

李存义武学辑注　定价：268 元
李存义 著
阎伯群 李洪钟 校注
《岳氏意拳五行精义》
《岳氏意拳十二形精义》
《三十六剑谱》

刘殿琛形意拳术抉微　定价：80 元
刘殿琛 著　王银辉 校注

李剑秋形意拳术　定价：89 元
李剑秋 著　王银辉 校注

张占魁形意武术教科书
　　　　　定价：98 元
张占魁 著
王银辉 吴占良 校注

薛颠武学辑注　定价：358 元
薛颠 著 王银辉 校注
《形意拳术讲义上编》
《形意拳术讲义下编》
《象形拳法真诠》
《灵空禅师点穴秘诀》